위험 형법론

위험 형법론

박 강 우

KSI 한국학술정보(주)

책 머리에

2006년 한국영화중 최고의 흥행성적을 올린 '괴물'이란 영화를 보면서 느낀 점들이다. 우선 이러한 영화의 이야기를 그냥 허구적 픽션으로만 돌리기에는 마음이 편치 않았다. 주한미군이 배출한 환경유해물질을 먹고 자란 그놈이 괴물이 되어 왜 하필 우리 한국인들을 해치고 죽이는 걸까, 거기에 대해 당국의 대처능력이나 방식은 헛발질과 눈 가리고 아웅하는 식의 미봉책의 연속이었다. 우리 사회가 오늘날 왜 안전불감증의 사회, 재난공화국, 사고공화국이란 오명으로부터 벗어나지 못하고 있는가. 왜 항상 사고가 터지고 나서야 소 잃고 외양간 고치듯이 뒷수습에 급급해야 하는가.

해방이후 우리나라의 지상과제는 빈곤의 극복이자 부강한 나라건설이었다. 세계에 유례가 없는 속도로 근대화와 산업화를 이루어냈지만 산업화로 인한 부작용과 해악도 세계에 유례가 없을 정도로 빠르게 체험하고 있는 것이 우리 사회의 현실이다. 오늘날 우리 사회는 더 이상 빈곤의 극복을 국가적 과제로 내세우지 않으며, 빈곤보다 비만이 오히려 더 민감한 사회문제가 되어 버렸다. 지구온난화로 인한 위험, 원자력과 방사능의 위험, 수질오염으로 인한 기형

물고기의 탄생은 이미 오래전에 문제가 되었고 조류독감으로부터의
위험, 각종 유전자변형농산물로부터의 위험, 광우병에 걸린 소고기
로부터의 위험 등 신종의 위험이 계속 우리들을 괴롭히고 위협하고
있다. 바야흐로 오늘날 우리 사회도 위험사회가 된 것이다.

위에서 언급한 위험들은 일국내의 문제로 그치지 않는다. 산업화
과정에서 발생한 오염물질은 일국 내에 머무르지 않으며 세계를 무
대로 순환한다. 굶주림이란 인간의 욕망은 쉽사리 충족될 수 있지만
산업화와 문명이 가져온 새로운 위험은 밑 빠진 독과 같이 인류의
생존과 안전을 끊임없이 위협한다. 한강다리가 무너지고 백화점이
붕괴하고 지하철 화재로 수백 명이 사망한 사회, 미국의 서브프라임
모기지가 우리나라 주식시장과 경제에 지대한 영향을 미치는 세상,
정규직보다 많은 비정규직 노동자가 실직위험에 시달리는 세상, 이
것이 위험사회의 현실이다.

위험사회는 그 위험의 원인을 정확히 모르기 때문에 그 대처방안
도 정확히 수립할 수 없게 만든다. 따라서 국가는 형법이란 가장
강력한 제재수단을 동원하여 일단 위험스러운 행위를 금지하고

차단하려고 한다. 하지만 그러한 극단적인 대중적 처방은 국민에 대한 상징효과 내지 위안효과는 거둘 수 있을지 몰라도 위험사회의 근본적 문제해결에 별 도움이 되지 못한다. 이제 우리는 위험이라는 괴물과 더불어 살아가는 법을 배워야만 할지도 모른다.

이 조그만 책은 부족하나마 법치국가적 형법을 향한 내 조그만 노력의 결실이다. 사회적 격랑 속에서 우리 형법이 법치국가적 폼새를 잃어버리지 않고 지켜나갈 수 있도록 하는 것은 끊임없는 비판과 성찰, 합리적 의사소통을 통해서만 가능할 것이다. 사회문제해결을 위한 형법투입의 요구가 거세면 거셀수록 그 조건과 효과에 대한 비판적 성찰은 더욱 철저히 이루어져야 할 것이다.

끝으로 가까이에서 지켜보며 변함없는 애정으로 성원해준 아내와 아들 병용, 딸 수연에게 고마움을 전하고 싶다. 아울러 성실하게 교정을 봐준 대학원 제자 채희정 석사, 한국학술정보(주) 김수영 선생께도 감사의 말을 드리고 싶다.

2008년 4월 벚꽃이 화사하게 피어난 교정을 바라보며
박 강 우

차례

제1장 서 론

제1절 문제의 제기

우리는 근대형법이 자유계몽주의 사상에 입각한 이성적 사고의 산물임을 자부하고 있다. 리스트 이래로 형법과 형벌의 목적은 더 이상 범죄에 대한 응보나 속죄에 있는 것이 아니라 미래의 범죄예방에 있다는 형법의 목적사상에서 형법의 코페르니쿠스적 전환이 이루어졌다고 말한다.[1]

법익침해뿐만 아니라 사회적으로 위험한 행위양태가 사회보호를 위해 불가피할 때 금지와 처벌의 대상이 된다는 점은 별다른 의문의 여지가 없다. 다만 이때 형사입법자는 형법의 과제인 법익보호와 관련하여 이러한 행위의 위험성을 결과와 관련 지어 구체적으로 입증하여야 한다. 그러나 이것은 쉽지 않은 작업인데, 현실적으로 법익의 실체적 내용에 대한 합의가 이루어지지 않았을 뿐만 아니라[2] 초개인적 법익의 경우에는 법익침해의 증명이 용이하지 않으며, 침해와 위태화의 구별도 모호하기 때문이다.

여기서 그 타결방안의 하나로 법익침해에 대해 이론적으로 근거 짓기 어렵거나 개별 실무상 그 확정이 용이하지 않을 때 입법자들에 의하여 애용되는 것이 법익침해 '전(前) 단계에서의 범죄화'(Vorfeldkriminalisierung)로서 추상적 위험범의 입법이다. 오늘날 위험의 증명이 필요 없는 이 같은 입법기술은 라크너(Lackner)[3]에 의

---

1) F. v. Liszt(심재우 역), 형법에 있어서 목적사상, 133면.
2) Voß, Symbolische Gesetzgebung, S. 141 f.

14

하면 입법자의 총아로 군림하고 있지만, 형법학자들은 입법자가 만들어 놓은 추상적 위험범을 울며 겨자 먹기 식으로 근거 지우지 않으면 안 된다. 왜냐하면 입법자는 '형성의 자유'[4]를 가지고 있지만, 형법학자들은 치밀한 근거제시를 요구받기 때문이다.

더욱이 형법학자는 추상적 위험범의 해석에 있어서 근대형법, 형사소송법의 근본원칙인 법익보호원칙, 법률명확성의 원칙, 책임원칙, 보충성의 원칙, 비례성의 원칙, '의심스러울 때에는 자유에 유리하게'(in dubio pro libertate)의 원칙과 조화를 꾀하지 않으면 안 된다. 이런 의미에서 쉬네만(Schünemann)[5]의 말대로 추상적 위험범 내지 전 단계에서의 범죄화는 형법학자들의 입장에서는 '의붓자식'(Stiefkind)임에 틀림없다.

추상적 위험범에 대한 우리나라와 독일의 지배적 견해와 판례에 따르면, 오늘날 입법자는 추상적 위험범에서 구성요건 해당행위의 법익침해에 대한 일반적 위험성만으로 불법을 근거 지우며, 법관에게 위험에 대한 반증과 불법과 책임에 대한 정밀한 검증에 대해 어떠한 여지도 허용하지 않는 것으로 보인다. 추상적 위험범의 적용과정에서 법관은 단지—호른(Horn)의 말을 빌린다면—포섭의 기계일 뿐이다.[6]

---

3) Lackner, Verkehrsstrafrecht, S. 1.
4) "입법자는 덜 경한 수단으로도 목적을 달성할 수 있다는 것이 명백하게 확정되었을 때에만 법제정에 대한 책임을 진다." BVerfGE 37, 1(21); Jong‒Dae Bae, Der Grundsatz der Verhältnismäßigkeit im Massregelrecht des StGB, S. 54.
5) Schünemann, Moderne Tendenzen, S. 435.

형법에서 추상적 위험범의 도입과 처벌은 어떠한 문제를 가져오는가?

첫째, 우선 위험범 처벌의 형법적 정당화의 문제로서 형법에서 추상적 위험범의 도입이 어떻게 정당화될 수 있는가라는 문제가 발생된다. 즉, 법익침해로부터의 보호가 아닌 법익침해의 위험성으로부터의 보호가 어떻게 형법적으로 정당화될 수 있으며, 형법상의 법치국가적 원칙들인 책임원칙, 비례성원칙, 보충성원칙과 조화될 수 있을 것인가 하는 문제이다.

둘째, 경험적 정당화의 문제로서 이러한 위험범이 법익보호의 효율적 수단으로서 기능할 수 있는 가능성은 어디에 있으며 현재 어떠한 경험적 효과를 거두고 있는가 하는 문제이다.

셋째, 위험범의 인식론적 문제로서 추상적 위험범이냐 구체적 위험범이냐를 불문하고 위험범의 도입근거 내지 처벌근거로 제시되는 법익침해의 위험은 어떻게 인식되고 판단될 수 있는가 하는 문제이다. 법익침해의 위험을 학설에서는 '법익침해의 가능성 내지 개연성'으로 설명하고 있으나[7] 이러한 설명이 의미하는 바는 분명하지

---

6) Horn, Konkrete Gefährdungsdelikte, S. 27.
7) 유기천 교수는 방화죄의 설명에 있어서 "공공의 위험이라 함은 공중의 생명, 신체, 재산을 침해할 가능성을 말한다"고 하면서 이러한 "공공의 위험은 물리적·객관적으로 발생할 것을 요하는 것이 아니고 이른바 심리적·객관적으로 판단할 것"(유기천, 형법학 각론강의 하, 20면)이라고 설명한다. 그러나 이러한 심리적 위험성에 어떻게 결과로서의 성격이 인정되고 공중의 생명, 신체, 재산의 침해와 연관될 수 있는가는 의문이다. 한편, 황산덕 교수는 "위험은 불행한 결과에 근접된 가능성을

않다.[8]

넷째, 해석론상의 문제로서 구체적 위험범과 같이 추상적 위험범의 경우에도 절대적인 무위험을 증명하는 것이 허용될 수 있는가에 있다. 위험하지 않은 경우에 이를 처벌하는 것은(불법과 책임이 합치하여야 한다는 의미에서) 책임원칙에 반하기 때문에 이를 긍정하는 견해[9]와 추상적 위험범은 행위 자체의 위험성을 문제 삼는 것이며 이에 의하면 추상적 위험범을 구체적 위험범으로 변질시키는 결과를 초래한다는 점에서 부정하는 견해가 대립하고 있다.[10]

예를 들어, 유기죄가 피유기자의 생명, 신체의 안전을 보호하는 위험범이라는 데에는 이견이 없으나 구체적 위험범인가 추상적 위험범인가에 대해서는 견해가 대립한다. 본죄를 구체적 위험범이라고 해석하는 견해[11]는 1) 행위자가 유기한 후에 그 옆에 숨어서 누가 구조해 가는 것까지 확인한 다음에 돌아오는 것은 본죄를 구성하지 않는다고 해석함이 타당하고, 2) 구체적으로 위험을 가져오지 않는 행위는 대체로 벌할 근거가 없다는 것을 이유로 든다. 이에 대해서

의미한다"고 정의하고 "위험의 판단은 경험상 수긍될 수 있는 객관성을 띠고 있어야 한다"고 함으로써 위험의 객관성을 강조한다(황산덕, 형법총론, 74면).
8) 그리하여 일본의 木村은 "위험이라는 개념은 위험한 개념이며 그것은 매우 다의적인 개념"이라고까지 말하였다. 木村龜二, 新刑法讀本, 263면.
9) Schröder, Gefährdungsdelikte, S. 16; Henkel, Die Praesumtio Doli im Strafrecht,, S. 594.
10) 이재상, 형법각론, 437면; Arzt/Weber, Rn. 26, 53; SK/Horn, Rn. 16; S/S/Cramer, Vor §306 Rn. 4; LK/Wolff, Rn. 3.
11) 유기천, 앞의 책, 85면.

1) 유기죄는 요보호자를 보호 없는 상태에 두어 생명·신체의 위험에 빠지게 하는 데 그 본질이 있고, 2) 형법이 유기의 결과로 사람의 생명에 대한 구체적 위험을 발생케 한 경우(제271조 3, 4항)에는 특히 그 형을 가중하고 있는 점에 비추어 추상적 위험범으로 해석하는 것이 다수의 견해이다.12)

이러한 견해의 대립은 종래 구성요건상 위험의 명시유무에 따라 형식적으로 추상적 위험범과 구체적 위험범을 구별하는 방법(형식설)이 문제가 있음을 보여준다. 왜냐하면 형법 제271조 3, 4항과 같이 가중적 유형이 포함되지 않은 경우에는 추상적 위험범과 구체적 위험범의 구별기준이 무엇인지 불분명하기 때문이다. 즉 구성요건상 위험개념의 유무는 형식적 기준일 뿐이다. 따라서 구성요건상 위험의 명시와 같은 형식적 구별기준을 떠나면 남는 것은 위험개념 자체의 구별밖에는 있을 수 없다.13) 구체적 위험범과 추상적 위험범의 실질적이고 객관적인 구별기준을 찾는 것이 오늘날 위험범에 관한 형법학의 과제로 제시되고 있는 것이다.14)

---

12) 강구진, 형법강의 각론 I, 118면; 정성근, 형법각론, 102면; 김일수, 형법각론, 85면; 배종대, 형법각론, 152면.
13) 남궁호경, 위험범, 6면.
14) 정행철, 추상적 위험범, 51-52면.

제2절 연구의 범위와 방법

형법에서 위험개념은 여러 곳에서 사용되고 있다. 즉, 위험범의 처벌근거로 되는 위험개념뿐만 아니라 범죄체계론상의 인과관계론, 과실범론, 미수론 등에서도 사용되고 있다. 이 연구는 위험범의 처벌근거인 위험개념에 대한 검토에 그 범위를 한정하고 이를 통하여 기타 영역의 문제의 해결에도 간접적으로 기여할 수 있기를 기대한다.

이 연구는 방법론적으로 현행법의 위험범규정에 대한 체계비판적 관심을 가지고 진행되었다. 즉 단순히 실무에서의 추상적 위험범의 적용을 위한 해석상의 문제점 해결의 목적을 넘어 추상적 위험범의 역사적 정당화 시도, 종래 위험범 도그마틱에 대한 비판적 검토를 통하여 기존 위험범 연구의 해석론적 한계를 드러냄으로써 앞으로 위험사회에서 형법이 나아가야 할 올바른 길을 형법정책적으로 제시하고자 하였다.

종래 위험범의 처벌근거인 위험에 관한 논의가 소홀히 되었던 것은 아니지만, 대부분 위험범의 체계위반성 해결에 치중했을 뿐, 위험범 자체에 대한 체계비판적 관심을 가지고 진행된 연구는 드물었기 때문이다. 즉, 종래 위험범 연구자들은 자신의 규범적 판단(법적 지식)의 의미에 대하여 다른 사람이 상호 이해할 수 있을 것인가에 대한 관심, 즉 '실천적 인식관심'이 부족했으며, 위험범에 관한 그들의 관심은 자신이 인식한 법(적 지식)이 일정한 법적 문제의 해결이라는 결과를 달성할 수 있을 것인가에 대한 관심, 즉 '기술적 인식관심'으로 일차원화되어 있었다.[15] 이렇게 기술적 인식관심에 의하여 이끌어진 규범적 실천적 판단과 주장(법적 지식의 재생산)은 독단적이거나 단편적일 수밖에 없으며, 결과달성을 효과적으로 수행하는 인식만이 권위를 누릴 뿐, 그 인식에 대한 다른 사람들의 이해관계나 이해가능성은 도외시된다.

위험범에 관한 비판적 성찰의 도구로는 '체계비판적 법익개념'이 원용될 것이다. 체계내재적 법익개념은 실정형법을 전제로 그 해석에 치중하므로 실정형법규범의 정당성 자체를 문제 삼지 않기 때문이다.[16] 반면에 체계비판적인 법익론은 합리적인 형사정책의 수립을 목표로 삼고 있으며 현행법체계의 보호법익을 그 선택의 정당성의 관점에서 비판적으로 분석·평가하고자 한다. 이렇게 체계비판적 법익개념은 국가형벌권의 올바른 한계설정을 검증할 수 있는 형사정책적 기준으로 기능하고자 한다.

이하의 검토에서는 주로 독일에서의 논의를 참조하여 고찰을 진행할 것이다. 독일에서는 예로부터 위험개념을 둘러싼 논의가 직접, 간접으로 전개되었고 비판적 고찰을 위해 많은 유익한 소재를 제공하여 주기 때문이다.

논의의 순서로서는 우선 제2장에서 이 논문의 연구배경이 되는 위험사회와 형법의 문제를 개관할 것이다. 여기에서는 현대사회의

---

15) 이상돈, 법이론, 5면.
16) Hassemer, Theorie und Soziologie, S. 24; 김창군, 비범죄화의 실현방안, 15면.

위험사회화 현상과 원인을 살펴보고 위험사회화 경향에 대해 형법의 대응 및 법과 사회에 미치는 영향, 법익개념의 형식화 문제가 고찰될 것이다. 제3장에서는 추상적 위험범을 비롯한 위험범 도그마틱에 대한 비판적 이해, 제4장에서는 추상적 위험의 개념, 추정과 반증의 문제, 판단 문제 등이 다루어질 것이다. 마지막으로 제5장에서는 추상적 위험범의 해석론적 문제로서 형법과 특별형법상의 추상적 위험범규정과 해석을 둘러싼 문제가 검토될 것이다.

제2장 위험사회와 형법

제2장에서는 이 책의 연구배경이자 위험범의 도입배경이 되는 현대사회의 위험사회화 현상과 그에 따른 형법의 변화양상을 살펴보고자 한다. 오늘날 위험범의 형법적 원형은 16세기 독일제국의 경찰법(Reichspolizeiordnungen)으로까지 거슬러 올라가지만,[17] 현대사회의 위험사회화는 위험범에 대한 새로운 접근을 요구하고 있다.

개인의 귀속 가능한 행위에 의한 법익침해가 주로 문제 되는 전통적인 위험개념(Gefahr, danger)과 달리 현대사회의 복잡다단한 사회적 의사소통이 만들어낸 현대적 위험개념(Risiko, risk)은 우리의 일상생활 가운데 깊숙이 자리 잡고 있으며,[18] 현대사회에서 어느 정도 위험을 감수하지 않는 삶이란 불가능하기까지 하다. 즉 현대사회에서 위험은 인간의 착오나 실수로 생기는 우연한 현상이 아니라 현대사회의 일상으로 존재하고 있는 것이다.[19]

울리히 벡은 근대를 산업사회로 특징지을 수 있다면, 현대는 위험이 곳곳에 산재하는 위험사회라고 특징지을 수 있다고 하면서, 위험의 생산과 배분이 오늘날 현대 위험사회의 중요한 과제가 되었다고 주장한다.

---

17) Herzog, Gesellschaftliche Unsicherheit, S. 74 f.
18) Beck는 Risiko는 Gefahr를 자주 혼용하여 사용하였지만, Evers는 Risiko는 Gefahr의 처리와 관계하는 실무의 특정한 형태, 즉 "Gefahr를 제한하고 귀속 가능하게 만드는 행동기술, 방법, 제도"라고 지칭한다. Evers, Kommune, 1989. 6, S. 34; Prittwitz, Strafrecht und Risiko, S. 56.
19) 강희원, 현대사회에서 생태학적 위험, 3면.

제1절 위험사회와 법

1. 위험사회의 등장

근대 이후 과학과 이성의 발달은 인류에게 무한한 진보와 행복을 가져다주는 듯했다. 19세기 근대화 과정에서 이성은 미신적 세계관과 형이상학, 도덕이라는 구시대의 산물과 대치하고 있었고 자연은 탐구되고 정복되어야 할 대상이었다. 그러나 21세기의 문턱에 들어선 지금 근대화는 자신의 정복대상을 소진하고 잃어버린 채 자신이 이룩했던 업적들을 갉아먹고 있는 것으로 보인다. 구소련과 동구권을 비롯한 공산권의 잇따른 몰락으로 이데올로기적 대립은 어느 정도 해소된 것으로 보이나 여전히 끊이지 않는 지역분쟁, 종교분쟁과 핵문제, 환경문제 등은 인류의 생존조건을 계속 위협하고 있는 것이다.

근대 이후 과학과 이성에 부여되었던 헌사와 찬송은 오늘날 오히려 과학과 이성이 인류를 파멸시키지는 않을까 하는 의구심과 두려움으로 바뀌고 있다. 원자폭탄을 비롯한 가공할 살상무기의 발명, 과학과 기술의 발달이 인간의 자유를 증대시키기보다는 기계와 문명에 더욱더 종속시켜 인간의 자유와 자율성을 말살시키지는 않을까 하는 염려가 이제 전 인류를 엄습하고 있는 것이다.

독일의 사회학자 울리히 베크(U. Beck)는 이처럼 확대·심화되고 있는 현대사회의 여러 문제의 세계화 추세에 주목하고 현대를 '위험사회'(Risikogesellschaft, risk society)라고 규정한 바 있다. 이러한 위험사회의 일차적 진앙은 자연환경 파괴 및 인간 삶의 위협이라는 형태로 나타나고 있지만, 그 파장은 여기에 국한되지 않고 인간의 감각체계를 무력화시키고, 산업적 진보에 대한 확신과 합의를 붕괴시키며 전체 사회구성원들을 공포의 공동체 내에 평준화시키는 등 인간의 삶을 근본적으로 변화시키고 있다고 한다.[20]

이러한 사정은 우리나라에서도 예외가 아니다. 과거 급속한 경제개발계획의 추진에 따른 산업구조의 고도화로 국민의 경제생활은 상당히 향상되었으나, 그 과정에서 정책적으로 환경보존에 소홀히 한 결과 오늘날 환경오염은 서구사회를 능가할 정도로 우리의 삶의 터전을 위협하고 있다. 이는 곧 세계적 수준에서 가시화되고 있는 '위험사회'의 어두운 그림자가 이제 한반도의 창공에도 무겁게 드리우고 있음을 의미한다.[21]

---

20) Beck, Risikogesellschaft, Auf dem Weg in eine andere Moderne, 1986. '위험사회'라는 개념은 '포스트모던'이란 말과 함께 많은 철학자와 사회학자들에 의하여 급속히 받아들여지고 있다. 위험사회에 대한 많은 문헌들은 기술·공학분야의 개별적 위험에 관한 수학적으로 정향된 논문으로부터 이러한 위험의 심리적 극복에 대한 연구, 정치적·도덕철학적 논문에 두루 걸쳐 있다.

21) 동아일보, 1996. 4. 23. 96년 4월 22일 지구환경의 날을 맞아 발표된 유엔의 한 보고서는 열대산림이 10년 전에 비해 50%나 빠른 속도로 사라지고 있고, 동식물종도 5-20%가 멸종위기에 있으며, 대기오염, 산성비, 깨끗한 물 부족 사태 등도 세계 여러 지역에서 확산추세에 있다고 경고하고 있다. 특히 지구대기의 오염으로 전세계에서 1 2천 5백만 명 이상의 도시주민이 폐 기능에 문제를 일으키고 있다고 한다.

이를 반영하듯, 우리나라에서도 환경위기의식이 전 사회적으로 확산되어 일반시민의 환경의식이 고양되고 각종 시민환경단체의 환경보존 및 공해추방운동이 활성화되면서 정치권도 환경문제를 중요한 정치적 쟁점으로 인식하여 그 해결에 부심하지 않을 수 없게 된 것이다.

2. 법의 역할변화

종래 환경문제를 비롯한 위험사회의 여러 문제에 대한 가장 손쉬운 대응은 환경특별법을 비롯한 수많은 형사특별법의 제정, 특히 형벌의 상향조정이었지만, 이러한 대응이 위험사회의 문제해결에 얼마나 기여하였는가에 대해서는 여전히 의문이 남는다.22) 왜냐하면 종래의 법적·행정적 규제는 이를 담당하는 법/행정체계 내부의 독특한 논리로 인해 환경문제에 대한 근본적인 대책이 되기에는 불충분한 도구이기 때문이다. 즉, 법/행정체계는 법 내지 행정규범의 준수 여부라는 부분체계 특유의 논리에 따라 각 영역의 문제에 반응할 뿐, 법령이나 행정관료적으로 표현할 수 없는 정치적 논거나 경제적 논리를 배격하는 특징을 보인다. 이는 어떤 사회 내에 특정의 환경파괴 사례가 발생할 경우 법/행정체계가 전체사회의 관점에서 접근하지 못하고 법/행정규범의 부분논리에 따라 이를 처리함으로써 문제의 근본적 해결을 가로막는다는 비판23)을 가져오고 있다.

---

22) 환경범죄와 형법의 역할에 대해서는 이형국/박상기, 환경범죄와 형법, 23 - 59면.

현대사회에서 이러한 법과 사회의 부정적 상호작용은 토이브너 (Teubner)에 의해서 예리하게 지적되었다. 토이브너에 의하면 현대사회에서 법은 자체 내의 수요, 공급에 따라 조절되는 시장사회의 당위적 명령에 의해서가 아니라 현대복지국가의 복잡다단한 "정치적 간섭의 필요"에 의해 움직인다고 한다.[24] 즉 현대사회에서 법은 정치적 목적을 위한 도구로 전락하게 되고 이것은 하나의 단순한 행동규범인 형식법(Formalrecht)으로서의 형법을 다양한 사회적 요구에 응답하는 규제법(regulatorisches Recht)으로 변질시키는 것이 된다.

특정한 사회적 변화를 목적으로 하는 사회형성의 도구로서의 형법의 변천은 형법에 대하여 그 효율적 집행과 정치적 목적의 달성을 요구하기 때문에 동시에 형법을 위기에 빠뜨리는 원인이 되기도 한다. 왜냐하면 원래 사회형성의 도구로서 창안되지 않은 형법은 필연적으로 자신의 효과지향성의 좌절을 경험할 수밖에 없기 때문이다. 이와 같이 애당초 원치 않았던 부수효과를 초래하는 현상, 다시 말해 역기능의 문제를 토이브너는 규제적 법의 3중고(regulatorisches Trilemma)라고 불렀다. 이러한 3중고는 법과 사회의 상호 무관심, 법에 의한 사회적 통합의 해체, 사회에 의한 법적 통합의 해체로 특징지어진다.[25]

법과 사회의 '상호 무관심'은 정치권에서 사회의 질서유지를 위한 정책 로그램을 법규범으로 전화시키려 할 때 일차적으로 나타난다. 정치권의 야심에 찬 규제적 프로그램은 법적 기준이나 체계적 결정

---

23) 김종길, '위험사회'에서 환경문제 발생논리와 환경정책 개선방향, 821면.
24) Teubner, Verrechtlichung, S. 306 f.
25) A. a. O., S. 317.

구조를 결하게 되고 이로 인해 원래 법률화될 수 없는 사회적 요구가 법률화되고 그로 인해 당초의 규제적인 목표과제가 대상영역인 사회에서 달성될 수 없게 되는 것이다.26) 이로써 정치 내지 사회와 법 사이의 무관심관계가 형성된다. 이러한 무관심현상은 그 구조상 법적 변화를 거부하는 생활영역(Lebensbereich)에서 더 한층 강렬하게 나타난다. 형법이 가정보호를 명목으로 간통을 범죄화하였지만, 그것이 과연 가정을 보호하는 데 기여하고 있는가는 의문이라는 점에서 이 점은 확인될 수 있다.

정치에서 법으로의 전환의 어려움으로 인한 규제적 법의 실패는 사회의 입장에서는 오히려 축복일 수 있다. 왜냐하면 이러한 규제적 법을 통한 정치적 요구는 생활세계를 식민화시키고 사회의 자율적 조절규범과 절차를 파괴하기 때문이다. 이러한 과정을 토이브너는 "사회의 과도한 법률화"(Überlegalisierung der Gesellschaft)를 통한 사회적 통합의 해체라고 불렀다27).

그러나 문제는 규제적 법이 사회의 자율조절력을 파괴하는 것으로 끝나지 않는다는 점에 있다. 사회의 자율조절규범이 해체됨에 따라 그 연쇄효과로 법 자체도 파멸의 길로 들어서게 된다. 왜냐하면 사회조절력의 해체로 인해 점증하는 위험은 그에 비례하여 더 많은 정치적·사회적 규제수요를 창출하게 되고, 이에 따라 법의 수행능력은 한계에 이르기 때문이다.28) 결국 이렇게 되면 보다 더 증폭된

---

26) A. a. O., S. 317 f.
27) A. a. O., S. 321.
28) A. a. O., S. 323.

행위요구가 정치영역으로 되돌아오게 된다(피드백 효과). 여기에 반응하여 이번에는 좀 더 탈정형적이고 강화된 법효과를 고려하는(예컨대 법익침해 전 단계에서의 처벌) 법규범이 형성된다. 법규범의 규범적 구조, 기준 따위는 관심 밖이고 오로지 문제해결에 충분하면 그만이라는 식이다. 그 결과 형법은 그 규율내용에 있어 정치화, 경제화, 교육화되고 형벌은 모든 분야의 법률의 벌칙조항으로 퍼져 나간다. 이것이 사회에 의한 법적 통합의 해체이다.

물론 형법이라고 해서 사회경제적 조건의 변화와 무관하게 존재하라는 법은 없다. 그러나 형법이 과도한 정치적 의욕하에, 사회 내의 그리고 규범적인 영역 내의 의사소통과 역행하는 법규범을 형성하게 되면 이러한 3중고에 빠지게 되는 것이다.

따라서 형법도 사회의 변화에 따라 다음과 같은 변화를 수반하게 된다.

제2절 형법의 변화

1. 형법의 기능화와 탈정형화

독일의 한 학제간 심포지엄(1988. 12. 18 - 19)²⁹⁾에서 칼리스

---

29) 주제는 '40년 기본법'(40 Jahre Grundgesetz)이었다. NJW 1989, 1338
   - 1343.

(Callies)는 위험사회에서 형법의 변화를 형법적 보호의 전치화와 예방적 기능의 확대라고 특징짓는다.

"국가에 의한 간섭적 조종에도 불구하고 항상 신체, 생명, 환경에 대하여 새로운 위험들이 창출되는 현대의 '위험사회'―여기서는 인류의 복지를 달성하는 것보다 '최악'만을 피하는 것이 문제가 되는데[30]―에서는 형법적 보호가 새로운 위협과 더불어 확장되고 전치화되는 것은 당연하다."[31] 그에 의하면 결국 이러한 위험사회의 새로운 예방사상이 "사회적 – 권위적으로 이해되는 국가의 유연한 조종 메커니즘에 기반을 두어 전통적인 법치국가 형법의 체계적 재해석"으로 나아갈 것이라고 한다.

더불어 하쎄머(Hassemer)는 위험사회와 형법의 실제적인 발전 사이의 분명한 관련을 다음과 같이 설명한다.[32] "위험사회의 이해가 불확실성을 최소화하고 복잡한(사회적) 과정들을 전 지구적으로 조종하는 데 있다고 볼 때 이것은 동시에 형사정책, 형법이론과 법익론에 침투하고 있다."[33]

"도덕의 최소한의 확보가 문제 되었던 시기(근대초기)의 형법은 자유로운 시민들의 보금자리와 관계되었으나 이제 현대의 형법은 사회적 또는 국가적인 대사건들의 조종도구로 성장하였다. 형법의 목적은 이제 단순한 범죄투쟁이 아니라 보조금정책, 환경정책, 보건정

---

30) Beck, Risikogesellschaft, 65.
31) Callies, Strafzwecke und Strafrecht, 1340.
32) Hassemer, Rechtsgüterschutz, 553 – 559.
33) A. a. O., 557.

책, 대외정책의 측면적 지원에 있다. 구체적 법익침해에 대한 간헐적인 진압으로부터 문제장소에 대한 광범위한 예방으로 형법의 임무는 변화하였다."[34]

만약 형법이 법치국가적·자유주의적 형식 내에 머무른다면 정치적 목표의 지원, 문제상황의 조종과 위협적 상황의 광범위한 예방에 부적합하게 된다는 것이 새로운 예방사상을 지지하는 오늘날 형법학자들의 견해이다. 죄형법정주의(독일기본법 제103조 2항, 독일형법 제1조), 행위형법의 원칙, 책임원칙, '의심스러울 때는 피고인에게 유리하게'의 원칙(in dubio pro reo, 유럽인권협약 제6조 2항), 그리고 비례성원칙은 형법이 위험사회의 문제에 탄력적으로 대응하고 예방압력에 쫓아가는 것을 허용하지 않는다는 것이다. 이러한 딜레마로부터의 탈출구를 찾기 위하여 입법자는 추상적 위험범과 상징적 형법으로 도피하게 된다는 것이다.

이러한 형법의 변화경향은 두 가지로 특징지어진다.[35]

첫째, 형법은 점점 형사정책의 도구로 되어간다(기능화). 하쎄머는 이를 "예방, 효과고려(Folgenorientierung)와 정치적 목적추구에의 유용성이란 것들이 형법의 정당화의 중심적 기준으로 되어 간다"고 비판한다.[36]

두 번째의 경향을 하쎄머는 '탈정형화'(Entformalisierung)라 지칭한다. 그는 이 탈정형화를 정치적 목적추구에 장애가 되는 법치국가

---

34) A. a. O., 558. 또한 그의 Berücksichtigung von Folgen, 493 - 524 참조.
35) AK/Hassemre, Rz. 480 ff vor § 1.
36) A. a. O., Rz. 481.

적 형법의 전통에 기반을 둔 장애물을 제거하거나 극소화하는 것으
로 이해한다. 형법의 탈정형화는 기능화와 밀접한 관련을 갖는다.
이러한 탈정형화에는 하쎄머에 의하면 죄형법정주의를 위험에 빠뜨
리는 입법적 불명확성에의 경향도 속하게 된다.

2. 법치국가에서 입법의 한계

현대국가에서 입법이 정치적 결정을 관철하는 수단이 되어가는
현실은 어느 정도 불가피하다. 민주적 법치국가에서 정치적 결정권
자는 의회이고, 이 결정권력은 헌법을 침해할 가능성이 있을 때에만
그 한계에 부딪히며,[37] 헌법조차도 다수의 동의를 얻는다면 개정될
가능성이 있기 때문이다. 따라서 형법을 정치적 목적달성을 위한 수
단으로 적용하는 것을 반드시 부당하다고 말할 수는 없다.[38] 1882
년의 '마르부르그 강령'에서도 리스트는 형벌이 법치국가적으로 정
형화된 행위응보가 아니라 해악적인 행위에 대한 사회적으로 유익
한 합목적적 반작용이어야 한다고 하면서,[39] 형벌은 행위자에 대한
개선과 보안 또는 무해화를 위한 도구로 존재해야 한다고 하였다.

---

37) Calliess, Strafzweck und Strafrecht, 1340.
38) Prittwitz, Funktionalisierung des Strafrechts, 435-441도 마찬가지 견해.
39) 리스트에게서 형사정책의 죄형법정주의에 대한 우위는 분명히 확립되
    어 있다는 해석은 Naucke의 논문 "von Liszt, Franz", Sp. 11-13이나
    "Gesetzlichkeit und Kriminalpolitik", 862-867. "Die Kriminalpolitik
    des Marburger Programms 1882", 525-564(특히 541 이하)에 분명히
    언급되어 있다.

그러나 하쎄머는 책임원칙, 죄형법정주의(법률주의) 또는 '불리할 때에는 자유에 유리하게'(in dubio pro libertate)라는 형법의 기본적 가치와 원칙은 방어되어야 하며, 이것은 전적으로 정당한 법철학적 강령이며 우리가 따를 수도 있고 거부할 수도 있는 법정책적 판단보다 중요한 것이라고 주장한다.

생각건대, 형법상의 이러한 가치와 원칙들은 어떠한(상위의 철학적이거나 도덕적인 권위를 요구할 수 없는) 정치적 판단보다 명백히 우월한 것이다. 형법의 기능화와 탈정형화를 위해서는 책임원칙을 비롯한 여러 형법상의 법치국가적 원칙들이 거추장스러운 것으로 보일 수 있다. 더구나 입법자가 형법적 제도를 더 이상 사회통제의 최후수단으로 적용하지 않고 최우선수단 내지 유일수단으로 투입할 때, 이것은 법치국가의 핵심요소를 위협하는 것이 된다.

3. 추상적 위험범의 등장과 형법의 상징화

오늘날 입법자는 형법의 '유연화'를 위해 두 가지 길로 나아간다. 추상적 위험범의 제정과 '상징적 형법'40)의 제시가 그것이다.

오래전에 빈딩(Binding)은 이미 위험범을 존재적 불안전성(이것은 물론 개별적 법익의 단순한 위협을 넘어서는 것이다)과 관련 지어 이해하였다. "위험은 항상 삶(생존)의 확실성의 교란(Erschütterung der Daseinsgewißheit)이다."41) 이러한 삶의 확실성 내지 안전의 보

---

40) Hassemer, Rechtsgüterschutz, 558.

호를 목적으로 하는 위험범은 오래전부터 책임원칙과 관련하여 문제시되어 왔으나[42], 오늘날은 입법자의 총아로 사랑받고 있다.

그러나 형법의 결과형법적 전통[43]에 비추어 볼 때 위험범은 두 가지 측면에서 문제된다.[44]

첫째, 위험범은 범죄화되는 행위와 법익침해 사이의 결합을 해체한다. 추상적 위험범에서 형법적 불법은 손해의 예견 가능한 야기가 아니라 입법자가 범죄화한 실증적 행동이 되어 버린다. 범죄화되는 행위의 선택과 개념적인 기술에 있어 형법적 법익에 대한 추상적 위험성은 구성요건의 차원에서 논의되는 것이 아니라 단지 입법적 평가의 요소가 될 뿐이다.[45]

둘째, 추상적 위험범은 "예방적 프로그램에 방해가 되는 형법상의 귀속원칙"을 아주 의심스러운 방법으로 단순화한다. 그럼으로써 행위자의 지위가 약화되고 고전적·자유주의적 형법의 광범위한 기초가 제거된다. 그러나 이러한 고전적·자유주의적 형법관을 훼손시킨 대가로 추상적 위험범이 성공적인 예방효과를 달성하였는가는 의문이다. 오히려 현실에서는 형법이나 각종 특별형법의 집행결손에 대한 우려가 논의되고 있다.[46]

---

41) Binding, Die Normen I, S. 372 f.
42) Baumann/Weber, AT, S. 135; Arzt/Weber, LH 2, Rz. 52 ff(특히 §306).
43) 형법의 임무를 법익보호에 두고, 행위의 불법을 행위반가치가 아닌 결과반가치로부터 도출하는 전통.
44) Hassemer, Rechtsgüterschutz, 554.
45) A. a. O., 558.

이러한 하쎄머의 비판과는 달리 추상적 위험범의 입법은 민주적으로 정당화된 입법자의 전적인 재량에 속한다고 보는 입장도 있다.[47] 까다로운 귀속문제를 극복하기 위해서 또는 침해결과의 입증이 어렵거나 침해행위 후 상당히 지나서야 확정될 수 있는 사례들(예컨대 위증죄나 음란물반포죄와 관련된 사례들) 또는 과실에 의한 침해범죄의 우연적 요소를 배제하기 위하여(독일형법 철도, 선박, 항공교통의 위태화와 관련된 제315조 - 제315조의 c) 입법자는 추상적 위험범을 도입할 정당한 입법적 권한이 있다고 한다.

그러나 형법 가운데 추상적 위험범의 급속한 증가는 형법의 (경찰)예방적 측면이 전면에 등장하는 것을 의미한다.[48] 모호하게 형성된 보편적 법익[49]을 창설하려는 입법과 판결의 경향은 이제 드문 현상이 아니다. 위험사회의 예방압력으로부터 형사입법자는 상징적 형법으로 도피하고 있다.[50]

위험사회에서 상징형법의 문제는 그것이 본질적 문제는 해결하지

---

46) Kaiser, Kriminologie, §93 Rz. 4 m. w. N.
47) Hilgendorf, Produzentenhaftung, S. 49.
48) Weber, Vorverlegung des Strafrechtsschutzes, S. 30 f.
49) Jakobs, AT, 2/11; Hassemer, Das Schicksal der Bürgerrechte, 328 - 331.
50) 모니카 포스(Monika Voß)를 인용하여 하쎄머는 다음과 같이 상징형법의 특성을 규정짓는다.
   - 입법적 가치고백(gesetzgeberische Wertbekenntnisse)
   - 호소적 성격의 법률(Gesetz mit Appellcharakter)
   - 위기에 대응하기 위한 긴급입법(Alibigesetz, Krisengesetz)
   - 타협적 법률(Kompromißgesetz)

않고 정치적 이득만을 획득하려고 하는 데에 있다. 상징적 형법이 가져오는 예방적 이득은 형법적인 법익보호를 위한 것이 아니라 입법자의 이미지 또는 성공적인 정부의 이미지를 창조하기 위한 것이다.[51] 위험사회에서 상징형법의 임무를 핫쎄머는 불안감의 잠재적 양산에 대하여 형사입법자의 체면과 양심을 꾸며내는 것에 있다고 보았다.[52] 단적으로 말하자면 형사입법과 형법적용은 단지 '허풍'이라고 한다.

물론 이러한 상징형법에 대한 핫쎄머의 비판은 과장된 면이 없지 않다. 하지만 입법자들이 위험사회의 문제를 해결하려고 입법한 그 많은 규범들이 실제로 현실에서 왜 별다른 성공을 거두지 못하고 있는가 하는 것은 흥미로운 문제이다. 그렇다면 아울러 이러한 형법의 변화가 위험사회에서 개인과 국가에 어떠한 영향을 미치는가가 밝혀져야 할 것이다.

제3절 현대적 위험개념의 정립

개인의 법익침해의 위험성을 문제시하는 전통적 위험개념(Gefahr)과 달리 오늘날 현대적 위험개념(Risiko)은 사회적 형성물이다. 이러한 현대적 위험개념에 대한 과학적 해명은 여러 가지 관점에서의

---

51) Hassemer, Symbolisches Strafrecht, 558.
52) AIDS와의 투쟁에서도 마찬가지. Prittwitz, AIDS – Bekämpfung – Aufgabe oder Selbstaufgabe des Strafrechts? 304 – 309.

복합적인 접근을 요구한다. 우선 사회구성원 개개인의 관점에서 위험이 어떻게 인식되는지, 이러한 개개인의 인식이 모여 어떤 위험개념을 창출하는지, 이러한 사회적 구성물로서의 위험은 국가에 대해서 어떤 요청을 제기하는지를 규명하기 위해서 다음의 3가지 관점에서 접근해 보았다.

1. 인간학적 관점

인간은 위험이 현실적 손실로 나타나지 않을지라도 위험 그 자체를 두려워하고 자신의 안전이 보장되기를 기원한다. 이것은 바로 사회 내에서 어떤 제도(Institution)를 통해서 질서가 바로잡혔으면 하는 욕망으로 이어진다. 즉 그 자체로 위험적 요소를 내포하고 있는, 감정에 지배되기 쉬운 인간은 제도를 통해서 안정을 얻는다. 이렇게 본다면 현대형법은 개별적인 시민 개개인과는 단지 간접적으로만 연관될 뿐이나, 사회 또는 국가의 제도와는 직접적으로 관련을 맺게 된다.[53] 즉 형법의 과제가 법익보호에서 제도보호(Institutionsschutz)로 전환되는 이론적 계기가 마련되는 것이다.

그러나 하버마스(Habermas)가 적절히 지적한 바와 같이 이러한 제도론은 인간이 제도에 함몰된 채, 주체가 되어야 할 인간의 속성이 사라져 버릴 위험이 있다.[54] 헤어조크가 현대형법이론의 예방사상에

---

53) Hassemer, Kennzeichnen, S. 380 f.
54) Habermas, Philosophisches Anthropologie, S. 108.

대한 비판에서 지적했듯이 법의 발전은 문화발전과 구체적으로 행동하는 인간과의 관계가 절연된 채, 인간의 삶을 좌우하게 된다.[55]

오히려 위험형법의 실체를 올바로 규명하기 위해서는 다가오는 위험과 이에 대한 안전요구를 '현실에 대한 사회적인 구성물'로 이해해야 할 것이다. 즉 문화구조적인 의사소통과정 속에서 상호주관적으로 합의점을 찾아내는, 따라서 필연적으로 역사적·상대적인 지평에서 비판의 여지가 존재하는 동적 개념임을 유의해야 한다.

이렇게 본다면 사회질서에 대한 위험이 언제 사회구성원의 의식 가운데 유입되는가, 그리고 언제 그것을 토대로 사회의 존립에 대해 합의해 가는가가 관건으로 남게 된다.

2. 사회이론적 관점

우선 생활질서에 대한 사회적인 의사소통과정에서 어떻게 안전욕구가 지배되는가를 이해하려면, 사회구성원 각자의 그때그때의 불안이 무엇인가를 알아야 할 것이다. 아마도 오늘날 사회에서는 미래에 가난과 곤경에 처할지도 모른다는 두려움으로부터 비롯되는 경제적 불안과 국제적 갈등, 그리고 정치적 불안을 꼽을 수 있을 것이다.[56]

오늘날 경제 또는 기술적인 영역에서 복잡성의 증가, 윤리적 정

---

55) F. Herzog, Prävention des Unrechts, S. 89 ff.
56) F. X. Kaufmann, Sicherheit als soziologisches und sozialpolitisches Problem, S. 14 ff.; F. Herzog, Gesellschaftliche Unsicherheit, S. 54.

치적인 기본합의의 붕괴, 구조변화 등에서 특징지어지는 현대사회의 지향의 불안(Unsicherheit als Orientierung)으로부터 우리는 결과형법으로부터 위험형법으로의 일차적 변화원인을 찾아볼 수 있을 것이다. 즉 현대사회에서 위험범의 증대는 부분적으로는 사회적인 지향불안에 대한 반응으로 나온 것이라 할 수 있다.

그러나 이러한 위험은 그 자체로 존재하는 것이 아니라 사회적인 상호작용과정과 해석과정 속에서 매개되는 것이다. 따라서 위험에 대한 인식은 주관에 따라, 상황에 따라 상이하게 구성될 수 있는 것이다. 예컨대 광산의 인접주민과 원자력발전소의 주민을 비교할 때 전자가 후자보다 자신의 상황을 더 위험한 것으로 인식한다고 말할 수 있는가? 후자의 경우 직접 위험을 눈으로 확인할 수는 없지만, 전문가의 판단이나 실험, 정보에 의하여 광산의 주민보다 자신들이 더 위험하다고 인식할 수 있다. 이러한 사회적 상호작용과 해석과정을 통하여 '안전'은 '사회적 가치이념'으로까지 상승한다.

사람들이 위험을 느끼는 것은 구체적으로 신뢰하던 질서에 대한 확실성이 사라졌을 때이다. 기존의 전통적인 사회질서와 지향성이 상실되고, 내면화된 생활목표의 도식이 몰락함으로써 자신에 대한 신뢰는 물론 타인에 대한 신뢰도 사라지게 된다.

위와 같은 연구결과는 리스만(Riesman)에 의하여 밝혀졌다. 그는 인간과 사회성격과의 함수관계를 토대로 사회발전의 사회심리적 표현형태를 전통지향(Tradition – Lenkung), 내부지향(Innen – Lenkung), 외부지향(Aussen – Lenkung)으로 나누었다.[57] 우선 전통지향은 기존의 전통을 추구하려는 경향이 강한 사회성격을 말하고, 내부지향은 내면화된 생활목표에 따라 행위가 준수되는 사회성격을 말한다. 끝으로 외부지향은 타인의 기대와 희망에 민감하게 반응하여 행위준수가 이루어지는 사회성격이다. 이러한 경향에 따라 사회와 법규범이 발전하게 된다는 것이다. 최종단계인 외부지향적 사회성격은 위험을 제거하기 위하여 사회일반인에 초점을 맞춘 제재방식, 즉 예방적 제재를 지향한다. 이에 따라 형법도 가능한 위험이 내포되어 있는 광활한 영역을 감시하는 감시레이더의 역할을 수행하게 된다.

결국 사회이론적 관점에서 형법적 사회통제의 위험영역으로의 확대원인은 전통지향과 내부지향의 상실에 따른 자신에 대한 확실성과 신뢰의 해체, 증대된 안전요구와 외부지향적 사회성격으로 설명될 수 있다.

3. 국가이론적 관점

오늘날 형법적 보호가 위험영역으로 확산되는 현상의 사회적 원인은 헌법적 사고에서도 발견된다. 즉 사회의 복잡성, 지향의 불안 등으로 국가의 구성원들은 자신의 삶을 계속 영위할 수 있도록 국가의 배려를 요청한다는 것이다. 이렇게 보면 국가구성원들의 존재배려를 위해 국가가 위험영역으로 앞질러 들어가 보호조치를 취하는 것은 아마도 자연스러운 일일 것이다.

---

57) D. Riesman, Masse, S. 57 f.

그러나 이러한 존재에 대한 안정, 배려라는 과제는 근대국가의 자유법치국가성과 첨예하게 대립되어 있다. 특히 이러한 경향은 국가가 사회영역에 깊숙이 관여함으로써 시민의 자유영역을 침범하고 사회의 자율조직을 파괴시키며, 규제적·진압적 성격의 법이 사회의 문제제거 또는 완화에 기여한다는 과신을 갖게 한다.

이러한 맥락에서 볼 때 위험영역에 앞질러 들어감으로써 형법적인 보호를 하겠다는 시도는 무조건 환영할 만한 것이 못 된다. 그러나 위험범의 이러한 문제점은 지금까지 지엽적으로만 지적되어 왔다. 오히려 현재의 이성적 형법은 사회적 법치국가로서 현대국가의 자명성을 배경으로 여러 가지 사회문제에 적극적으로 개입하라는 요청을 받는다. 바우만(Baumann)은 이와 같이 사회적 기능에 초점을 맞춘 형법이 법치국가적 실체를 훼손할 수도 있다는 반론에 대하여 "형법을 사회과제로 환원시키는 것은 형법을 풍요롭게 만드는 것"(Bereichung des Starfrechts)이라고 간단하게 일축한다.[58]

그러나 과연 그러한가? 형법을 사회정책의 수단으로 전환시키는 것은 오히려 합목적성, 행위필요, 그리고 유권자에 대한 제스처를 위한 정책적 전략에 따라 규제영역만 무제한 확대시키는 것은 아닌가? 형법의 확장은 과연 어디서 멈출 것인가? 그리고 현재의 법익론을 비롯한 형법이론은 여기에 대한 답을 준비하고 있는가?

---

58) Baumann, Starfrecht und Wirtschaftskriminalität, JZ 1983, S. 92 f.

제4절 법익개념의 형식화(탈실질화)

1. 서설

근대 이후 계몽사상에 의하여 고무된 근대형법학의 관심사는 형사입법자에게 그들의 판단에 대해 납득할 수 있고 적용 가능한 입법기준을 쥐어주고 이러한 판단의 정당성에 대한 외적 검증기준을 발전시키는 것이었다.[59] 이로부터 근대형법은 법익보호에 자기임무를 제한함으로써 자신의 정당성의 기초를 획득할 수 있었다.

그러나 현대의 환경, 경제, 기술 등의 위험영역에서의 추상적 위험범을 통한 형사입법의 확대경향은 다음과 같은 물음, 즉 형법적 법익보호의 한계가 과연 어디인가라는 물음에 부딪히게 된다. 정치, 경제, 환경 등 여러 영역의 입법에서 발견되는 모호하고 개략적으로 형성된 보호이익은 과연 형법적으로 보호할 가치가 있는 법익이 될 수 있는가? 실제 경제, 환경 등의 위험영역에서의 입법은 형법상 법익개념에 필수적인 실질적 구성기준을 제공하고 있는가?

그러나 문헌에서는 법익의 '탈실질화경향'(Entmaterialisierung-stendenzen)이 언급되고 있으며[60] 이러한 탈실질화 경향은 궁극적

---

59) AK/Hassemer, Vor §1 Rn. 261.
60) AK/Hassemer, Vor §1 Rn. 265 ff. 법익개념에서 탈실질화 경향의 기원은 신칸트학파 형법학자들까지 거슬러 올라간다. 이들은 19세기의 자연과학의 발달에 영향을 받은 경험적이고 자연주의적 법익개념에

으로 입법의 비판원칙으로서 형법의 법익보호원칙을 무력화시킬 것이라고 경고한다.

사람의 생명, 신체, 자유, 명예, 재산과 같은 개인적 법익개념과 비교하여 보편적 법익개념은 우선 일의적으로 명확히 규정되지 않기 때문에 논의의 어려움이 가중된다. 더구나 인간의 행위에 의하여 침해 내지 위태화될 수 있는 것은 인과법칙에 의하여 지배되는 현실 속의 객체이기 때문에 정신화·관념화된 보편적 법익은 그 침해 내지 위태화의 확인이 쉽지 않다.

특히 보편적 법익 내지 추상적 법익은 그 보호이익의 추상성으로 인하여 법익으로부터 사회적 실체를 탈락시키기 때문에 때로 그 구성과 정의가 형사입법자의 자의에 내맡겨질 위험이 상존한다. 이미 빈딩은61)—그의 실증주의적 법익개념에 근거하여—"공공의 질서, 공공의 평화, 풍속"(öffentliche Ordnung, öffentlicher Friede, Sittlichkeit)과 같은 '의사이익'(Scheingüter)의 문제에 대해 논박을 가하였으며62), 독일에서 현재 보편적 법익은 법익개념을 형해화하고 법익보호구상을 위협하는 것으로 비판되고 있다.63)

오늘날 한국사회에서도 법익개념의 형식화 내지 탈실질화는 매우

반대하여 재개념의 공통적 요소를 재개념에서가 아니라 가치 내지 평가(Wertung)의 영역에서 찾고자 하였다. 임웅, 형법상의 법익개념, 115, 117면.
61) 아민 카우프만에 의하면 빈딩은 형법이론에서 법익개념에 대해 시민권을 부여했다고 한다. Kaufmann, Normentheorie, S. 69.
62) Binding, Normen I, S. 351 f.
63) AK/Hassmer, Vor §1 Rn 165 f.

가속화되고 있는 것으로 보인다. 우리 사회에서 법익보호원칙이나 명확성원칙, 비례성원칙 등 형법의 근대성 실현을 위한 3가지 원칙[64]은 그 실현정도가 매우 미약한데다, 사회경제적 토대의 변화가 요구하는 형법의 기능변화에 의하여 심각하게 위협받고 있다.

즉, 권리침해를 확인할 수 없고 위험이 불확실하게 추측되는 곳에서도 형법의 보호법익을 성급히 인정하게 되었고, 사회 곳곳에 퍼진 다양한 위험요소를 규범내용으로 포착하기 위해 형법의 명확성이 희생되고 있다.[65] 그리고 시민사회로부터 제기되는 강력한 안전요구에 대응하기 위하여 국가는 과잉의 범죄투쟁을 전개하게 되었고, 그에 따라 형법의 비례성원칙은 실무에서는 그저 이론상의 원칙으로 방기되고 있다. 아울러 윤리와 법을 구분하지 않는 우리 사회의 법의식은 법익침해 없는 윤리위반(간통죄)에 대해서도 형법의 보호를 제공하게 하고, 윤리위반 판단의 직관성과 모호성(마광수 교수나 장정일 필화사건의 판결문에서 보듯이)은 형법적 사회통제의 명확성을 크게 훼손하고 있다.

이하에서는 여러 법익론에 대한 개관을 통해 보편적 법익개념의 정당한 구성은 어떻게 가능하며, 그 한계는 어디인가 하는 문제를 살펴보고자 한다.

---

64) 이상돈, 형법의 근대성, 16 – 17면.
65) 위의 책, 17면.

2. 몇 가지 개념적 구분

가. 체계비판적 법익개념과 체계내재적 법익개념

보편적 법익 내지 추상적 법익의 정당화에 대한 물음을 제기하는 것은 법익개념을 형법정책에 대한 비판이론으로서 이해함을 전제한다. 법익개념은 따라서 체계비판적(자유주의적) 기능을 자기 안에 가지고 있으며,66) 이것은 법익개념이 단순히 개념분석적 차원을 넘어 특정한 사회형상을 배경으로 형법적인 보호이익의 구성과 선택의 정당한 기준을 문제로 하고 있음을 의미한다.

이에 대하여 체계내재적 법익개념67)은 단지 도그마틱적이고 해석적인 기능만을 제시한다. 체계내재적 법익개념은 체계적 해석을 위한 도구로 법익개념을 사용할 뿐이다. 이러한 체계내재적 법익개념의 선구자는 호니히(Honig), 슈빙어(Schwinge), 찜멀(Zimmerl)을 들수 있으며, 이들은 법익개념의 실질적 파악을 포기하고 "형법상의 해석과 개념형성의 방법에 대한 지도적 원리"로 법익개념을 이해하였다.68)

그러나 두 법익개념은 원칙적으로 서로를 배제하는 것은 아니며 서로 다른 인식관심에 의하여 특징지어질 뿐이다. 체계내재적 법익

---

66) Hassemer, Theorie und Soziologie, S. 23 f.
67) 위의 곳.
68) 임웅, 앞의 논문, 116면.

개념이 주어진 실정법질서의 지평을 넘지 못하는 데 비하여, 즉 실천적 인식관심보다는 기술적 인식관심에 의하여 지배되는 데 반하여 체계비판적 법익개념은 주어진 보호객체를 이상적 보호목록의 관점에서 측정하고 재구성하려 한다.[69]

나. 법익과 행위객체의 구별

체계내재적인 법익개념과 체계비판적인 법익개념의 구별의 저편에는 추상적 법익의 문제에서 중요한 의미를 가지는 법익과 행위객체(공격객체)의 구별의 문제가 놓여 있다.[70]

이 두 개념의 차이는 형법구성요건의 상이한 구조에서 도출된다.[71] 행위객체는 구성요건 내에서 언급되거나 행위정황의 기술에 의하여 전제된 대상임에 반하여, 법익은 해석을 통하여 밝혀진 형벌규범의 보호작용이 미치는 대상이다. 이것은 행위객체와 일치될 수도 있지만 근본적으로는 다르다. 재산범을 예로 들자면 '재산'이 법익임에 반하여 '재물'은 행위객체이다.

이러한 양자의 구별은 처음에 도그마틱적으로 동기 지워진 것이지만 법익론에도 간접적으로 유익하다. 법익개념에 관한 간략한 역사적 고찰은 이 점을 증명할 것이다. 체계비판적 법익론의 역사적 선구자로서 리스트(F. v. Liszt)와 체계내재적(방법론적) 법익개념의

---

69) A. a. O., S. 24.
70) 이 구별의 역사에 대해서는 Amelung, Rechtsgüterschutz, S. 198 ff.
71) A. a. O., S. 199 f.

창시자인 호니히는 각각 세기말과 세기 초에 양 개념의 구별에 있어 중심적 역할을 수행하였으며 법익론에 대하여 공통적인 도그마틱적 기초를 확립하였다.

다. 상대적 형벌이론의 요소로서 법익론

형법이 법익보호에만 관계하여야 한다는 것은 상대적 형벌이론, 즉 응보나 속죄를 형벌의 목적으로 하는 절대적 형벌이론에 반대하여 형벌의 사회질서의 유지를 중요시하는 예방이론의 구성요소로서 법익론을 특징짓는다. 예거(Jäger)의 성범죄(Sittlichkeitsdelikte)[72]에 대한 연구 이후 독일에서 이러한 관점은 일관되게 관철되어 왔다.[73] 법익론은 따라서 경험적으로 지향된 사고이며[74] 계몽사상의 자식이고,[75] 형벌의 내용규정을 법률상의 원칙에서 예외 없이 도출하는 개념적 사고와 구별되는 것이다. 이러한 형벌정당화는 형법을 외부적 효과에 지향함은 물론 고도의 (경험적으로 지탱되는) 정당화 요청 아래 예방이론을 위치 지운다. 이것이 체계비판적 법익개념에 대하여 의미하는 바는 법익개념의 정의기준이 사회적 현실 앞에서 검증되어야 할 뿐만 아니라 이를 넘어 형법적 개입의 경험적 기초를 설명하여야 한다는 것이다. 이것은 추상적 위험범과 보편적 법익론

---

72) Rechtsgüterschutz, S. 6 – 40.
73) 이에 대해 비판적인 견해로는 Bockelmann, ZStW 74(1962), S. 311 ff.
74) Hassemer, Strafziele, S. 39(44).
75) Hassemer, Theorie und soziologie, S. 27 ff(29).

에 대한 요청이기도 하다.

3. 실질적 법익규정과 비실질적 법익규정

가. 실질적(물질적) 법익규정

(1) 보호객체로서 법익(벨첼)

벨첼의 법익규정은 그의 법철학적인 형법이해를 통하여 특징지어진다. 방법이원론에 기하여 현실세계와 당위세계를 분리하는 서남독일의 신칸트주의에 반대하여 벨첼은 어떻게 법익이 사회적, 즉 사회의 유의미한 현실과 관계될 수 있는가를 탐구했다.

벨첼은 자신의 행위론과 불법론에 있어서 하르트만의 행위가치와 이익가치의 구별에 착안하여 법익을 사태가치(Sachverhaltwert)와 결합시켰다.[76] 즉 그에 따르면 법익침해는 행위의 결과반가치 내에 실현된다는 것이다. 물론 벨첼은 결과반가치를 범죄행위의 행위반가치와 엄격히 분리하였다.[77] 이후 그는 인적 불법론에서 행위반가치에 독자적인 도그마틱적 지위를 부여하고 형법적 고찰의 중점을 행위의 결과반가치로부터 행위반가치로 옮겨버렸다. 법익침해는 단지 행위의 포괄적인 행동반가치(Aktunwert) 내에 비독자적으로 조건

---

76) 위의 곳.
77) FS‒Kohlrausch, S. 101(105 ff).

지워진 부분요소일 뿐이라는 것이다. 형법규범의 실질적 목적은 단순한 법익보호가 아니라 법적인 심정가치의 유지라는 것이다.[78]

그러나 벨첼이 주도한 특징적인 결과반가치로부터 행위반가치로의 관점이동은 법익보호를 형법의 부차적 목적으로 상대화시켜 버린다. 즉 형법의 과제로서 법익보호는 행위반가치의 유지라는 상위의 목적 안에 묶여버리고 그 독자적 위치를 상실하게 되었다.[79]

이러한 법익보호사상의 상대화는 부분적으로 '형법의 윤리화' (Ethisierung des Strafrechts)라고 비판받지만,[80] 이것은 법익보호의 사회적 – 실천적 차원을 측정하기 위한 시도로도 볼 수 있다.[81] 즉 법익보호의 구성을 사회적 실제 안에, 즉 현실의 행동하는 인간과 결합시키려는 시도이다. 이러한 관점에서 벨첼에게는 행위가치의 강화, 확증과 법익의 보호 사이의 기능적 관계가 중요했던 것이다.[82] 벨첼에게서 개인의 법익보호보다 중요한 것은 사람들의 법적인 심정 내지 태도에서 나오는 행위가치의 현실적 효력을 확보하는 과제였던 것이다. 이 행위가치는 국가와 공동체를 지탱하는 중요한 초석이다. 그에 의하면 단순한 법익보호는 단지 소극적 – 예방적인, 경찰적 – 예방적인 목표설정일 뿐이지만, 형법의 심오한 과제는 적극적 – 사회윤리적 성격을 갖는다.

---

78) 위의 곳.
79) Müssig, Schutz, S. 28.
80) Lampe, Unrehct, S. 93 f.
81) Hassemer, Theorie und Soziologie, S. 90 f.
82) 위의 곳.

벨첼이 법익보호를 행위가치의 효력 안에 기초 지운 것은 법익보호개념을 사회적인 생활의 범주의 차원에서 재구성하려는 착상으로 보인다.[83] 이에 상응하게 그는 법익개념을 "현실적인 사회적 생활공간" 안에 정착시켰다. 즉 법익은 그것이 기능을 가질 때 그리고 그 한도에서만, 즉 사회적 생활 가운데 영향을 미치고 영향을 받는 한도에서만 현실적으로 존재한다.[84]

그러나 그의 법익론은 실증주의적인 법익규정의 수준을 넘지 못했다. 그에 의하면 법익은 "전체 또는 개인의 생활이익"[85] 내지 "법이 침해로부터 보호하려는 모든 사회적 상태"[86]로 지칭된다. 이러한 일반적 규정은 추상적 법익에 대한 실질적 기준을 제시하는 데 부적합하다.

(2) 목적주의의 규범이론(아민 카우프만)

아민 카우프만(Armin Kaufmann)은 빈딩의 규범이론을 원용하여[87] 목적주의적인 형법론의 기초를 형성했다. 그는 자신의 작업을 특수한 의미에서 법 도그마틱, 즉 실정법의 해석학이 아닌 "사물논리적 관련을 발견하고 실질적 규율의 범위를 제공하는 도그마틱"[88]

---

83) 위의 곳.
84) Welzel, ZStW 58(1939), 491(515).
85) Lb §1 I, S. 4.
86) 위의 곳.
87) Kaufmann, Lebendiges und Totes in Bindings Normentheorie, 1954.
88) A. a. O., S. X.

으로 이해했다.

카우프만은 규범, 행위가치와 법익 사이의 관련을 규범이론적으로 정치화하고 벨첼의 형법관이 보여준 흠결을 목적주의의 관점에서 보완하는 데 성공하였다. 규범, 행위가치와 법익 사이의 관련을 카우프만은 가치의 단계적 순서로 묘사하였다. "모든 규범 안에는 가치판단이 들어있다. ……이러한 가치판단의 대상과 규범의 대상은 동일하다. 인간행위에 대한 가치판단은 사물논리적으로 주어진 법질서의 가치서열의 3단계로 이루어진다. 처음에는 법익의 전체구성에 대한 가치평가적 창설인 사회적 질서가 존재한다. 그 다음 법익세계에 접해 있는 결과의 평가가 따른다. 세 번째 단계로서 이러한 결과로부터 인간의 행위가 법적 평가의 대상으로 선발되고 이로부터 당위적 행위로서 규범이 필연적으로 도출되고 그 타당성을 부여받는다."[89]

카우프만은 이로써 벨첼이 법적 규율의 대상 안에 선험적 구조로서 인식한 목적적 행위를 규범이론의 유일한 착안점으로 연결하였다. 카우프만은 근본적으로 가치와 규범에 똑같이 '당위계기' (Sollenmomentum)를 할당했지만 하르트만에 의거하여 가치를 이상적 존재당위(idealen Seinsollnen)로, 규범을 규범적 행위당위 (normativen Tunsollen)로 구별하였다.[90] 그 기준적 요소로는 목적론이 등장한다. 즉 규범은 가치판단이 과제와 목적이 되는 그 무엇

---

89) A. a. O., S. 281.
90) A. a. O., S. 75.

52

에 결합한다.91)

이러한 목적론적 요소는 카우프만의 규범이해에 있어 결정적인 것이다. 이것은 빈딩과 같이 규범을 입법자의 국민에 대한 명령으로 해석하기 위한 근거가 된다.92) 규범의 제정으로써 입법자는 가치에 대한 평가로부터 국민에 대한 명령으로 하강하게 되고,93) 이로써 규범은 법현실과 관련을 맺게 된다는 것이다.

카우프만은 이른바 '수범자문제'(Adressatenproblem)에 대한 논증에서 "동기부여수단으로서 명령"(Imperativs als Motivationsmittel)94)의 구체화, 즉 당위의 구체화를 빈딩과 차별화하여 파악하려고 시도했다. 여기서 카우프만은 "법적 구속성의 추상적 사유형식"으로서의 규범과 "구체적 당위"로서의 의무를 구별하였다.95) 그는 구체적 개인에게 구체적 행위를 지시하는 구체화된 규범을 의무라 지칭한다. 모든 사람에게 지향된 규범은 수범자가 시간적·공간적으로 일정한 상황안에 금지된 행위를 착수할 수 있을 때, 따라서 구체적 상황에 직면하여 금지된 행위에 대한 물리적이고 심리적인 전제조건을 가졌을 때 의무로 구체화된다.96) 구체적 행위능력자에게 규범은 행위를 그만두라는 의무를 부과한다.

아민 카우프만은 자신의 규범이론에서 벨첼에 의하여 이미 제시

---

91) A. a. O., S. 76.
92) 위의 곳.
93) 위의 곳.
94) A. a. O., S. 76 Fn. 245.
95) A. a. O., S. 128.
96) A. a. O., S. 139.

되었던 형법이론과 사회이론의 단면을 구체화하였다. 그가 형법의 사회적 임무와 기능에 대한 이론으로 이해한 법익론에 있어서 결정적인 문제는 당위의 사회적 현실 속에서의 구체화의 문제였다. 그에게서 규범의 사회적 형성과 기능에 대한 물음은 따라서 형법과 사회이론의 통일성을 위한 결합요소가 된다. 이러한 의미에서 사회이론은 법익론의 포기할 수 없는 기초이며 법익론은 자신의 사회적 - 실천적 차원을 제시해야만 하는 것이다. 카우프만은 형법적 측면에서 이 점에 매달린 것이다. 이제 문제는 그의 규범이론이 형법이론과 사회이론의 통일성을 현실적으로 가져올 수 있는가이다.

카우프만의 규범이론은 하르트만의 기본적인 가치윤리이론의 영향을 받았다. 그러나 그의 규범이론에서는 이러한 관련이 분명히 나타나지 않고 당위의 사회적 현실 내로의 구체화가 전면에 대두되어 이것이 그의 전체 법이론을 오늘날까지 특징짓고 있다. 그러나 카우프만이 당위를 구체적이고 심리적으로 해석되는 동기화 수단으로서 (규범의 명령으로) 구체화한 것은 그의 불법규정, 즉 존재적으로 재구성된 행위의 구조로서 불법규정을 잠식하는 것이다.

지금까지 형법 문헌에서 이루어진 카우프만의 불법론에 대한 비판은 그것이 주로 행위반가치에 의하여 근거지워졌다는 점에 집중되어 있었다. 즉 결과반가치를 주변화함으로써 행위에 대한 사회적 관련이 희석되고 외적이고 사회적인 관계로서 법의 구성이 희석되었다는 것이다.[97] 이것은 카우프만이 이른바 행위의 사물논리적 구조에 일

---

97) Jakobs, AT 6/73; Gallas, FS - Bockelmann, 155(258, 264); Mylonopulous,

방적으로 정향된 나머지 그의 규범이론에서 법의 다차원성 내지 다기능성(Mehrdimensionalität bzw. Multifunktionalität)을 소홀히 한 결과이다.[98]

원래 벨첼은 법을 사회적 현실 속에서 관련지우려 하였고 사회적 현상으로서 행위는 그의 형법관과 사회이론을 매개하는 계기였다. 그러나 카우프만은 행위를 단순한 규범적 명령으로 축소시킴으로써 형법과 사회와의 관련성을 단절시켜 버렸다. 행위를 목적적 조종으로 축소[99]시킨 그의 행위론은 규범의 사회적 구조를 명령형식과 동일시하는 배경이 되었다. 이것은 행위를 사회적 현상, 즉 인간적인 사회구조의 영역에서 해석하는 것을 희석시키고 법의 사회적 차원을 제거하는 것이다.

결론적으로 사회적 작용 내지 교류의 총체로서 법이 사회형성에 대해 가지는 관련은 카우프만의 규범이론에 의해서는 규범적 명령의 사회적 교류조건이 결여되기 때문에 밝혀질 수 없다. 한 사람의 행위와 타인의 행위와의 관련으로 해석되는 사회적 접촉은 행위를 이해할 수 있게 해주는 사회적 맥락(콘텍스트)에 의하여 비로소 명료해진다. 법의 사회적 정착을 추구하는 규범이론은 이 점에 착안해야 한다. 규범이론은 콘텍스트 참가자들이 공유할 수 있는 관점의 구성을 위해 규범의 의미를 분명히 해야 한다. 카우프만과 같이 규범을 단순

Handlungs – und Erfolgunwert, S. 59 ff, 80.

98) Paeffgen, GS – Armin Kaufmann, 399(415).

99) 이에 대해 비판적 견해로 Zielinski, Handlungs – und Erfolgunwert, S. 79 ff, 84 ff.

히 입법자의 명령으로 해석하는 것은 이러한 콘텍스트를 전제하는 것이기는 하지만, 콘텍스트의 의미를 지나치게 축소시켜 버린다는 결과를 낳는다.

카우프만은 규범의 사회적 내용을 명령의 형식으로 축소시키면서 아울러 규범성에 대한 사회적 차원을 개인적인 행위결정으로 축소시켜 버렸다. 이 경우 원래의 규범의 사회적 의미, 즉 다수에 의하여 형성된 사회적 생기로서 규범의 사회적 접촉과의 관련은 배후로 밀려난다. 카우프만의 사물논리적 구조에 대한 집착은 개인적으로 협소한 규범기제로 나아가게 된다. 카우프만의 규범이론의 관점에서 사회는 단지 의미관련을 상실한 개인들의 집합으로 재구성된다.

(3) 가치가 부착된 기능통일체로서 법익(루돌피)

기본적으로 루돌피는 법익개념을 철저히 실정법적인 개념[100]이라고 보면서도 무엇을 법익으로 설정할 것인가는 전적으로 형사입법자의 권한이라고 강조하였다.[101] 그가 법익을 실정법과 입법자로부터 도출하려는 것은 법익을 사회적 현실 속에서 파악함으로써 실질적 법익개념을 추구하고 가치철학적 사회이론의 한계를 뛰어넘겠다는 것을 의미한다.[102]

이렇게 법익을 사회적 현실 가운데에서 파악하면서도 루돌피는 동

---

100) SK/Rudolphi, Vor §1 Rn 4.
101) A. a. O., Rn 6.
102) Müssing. Schutz, S. 41.

시에 실질적 법치국가관으로부터 형법의 헌법합치적 임무설정 내지 임무제한을 도출할 수 있다고 주장한다.103) 그에 따르면 형법의 임무는 경찰법의 임무가 위험예방에 한정되는 것과 마찬가지로 현재 헌법합치적 사회를 사회유해적 행위로부터 보호하는 것이라고 한다.

"우리가 헌법 내에서 영위되는 사회생활과 개개 시민의 헌법적 지위와 자유에 필수적인 사회적 조건들을 법익으로 본다면 형법의 임무는 형법학자들의 지배적인 견해와 같이 법익보호로 규정지을 수 있다."104)

법익개념의 사회이론적 실체를 루돌피는 "사회는 정적인 것이 아니며 항상 새로운 산물과 변화, 발전 그 자체이다"105)라는 언명을 통하여 특징지었다. 형법적 보호객체는 따라서 "일정한 상태, 즉 정적인 그 무엇이 아니라 살아 있는 기능통일체"이다.106) 따라서 법익에 대한 일반적 서술로서 "가치부착적 기능성"(werthafte Funktionseinheit)이라는 논제에 그의 가치관점과 실질적 법익개념을 위한 사회이론적 실체를 결합시키고 있다.

루돌피의 관점은 벨첼의 법익론의 사회이론을 계승한 것으로 보인다. 그의 형법이해는 형법을 현대사회의 합리적 형사정책의 도구 중에서 최후수단으로 위치 지우는 것으로 특징지어진다. 이러한 착상의 근대성은 루돌피가 법익개념 내에서 더불어 형성된 가치관을

---

103) FS - Honig, S. 151(158 ff).
104) SK/Rudolphi, Vor §1 Rn 2.
105) A. a. O., Rn 8.
106) 위의 곳.

초역사적인 실질적 가치질서 안에서 기초 지우는 것이 아니라 헌법에 근거하여 실증적으로 규정한 데에서만 끝나는 것은 아니다. 헌법에 의하여 판단범위를 제시하는 것은 사회적 가치구성의 내용적 가변성, 우연성과 처분적 성격을 제시하여 주는 것이고 그 안에서 사회적 정체성의 규범적 기준이 확립되는 사회적 메커니즘과 절차에 대한 주의를 환기시키는 것이기도 하다.

물론, 루돌피의 법익개념은 추상적 법익개념의 구성에 대한 문제에 있어 여전히 불명확한 점이 남아 있다. 이러한 불명확성은 루돌피의 법익개념과 관련된 사회이론의 실체, 즉 '사회적 기능'(sozialen Funktion)이란 데에서 드러난다. 이 개념이 루돌피의 법익개념에서 차지하는 커다란 비중[107]과 모순되게 그 개념적 파악은 직관적인 상태로 남아 있다. 루돌피가 법익을 구성함에 있어 "사회에 대한 엄밀한 규정"의 필요성을 제시하였음에도 그는 이러한 구체화를 이끌 수 있는 어떤 사회이론적 기준도 언급하지 않았으며 단지 그 한도에서 자신의 법익개념을 문제 삼고 있을 뿐이다.[108]

따라서 법익의 실질적 내지 현실적 실체로서 루돌피의 '사회적 기능'의 개념은 구체화의 결정적 내용이 결여되어 있다. 즉, 이 개념은 한 사회이론적 맥락 안에서 깊이 천착됨이 없이 공허하게 존

---

107) 70년대 초 루돌피는 법익과 사회적 기능을 동일하게 보다가(FS-Honig, S. 151), 최근에는 보호객체를 사회적 기능 가운데에서 보는지 사회적 기능을 법익 자체로 보는지 분명하지 않다(SK, Vor §1 Rn 7 ff).
108) SK/Rudolphi, Vor §1 Rn 7; ders, FS-Honig, S. 151.

재하고 있으며 그것이 지칭하는 것이 무엇인지가 분명하지 않기 때문에 구체화를 수행할 수도 없다.[109] 가령 루돌피의 법익개념은 독일형법 제129조와 제129조 a의 "내적 안전"(innere Sicherheit)이 과연 법익으로 설정될 수 있는가 하는 문제에 답할 수 없다. 왜냐하면 사회적 기능 내지 기능통일성이 무엇을 뜻하는지, 그 한계는 어디인지가 분명하지 않기 때문이다.

법익개념에 있어 이러한 불명확성은 루돌피의 법익관의 기본적 문제점을 보여준다. 그의 법익보호구상의 현실관련성은 단지 보호이익(Schutzgut)의 형성을 포함한 부분적 측면에서만 설명되고 있다. 루돌피가 법익을 기능통일성으로 지칭하는 것은 법익구성의 기준을 현대사회의 복합성에 적응시키고 끊임없는 사회적 변화에 신속하게 대처할 수 있도록 하는 데 도움을 준다. 이런 점에서 루돌피는 벨첼의 착상을 일관되게 발전시켰다. 목적론적 법익개념에 대한 비판이 있기는 했지만 이것은 사회이론적으로 고무된 규범이론, 즉 규범성의 사회적 내용과 의미를 파악하고 이 기초에서 법익개념을 유지하려고 한 규범이론의 취지는 계속 추구되어야 한다.[110]

이제 구체적으로 형법 내지 개별 형벌규범들이 어떻게 기능통일성 내지 법익의 현실적 실체로서 사회적 기능을 보호할 수 있는지를 검토해 보자. 루돌피는 이 문제에 여전히 목적주의자들에 의하여 놓인 기초를 떠나려 하지 않는다. 루돌피는 벨첼의 주장, 즉 개별적 법익

---

109) Hassemer, Theorie, S. 64.
110) Müssig, Schutz, S. 44.

의 보호는 단지 간접적으로만 기초적인 사회윤리적 행위가치를 보호할 수 있을 뿐이라는 주장에 반대하여[111] 위험예방이라는 경찰법상의 원칙에 정향된 법익보호구상을 형법적 과제로 내놓으면서도, 목적주의적 규범이해에 대해서는 반대하지 않는다.[112] 루돌피에게서 규범이론의 형법적 변형물은 꾸준히 발견되는데, 예컨대 일반적인 위험예방을 위한 경찰법적 처분과 유사하게 규범은 행위지시로서 해석된다. 이 점에서 루돌피는 아민 카우프만의 규범이해와 일치한다.

카우프만의 규범이론에 대한 비판에서 루돌피는 명령설(Imperationstheorie)에 지향된 규범의 사회적 해석이 규범성의 복합적인 사회적 의미와 규범의 사회적 내용을 파악할 수 없도록 만든다고 지적한다. 그러나 법익보호가 형법의 사회적 과제로서 경험적으로 검증되기 위해서는 규범이론이 단지 도그마틱적 차원에만 한정되어서는 안 되며 규범성의 사회적 의미에 대한 기능규정과 복잡한 사회현실 속에서 규범의 형성을 파악하려고 노력해야 한다. 루돌피는 법익개념의 바로 이러한 측면을 소홀히 했던 것이다.

사회적 기능이란 개념의 사회이론적 무색성은 루돌피에게서 규범이론적 변형물이었으며, 그에게서 법익개념의 사회적 – 실천적 측면의 재구성은 단지 도그마틱적 차원에 머물렀던 것이다.

---

111) SK/Rudolphi, Vor §1 Rn 2.
112) A. a. O., Rn 1.

(4) 개인적 법익개념(맑스)

루돌피의 실질적 법익규정과 같이 평가할 수 있지만, 맑스에 의하여 발전된 실질적 법익개념으로서 '개인적 법익구상'(personale Rechtsauffassung)은 추상적 법익 내지 초개인적 법익의 실질적 기준 내지 한계를 제시하려 했다는 점에서 우리의 흥미를 끈다.113)

법익에 대한 맑스의 정의는 '메타법학적인'(meta‒juristischen), 궁극적으로 국가론(Staatszwecklehre)으로부터 발전된 개인적‒기능적 착상의 표현이다.114) 즉 법익은 "인간이 자신의 자유로운 자기실현을 위하여 필요한 조건들"이다. 맑스는 보편적 법익 내지 초개인적 법익을 개인적 관점으로부터 규정하려고 하며, 개인적 법익과 보편적 법익의 구별을 인정하지 않으려 한다.115) 따라서 그에 의하면 보편적 법익은 개인적 법익의 합성물(Miteigentum)에 지나지 않는다.

오늘날 법익개념의 탈실질화 내지 형해화 현상은 보편적 법익에만 한정된 현상은 아니다. 예컨대 개인적 법익 중에서 명예(Ehre)라는 법익은 그 추상성으로 인하여 그 침해의 확인이 어렵고 기수시기의 결정이 어렵다. 추상적 법익을 개인적 법익을 통하여 제한하고 실질화하려는 맑스의 착상은 주목할 만하지만, 어느 정도의 추상화 수준에서 보편적 법익을 규정할 것인가는 불명확한 채로 남아 있다. 맑

---

113) Marx, Definition, S. 79 ff.
114) A. a. O., S. 25 ff(31).
115) A. a. O., S. 80 f.

스는 국가의 임무를 개인의 자기실현의 보장자로서 설정하지만, 이러한 설정을 통한 보편적 법익의 보호 역시 높은 추상화 수준에서 설명되고 있음을 보여준다. 비슷한 문제는 개인적 법익에 관한 범죄에서도 발생한다. 예컨대 재산범죄는 그 객체인 재물이나 재물을 통하여 사물화되는 자유와 관련지어 보호법익이 설정될 수 있다. 이러한 설명을 통해서는 맑스가 초개인적 법익의 유일한 문제로서 문제 삼았던 처분권한(Dispositionsbefugnis)[116]의 물음이 더 이상 추구될 수 없다. 법익구성에 있어서 허용 가능한 추상화 수준의 문제는 법익구성의 기초에 놓여 있는 그 사회적 구성과정과 그에 상응한 형벌구성요건과 관계하여서만 충분히 도출될 수 있기 때문이다.

개별적 법익이 구체적인 법률의 규율대상과 맺는 관련은 현대사회의 여러 영역의 복잡성을 고려할 때 매우 추상화되거나 희미한 정도로만 확인될 수 있다는 것이 맑스의 주장이다. 따라서 실질적 기준으로서 개인적-기능적 법익착상은 그 유용성 내지 내용을 상실할 위험에 놓이게 된다. 법익과 그 규율대상의 관련을 자의적으로 결정하거나 단절시키지 않으려면 사회 내에서 발생하는 모든 사건이 개별적 개인들과 관련하여 그 원인과 효과가 규명될 수 있어야 하고 다음과 같은 법익론에서 결정적인 사항이 고려되어야 한다. 형법적 보호과제의 결정은 사회가 개인주의적으로 이해되더라도 항상 사회적으로 매개되어서 수행되어야 한다. 즉 법익의 결정은 근본적으로 공공적 관점에서 수행되어야 한다.[117] 맑스는 형법의 사회적

---

116) A. a. O., S. 82.

관련을 간접적으로만 파악하였다. 그는 인간을 '사회적 개체'(soziale Individualität)로 표현함으로써,118) 사회를 위해 개인의 자유를 제한할 수 있는 가능성을 열어놓았다.119) 그러나 맑스는 이러한 법익규정을 충분히 고려하지 않은 결과 법익주체의 사회적 지위와 구성이 단지 언어적으로만(verbal) 고려되었을 뿐이었다. 그는 법익규정에 있어서 결정적이고 빈딩에 의하여 이미 형성된 바 있는 계기(공공적 관점의 주체는 입법자이고 법익규정은 국가이론을 통하여 구체화되는 것이 아니라 입법자의 다양한 결정과정과 형성과정을 통하여—공공적 과제를 위하여 특정한 재의 보호가 필요하다—설명될 수 있을 뿐이다)를 과소평가한 것이다. 즉 법익개념은 루돌피가 언급했듯이 철저히 실정법적인 개념인 것이다.

맑스는 자신의 개인주의적 법익규정을 국가의 목표설정으로부터 직접적으로 도출하고 처분권한의 문제를 "초개인적 법익"의 유일한 문제로 봄으로써 재의 보장에 대한 공공적 요청과 개인적 평가 사이의 차이를 제거하였을 뿐만 아니라 이러한 구별이 처분권한의 문제에 대해서 갖는 결과를 과소평가하였다. 즉 법익규정의 문제는 국가에 대한 목표설정을 통해서만 구체화되는 것이 아니며, 국가의 목표설정은 입법자들의 다양한 관점 아래에서 하나의 계기가 될 뿐이다.

결론적으로 법익에 관한 맑스의 개인적-기능적 착상은 현대 법익론에서 탈실질화(탈물질화) 경향을 저지하기에는 충분하지 못하다

---

117) Vgl. dazu Jakobs, AT 2/10 f.
118) Marx, Definition, S. 51.
119) A. a. O., S. 53.

고 생각된다.

나. 비실질적 법익규정

법익개념을 실질적(물질적)으로 파악하는 것, 즉 법익을 사회적 현실 속에서 인과적으로 변화 가능한 보호객체로 파악하는 것에 대응하여 형법이론에서 이러한 법익의 실질적 기초 지움을 자연주의적인 오류라고 비판하며[120] 법익개념의 정신화(Vergeistigung)를 요구하는 흐름이 있다.[121]

이에 따르면 법익은 '정신적 형성물'(gedankliche Gebilde),[122] '정신적 실재'(geisitige Realitaten),[123] '이상적 이익'(ideele Güter)[124] 으로서 규정되며 이러한 규정을 통하여 법익규정을 인과법칙의 영역으로부터 이탈시키고자 하였다. 여기에는 두 가지 착상이 구별될 수 있는데 법익을 가치와 동일시하는 것과 법익의 제도적 해석이 그것이다.

(1) 가치로서 법익

예쉑(Jescheck), 베셀스(Wessels), 바우만(Baumann)과 블라이(Blei)

---

120) Otto, AT, S. 8; ders., Rechtsgutsbegriff, S. 1, 8 ff.; Blei, AT §24 Ⅱ.
121) Blei, 위의 곳. Jescheck, AT §26 I 2; S/S/Lenckner, Vorbem §§13, Rn 9.
122) Blei, 위의 곳.
123) Otto, AT, S. 9.
124) Schmidhäuser, AT, 5/27.

는 법익을 "법적으로 보호되는 사회질서의 추상적 가치"[125] 내지 "이상적인 사회가치"[126] 또는 "객관적 가치"[127]로 규정한다. 이에 따라 법익침해는 이상적 - 정신적 차원, 즉 결과불법과 행위불법 외에 "이상적 가치의 효력요청의 침해"(die Beeinträchtigung des Geltungsspruchs eines idealen Wertes)[128]로서 이해된다.

그러나 이들에게서도 가치의 구성, 즉 법익구성의 실질적 기준의 문제는 아주 모호한 채로 남아 있다. "법공동체의 사회 - 윤리적 가치표상"[129] 내지 공동체의 "생활이익"[130] 등이 기준으로 제시된다. 그러나 이를 통해서는 보편적(추상적) 법익의 구성한계는 도출되지 않는다.

이러한 가치지향적 법익구상은 서남독일 신칸트주의의 착상[131]과 밀접한 구조적 유사성을 보인다. 예쉑은 법익과 행위객체를 구별하면서 이것은 이념/현상과 같이 관련되지만 개념적으로는 분리되어 있다고 강조했다. 행위의 결과반가치는 행위객체(Handlungsobjekt)의 현실적 침해에 놓여 있는 데 비하여 법익은 이상적 가치로서 행위자의 직접적 공격에서 떨어져 있다는 것이다.[132] 예쉑(뿐만 아니라 다른

---

125) Jescheck, AT, §26 Ⅰ 2.
126) Wessels, AT §1 Ⅰ 2.
127) Blei, AT, §24 Ⅱ.
128) Jescheck, AT §24 Ⅰ 1.
129) Wessels, AT § 1 Ⅰ 2.
130) Jescheck, AT § 24 Ⅰ 1.
131) Mittasch, Wertbeziehendes Denken, S. 87 ff; 서남독일의 신칸트주의의 법익개념에 대한 비판적 견해로는 Amelung, Rechtsgüterschutz, S. 149 ff.

학자들도)은 이렇게 법익과 행위객체를 형법상의 도그마틱적 기능에 따라 구별하지 않고 존재론적 기초, 즉 서남독일학파의 신칸트주의에 따라[133] 인과법칙에 종속되지 않는 "가치부착적"(werthaftete) 현실을 가치중립적인 현실과 원칙적으로 구분하였다.

그러나 우리가 법익론을 보호사상, 즉 사회 내에서 형법의 특수한 과제인 보호사상의 산물로 본다면 법익세계를 인과법칙의 영향에서 배제시키는 '비실질적'(비물질적) 법익론은 독자적 정당화를 필요로 하는 이론으로 보인다.[134] 즉, 여기서 가치부착적 법익세계는 어떻게 사회적 현실로 정착하고 형법과 결합할 수 있는지가 문제 된다.

법익을 추상적 법가치로서 지칭함에 따라 비실질적 법익론은 법익개념을 단지 법 도그마틱의 추상화된 개념으로 이해하게 되고 제한된 설명력을 갖게 된다. 따라서 실질적이고 내용 있는—사회적 현실성 있는—법익개념에 대한 요구가 등장하게 되고[135] 이는 앞에서 살펴본 목적론적 법익개념에서 도출되었지만 이러한 법익개념도 여전히 법익구성의 실질적 기준을 제시하지는 못하였다.

이러한 법익의 정신화(Vergeistigung)는 법익개념의 내용적 윤곽

---

132) Jescheck, AT §26 Ⅰ 4.
133) 서남독일의 신칸트주의의 의도는 반드시 법익개념을 탈실질화시키려 했던 것은 아닌데 신칸트주의의 가치론의 인식론적 기초를 놓은 Rickert의 철학은 이익 또는 재는 가치와 현실의 결합에서 설명된다고 아멜룽은 지적한다. Amelung, Rechtsgüterschutz, S. 153.
134) Amelung, Rechtsgüterschutz, S. 175.
135) S/S/Lenckner, Vorbem. zu §§ 13, Rn 9.

을 흐리게 만들 뿐만 아니라 형법으로부터 보호사상과 법익 도그마틱의 합리적 기초를 날려버린다. 법익이 사회적 현실 속의 실재적 보호객체로서 파악되지 않는다면 형법의 사회적 기능에 대한 합리적 설명은 더 이상 불가능해진다.

법익개념에 대한 전통적인 형사정책적 요구는 "모든 행위규범과 그 위에 구성되는 범죄구성요건은 법익(보호객체)을 기초로 하며 법익과 관련 없는 형벌규범은 존재할 수 없다"[136]는 언명 속에 잘 드러난다. 따라서 비실질적 법익론의 구성은 이러한 형사정책적 요구와 화합될 수 없다.

이제 입법적 결정으로부터 독립된 비실질적 법익세계의 내용, 즉 "공동체생활의 기초적인 기본가치"[137] 내지 "민족의 문화적 질서"[138]가 얼마나 분명히 드러날 수 있는가에 따라서 비물질적 법익개념은 그 기초적인 사회상을 제시하면서 동시에 물질적 가치질서에 대한 형법의 해석과 지향에 대한 비판적 기준으로 기능할 수 있을 것이다. 사회적 유해성을 형법적 통제의 기초로서 보는 것은[139] 사회를 문화와 가치체계의 거울이라 보는 "후기 이상주의적 사회상"(spätidealistische Gesellschaftbild)에서나 타당한 것이고 가치다원주의적 질서로 이해되는 복합적이고 차별화된 사회상에는 적합하지 않은 것이다. 이상주의적이고 문화철학적인 사회상에서는 사회는

---

136) S/S/Lenckner, Vorbem. zu §§ 13 ff, Rn 10.
137) Wessels, AT §1 Ⅰ 2.
138) Lampe, FS – Welzel, 151 ff.
139) Amelung, Rechtsgüterschutz, S. 155 f.

동질적인 가치질서 위에 구성되고 확인될 수 있으며 법의 사회적
기능은 사회적 공동생활의 조건으로서 동질적 가치질서 위에서 규
정될 수 있다140)는 가정이 전제되어 있다. 그러나 이렇게 되면 가
치표상의 담지자에 대한 물음은 희석될 뿐만 아니라 형법적 통제의
기초가 되는 거대한 정치적 결정과정 또한 도외시된다.141)

(2) 제도적 법익(슈미트호이져)

법익개념의 제도적 해석은 오늘날 슈미트호이져(Schmidhäuser)에
의하여 대표된다.142) 이러한 규정은 크륌펠만(Krümpelmann)이 경미
범죄의 불법내용에 대한 연구에서 언급한 것인데,143) 그에 따르면
법익은 현실적 보호객체에 관계되는 것이 아니라 제도(Institution)에
관계된다고 하면서 법익은 법제도,144) 즉 법질서에 관계된다는 것이
다. 따라서 법익규정의 규범이론적 기초는 행위규범이나 그로부터
확인되는 보호객체가 아니라 제도로서 제재라는 것이다. "제재는 자
신의 목적인 법제도를 보호하며 이를 통하여 간접적으로 개인적 이
익을 보호한다."145)

이러한 착상은 규범이론적 기초와 법의 구성조건의 관점에서 법

---

140) 위의 곳.
141) Müssig, Schutz, S. 54.
142) Schmidhäuser, AT 5/25; ders., FS - Engisch, 433.
143) Krümpelmann, Bagatelldelikte, S. 68 ff.
144) A. a. O., S. 83.
145) A. a. O., S. 88.

익론을 지도할 수 있다는 점에서 흥미롭다. 이에 따르면 형법에서 보호사상은 법의 사회적 내용과 기능에 훨씬 밀접하게 결합되며 이상적으로는 법익론을 사회이론적으로 기초지워진 법이론의 토대 위에 재구성할 수 있게 해준다.

그러나 그 이론적 가능성을 슈미트호이져는 충분히 개발하지 못했는데 그가 법익규정을 규범이론적 기초로 환원하지 않고 현재의 윤리철학과 가치론으로부터 포괄되는 재개념(Gutbegriff)에 환원시켰기 때문이다.146) 슈미트호이져는 재를 규정함에 있어 현실적 관점과 이상적 관점을 구분하였다. 전자는 가치 충만한 사태로서 이익으로 보고 후자는 "가치 충만한 사태에 의하여 모두에게 요구되는 효력요청"으로 보았던 것이다.147) 따라서 그에게서 법익은 이상적으로 보이는 이익, 가치 충만한 사태로부터 출발하는 효력요청, 그리고 그에 대한 허용되지 않는 침해에 대해 국가기관이 법률효과로써 반응하는 것으로 이해된다.148) 따라서 법익침해 또한 슈미트호이져에 따르면 의사행위(Willensverhalten)를 통한 "이상적 효력요청의 침해"로 규정된다.

법익으로부터 슈미트호이져는 법익객체(Rechtgutobjekt)를 구분하여 후자를 "효력요청이 부착되는 개별적 대상으로서 일반적으로 경험되는 가치 충만한 사태로부터 출발하지만 특수하게는 현실적 대상과의 관련에서 더욱 분명해지는 대상"149)이라고 지칭하였다. 이러

---

146) Schmidhäuser, FS - Engisch, 433.
147) AT 5/26.
148) AT 5/27.
149) AT 5/29.

한 슈미트호이져의 법익객체 개념은 벨첼의 법익개념과 동일하지만, 그는 이 범주를 특별히 의미 있는 것으로 여기지 않았다.[150]

슈미트호이져는 가치 충만한 사태의 현상학이라든지 그 구성배경을 분명히 하지 않았기 때문에 그의 법익규정 또한 모호한 채로 남아 있다. 그 가치철학적 착상과 구체적 객체로서 법익객체의 서술로부터 우리는 슈미트호이져가 전통적인 가치철학적 의미에서뿐만 아니라 존재론적으로 기초 지워진 범주 안에서 효력요청으로서 법익을 이해하였음을 알 수 있다. 따라서 그의 법익론에 대해서는 여전히 가치철학적 착상에 대한 비판, 즉 법익의 사회적 구성을 소홀히 하고 특히 실증주의적인 법익규정의 정치적 형성계기를 희석했다는 비판이 타당하다. 법익의 존중은 객체나 대상의 존재적 성질에서 나오는 것이 아니라 규범제정의 한 요소인 것이다.[151]

4. 사회과학적으로 지향된 법익론의 재구성

1970년대 초에 독일에서는 형법개정을 맞아 형법의 기초에 대한 강력한 논증이 법익에 대해서도 제기되었다. 여기서 하쎄머와 아멜룽이 사회과학적으로 지향된 법익론을 제공하였다. 물론 두 사람의 의도는 서로 다른 것이었다. 하쎄머는 법익론의 체계비판적 능력을 사회과학적으로 기초지우려 했던 것이었고 아멜룽은 법익론을 그

---

150) 위의 곳.
151) Amelung, Rechtsgüterschutz, S. 270.

역사적 발전과정 속에서 날카로운 이데올로기 비판에 노출시킴으로
써 사회적 유해성의 독자적 개념을 정립하는 것이었다.

가. 규범적 · 사회적 의사소통과 정형적 사회통제의 맥락 속에서 법익구성(하쎄머)

(1) 내용

사회과학적 기초 위에서 법익사고의 체계비판적 기능을 발전시키
려는 하쎄머의 시도는 "법익의 개념과 기능에 대한 이론은 범죄이
론의 실질적 실체"152)라는 명제로부터 출발한다. 그는 이제까지 법
익론이 그 문제의 지평을 무비판적으로 "규범적 - 법률적 차원"에
국한시켰다고 비판한다.153) 이러한 기존 법익론의 한계를 하쎄머는
법익론을 사회적 통제(벨첼이 말한 사회윤리적 행위가치의 강화와
확보154))의 맥락 가운데에서 위치 지우고 그 위에서 적극적 일반예
방의 형벌론을 구축함으로써 극복하려 하였다.

법익론의 현실관련성을 하쎄머는 사회적 범죄규정의 조건, 즉 범죄
화의 조건과 법익론을 결합시킴으로써 정립하려고 하였다. 법익의 사
회적 가치경험과의 콘텍스트관련, 부합을 해명하려는 법익론은 사회
속에서 무엇이 범죄로서 현상하는가를 물어야만 한다는 것이다.155)

---

152) Hassemer, Theorie und Soziologie, S. 16.
153) A. a. O., S. 100 f.
154) AK/Hassemer, Vor § 1 Rn 251 f, 334.

하쎄머는 범죄를 상호작용과 낙인으로서 이해하는 낙인이론과 같은 착상에서 범죄화의 조건을 '설명가능성'(Plausibilitäterwägung)으로부터 도출한다.[156] 어떠한 행위가 사회 내에서 용인될 수 없는 것으로 보여서 국가조직의 강력한 수단을 통하여 억제되어야 하는 문제와 사회가 그러한 행위를 통하여 침해되거나 위태화된 대상에 대하여 어떠한 가치평가를 귀속시킬 수 있는가는 독립된 문제이다.[157] 하쎄머에 따르면 법익은 푸른색 책상과 같은 실체가 아니라 사회적 가치경험, 즉 이익침해의 빈도(Häufigkeit), 침해이익의 필요정도(Bedarfintensität), 그리고 사회적으로 인지된 침해의 위협강도(Bedrohungintensität)에 따라 구성된다.[158]

사회적 가치경험을 결정하는 요소는 "사회적으로 그리고 의사소통적으로 구성된다."[159] 즉 범죄화에 있어 그것은 굴절되어 문화적으로 특징지어진 사회의식, 그 규범적 의사소통을 통하여 특징지어진다.[160]

이러한 기초 위에서 하쎄머는 정형화된 사회통제로서 합리적 형사정책의 원칙을 구성한다. 그 출발점은 형법이 사회통제의 부분영역이며 사회적 갈등해결의 특수형태라는 것이다.[161] 하쎄머에 따르

155) Theorie und Soziologie, S. 131.
156) A. a. O., S. 145 f.
157) A. a. O., S. 147.
158) FS – Arthur Kaufmann, 85(92); Nemann/Schroth(배종대 역), 형사정책의 새로운 이론, 61면.
159) 위의 곳.
160) Theorie und Soziologie, S. 153 ff.

면 형법의 정형화는 범죄와 그 사회적 처리 사이의 거리유지를 가능케 하며, 목적과 가치 측면에서 법익보호의 적절한 형식에 대한 사유를 가능케 한다는 것이다.162) 특히 정형화는 형법의 내용적 원칙의 실현, 특히 범죄에 관련된 자들(피해자, 범죄자)을 보호하는 것을 가능케 하고 형법을 야만(Barbarei)으로부터 구별시켜 준다.163)

그에 따르면 올바른 법익정책은 그 구조상 규범적 목표설정과 경험적 범죄화 조건의 통합이며 형법적 갈등처리의 정형화를 위한 내용적 원칙(책임원칙, 평등원칙, 필요성원칙, 의심스러울 때에는 자유에 유리하게 등)을 발전시켜야 한다.164)

(2) 비판

하쎄머의 법익론은 법익론을 형사정책적으로 고무된, 즉 비판적이고 실무지향적이며 사회과학적 기초 위에 세우려는 결정적 시도로서 평가된다. 법익론의 합리성은 (추상적으로) 내적 완결성만으로 결정되는 것이 아니라 (구체적으로) 행위대안에 의하여 결정된다. 이러한 행위대안은 구체적 행위맥락으로부터 기획될 수 있고 특히 현실의 사회적 가치평가의 기초 위에서 기획될 수 있다.165)

그러나 하쎄머가 법익 내지 법익침해에 대한 독자적 개념을 개발

---

162) A. a. O., S. 194.
162) A. a. O., S. 196 f.
163) AK, Vor § 1 Rn 310.
164) Theorie und Soziologie, S. 224.
165) A. a. O., S. 242.

하지 않고 법익구성의 사회적 맥락을 규정하려 한 것은 문제로 보인다.[166] 나중에 "인적 법익론"(personale Rechtslehre)[167]에서 내린 "형법적으로 보호할 필요 있는 인간의 이익"(strafrechtlich shutzbedürftiges menschliches Interesse)[168]이라는 법익규정도 하쎄머는 '빈개념' (Begriffshülse)이라는 표현으로 평가 절하했을 뿐만 아니라,[169] 처음부터 관계되는 현상만으로 개념을 좁히지 않기 위해 개념을 개방하려는 경향[170]에 의하여 상쇄되기에 이른다. 그러나 무엇보다 법익개념을 그 구성과정 안에 뿌리내리게 하려는 이러한 착상의 단점은 법익의 실질적인 내용 및 개념상실 외에 법익개념의 체계비판적 기능의 약화이다. 하쎄머가 법익개념을 사회적 범죄화의 구성과정 안에 분해하면서 그의 법익이론은 사회적 가치경험의 긍정적 서술로 빠진다. 즉 체계비판적 착상의 중점이 법익개념으로부터 정형화 개념으로 옮겨간다. 이러한 법익개념이 여전히 합리적 형사정책의 지도개념으로 기능할 수 있는가는 의문이다.

그러나 하쎄머 법익론의 이론적 유용성에 대한 평가에 있어서 결정적인 것은 그의 법익론이 사회적인 범죄화 경향과 형법적 법익규정의 관련을 축소시켰다는 점이다. 이것은 근본적으로 구별되는 두 가지 사태, 즉 규범구성(Normkonstituierung)의 물음과 법익규정

---

166) Amelung, ZStW 87(1975), S. 132.
167) Hassemer, FS‒ArthurKaufmann, S. 85 ff; ders., AK, Vor § 1 Rn 264 ff.
168) AK, Vor § 1 Rn 287.
169) A. a. O., Rn. 286.
170) A. a. O., Rn. 287.

(Rechtsgutsbestimmung)의 물음이라는 두 가지 사태를 뒤섞어 버린다. 우선 하쎄머의 설명 중에서 공식적 범죄화의 기초가 되는 사회적 과정의 서술은 사회적 규범형성의 서술과 다르지 않다. 하쎄머는 사회적 통제의 과정을 상호작용 현상으로 이해하였고 이것을 사회적 법익구성과 동일시하였다. 이로써 법익규정의 문제는 상호작용의 차원으로 옮겨진다. 이렇게 되면 이제 규범성에 대한 사회적 상호작용의 의미를 밝히고 규범의 사회적 형성과 기능을 밝히는 것은 필연적 귀결이다. 그러나 하쎄머는 이러한 길로 나아가지 않고 일탈적 행위에 의하여 침해되는 "재(이익)"에 시각을 돌렸다. 이로써 하쎄머는 법익문제에서 처음에 제시했던 의사소통적 차원을 희석시키고 사회적인 규범형성과정의 단순한 재구성과 구별되는 비판적 성찰과정을 축소시켰다. 규범구성과 법익규정의 물음을 통합함으로써 하쎄머는 이러한 두 물음의 독자적인 사회이론적 의의를 무시하였다. 규범의 사회적 내용과 기능이 분명해진 것도 아니고 법익론의 독자적인 사회이론적 성찰내용도 완성되지 않았다. 규범성의 사회적 의미에 대한 고찰 없이는 하쎄머가 일탈행위에 관한 이론으로 이해하려 했던 법익론은 그 의사소통적 차원이 탈락되어 버린다.

그럼에도 불구하고 하쎄머의 법익론은 가장 근대적이고 사회과학적으로 기초 지어진 법익론으로 보인다. 첫째 하쎄머는 법익문제를 사회이론을 구성하는, 즉 의사소통적 차원에 위치 지웠고 사회적 구성관련에 대한 해명 없이 법익규정의 문제가 올바르게 답변될 수 없음을 분명히 하였다. 동시에 하쎄머는 문제의 심층성을 보여주었다. 법익론의 사회적 – 실천적 차원이 사회적 통제의 개념 가운데 위치 지워질 수 있다면 이것은 규범의 사회적 형성 내지 규범성에 대한 사회적 의미의 파악이 법익프로그램에 대해 가지는 중심적 위치를 납득할 수 있게 해준다. 이를 넘어서는 것은 복합적 사회이론 내에서만 가능하다. 이에 대한 고찰 없이 사회적 통제와 규범성에 대한 기능과 형성은 밝혀질 수 없다.

특히 하쎄머에 의하여 기술된 사회적 가치경험, 즉 "규범적 의사소통"(normative Verständigung)의 메커니즘은 그가 놓은 기초를 넘어선다. 설명가능성(Plausibilitäterwägungen)에만 머물지 않으면서 "규범적 의사소통"을 은유의 차원으로 떨어뜨리지 않으려면 그 메커니즘은 복합적 사회이론의 틀 내에서 재구성되어야 한다.

법익개념의 탈실질화의 배경을 파악하기 위하여 하쎄머의 법익론은 법익개념의 사회적 – 실천적 차원을 계속 발전시켜야 한다. 즉 규범의 사회적 내용과 규범성에 대한 사회적 의미가 해명되어야 한다.

나. 사회적 유해성의 이론(아멜룽)

(1) 내용

아멜룽(Amelung)도 하쎄머와 같이 형법의 과제를 사회과학적인 범주 내에서 파악한다. 그는 "법익개념의 성립과 더불어 범죄의 사회적 효과를 사회 자체에 대한 자세한 표상 없이 기술하려는 일련의 시도가 시작되었다, 즉 인간의 공동생활을 불가능하게 만드는 것이 아니라 이익(재)을 침해하는 행위가 유해하다"171)는 식의 법익규정이 그러한 시도들이라고 한다. 여기에 대해 아멜룽은 이성법적이고 사회계약에 정향된 착상을 법익침해이론과 연결하는 사회적 유해성이론(eine Theorie der Sozialschädlichkeit)을 제기하였다.

형법은 공동생활의 조건을 확보하는 데에만 관계해야 한다172)는 계몽주의의 요청을 그는 체계이론적 범주 내에서 재구성하였다. 즉 "사회체계가 자신의 존속문제를 해결하는 것을 방해하거나 곤란하게 하는 사회현상 내지 역기능현상은 사회유해적이다. 범죄는 사회의 존속문제를 해결하는 데 있어 필요한 제도화된 규범에 대한 반작용으로서 역기능적이다. 형법의 기능은 사회적 통제의 메커니즘으로서 거기에 대응하는 것이다."173)

사회유해성의 규정에서 아멜룽은 거대한 산업사회의 다차원성에 직면하여 사회해체(Desorganisation)에의 적성은 개별행위의 결과가 아닌 행위방식의 유해성을 통하여 일반적으로 결정되어야 한다174)고 주장한다. 형벌규범의 정당화는 기능적 고찰에 의하여 결정되어야 한다고 주장하면서 아멜룽은 이러한 주장을 법체계로부터 빌려온 두 가지 규범적 가정을 통하여 근거 지웠다. 첫째 가정은 독일 연방공화국의 사회체계의 유지에 기여하는 형법만이 정당하다는 것

---

171) Amelung, Rechtsgüterschutz, S. 48.
172) A. a. O., S. 20.
173) A. a. O., S. 361.
174) A. a. O., S. 388.

이고 둘째 가정은 이러한 사회체계의 구조는 헌법을 통하여 정당화 된다[175]는 것이다. 헌법의 구조결정은 사회유해사상에 대하여 "자유를 위한 한계"(liberale Grenzen)를 그어준다. 독일기본법 제1조와 제2조는 체계 내에서 "가능한 문제해결의 범위"를 설정해 주고 체계가 개인의 독자적 가치를 무시하면서 자신의 문제를 해결해서는 안 된다[176]는 것을 말해 준다는 것이다.

(2) 비판

아멜룽의 법익론은 형법적 정당화의 문제를 사회적 유해성의 이론으로부터 이끌어내고 법익개념의 탈실질화에 관한 사회과학적 배경을 해명할 수 있게 해줄 뿐만 아니라 형법규범을 정당화하고 추상화의 정도를 결정하는 사회적 침해의 규모를 결정할 수 있게 해준다는 점에서 주목할 만하다.

아멜룽의 사회유해성에 대한 규정과 형법의 기능의 규정에 대한 테제는 이러한 관계가 사회과학적 관점으로부터 재구성되어야 한다는 그의 요구에 의하여 평가되어야 한다. 법익론을 사회과학적으로 기초 지워야 할 필요성은 여러 법익론에 대한 지금까지의 여러 논의에서 많이 주장되었다.

그러나 하쎄머는 아멜룽의 테제에 대한 검토에서 그가 정당화 기준을 기능적 이론에서 도출한 것에 대해 비판적으로 본다.[177] 하쎄머의

---

175) A. a. O., S. 363 Fn. 67.
176) A. a. O., S. 390.

비판은 우선 아멜룽이 정당화 문제를 결정주의적으로(dezisionisitisch) 처리하고 있으며 사회유해성의 규정이 너무 기계적이라는 점이다. 이 두 가지 문제점으로 인하여 아멜룽의 테제에서 사회유해성 문제의 사회과학적 재구성이 단절된다는 것이다.

더구나 아멜룽은 정당화 기준의 문제를 사회과학적 맥락 속에서 포괄적으로 재구성하지 못했으며 하나의 이론적으로 기초 지워진 전체개념 안에 위치 지우지 못했다고 한다. 대신 아멜룽은 이 문제를 앞에서 말한 두 가지 규범적 가정에 연결시켰지만 그 가정의 사회이론적 내용과 기능 또한 불명확하다고 한다. 정당화 문제의 결정주의적 중지는 법익론의 주의적 내지 평가적 요소에 대한 아멜룽의 비판적 착상을 가로막을 뿐만 아니라[178) 사회유해성의 해명에서 결정적인 관점축소로 이르러 간다. 정당화 문제에 대한 사회이론적 재구성 없는 사회유해성 개념은 법익에 대한 비판적 기능을 수행할 수 없다. 범죄규정을 내용적으로 지도할 수 있는 사회적 확인기준에 대한 비판적 고찰은 사라져버린다.

사회유해성의 규정을 위한 아멜룽의 착상, 즉 역기능성에 대한 일반적 적합성을 가진 사회현상 중에는 극도의 역기능적 사회현상이기는 하지만, 사회적 범죄규정으로부터 파악할 수 없는 것도 있다. 예를 들어 한 지역의 공동체를 몰락으로 이끄는 경제적 결정을 생각해 볼 수 있다. 이러한 점은 이미 뒤르켕[179)과 코저[180)의 서로

---

177) Hassemer, ZStW 87(1975), 146.
178) Amelung, Rechtsgüterschutz, S. 331 ff.
179) Durkheim, Teilung, S. 85, 148 ff, 159 ff; Neumann/Schroth(배종대

다른 관점 아래 인식된 형식, 즉 범죄는 어떤 측면에서는 오히려 기능적일 수 있다는 인식에 의하여 시사되었다. 기능주의적 고찰에 의하면 범죄규정의 결정적 기준은 더 이상 개발될 수 없다. 오히려 이러한 착상은 기계주의적 사회해석으로 이르러 갈 위험이 있다. 이것은 무엇보다 사회적 범죄규정의 의사소통적 차원이 간과되었기 때문이다.[181]

아멜룽의 사회유해성이론의 결정적 약점은 사회유해성 이론의 규범이론적 기초를 사회과학적으로 근거 지우는 데 실패했다는 점이다. 여러 법익론에 대한 논증에서 나타났듯이 법익개념의 탈실질화 경향의 근원은 상당부분 이 영역에 있는 기인하는 것으로 보인다.

결국 아멜룽이 목적했던 기존 법익개념의 문제점인 보호사상과 형법적 금지와 명령을 통한 형법의 제도적 실현에 대한 비판은 그의 사회유해성을 이론을 통해서는 성공적으로 수행될 수 없었다. 아울러 그가 의도했던 도구적(institutionelle) 법익개념과 인과적(kausale) 법익개념의 차별화도 성공하지 못하였으며,[182] 이에 따라 '사회적 기능'(sozialen Funktion)의 개념과 '형법규범'(Strafnorm)의 기능을 구분하는 데에도 실패하였다. 아멜룽의 기능주의적 관점에서는 고의살인이나 과실치사 모두 동일한 불법적 평가를 받기 때문에 그 책임이나 처벌이 달라야 한다는 점을 설명하여 줄 수 없다. 따라서 아멜룽의

역), 형사정책의 새로운 이론, 125면.
180) Coser, in: Sack/Konig, Kriminalsoziologie, S. 21(22 ff).
181) Hassemer, ZStW 87(1975), S. 146(157).
182) 이에 대해서는 Jakobs, AT 2/22, Fn. 40.

사회유해성 개념에는 형법규범의 사회적 내용과 규범적 전제에 대한 해명 없이 행위의 기능적 결과만으로 사회적 유해성의 내용을 채울 위험이 상존한다.

5. 소결

현대에 있어 법익개념의 변화는 무엇보다 근대형법이 전제한 법익개념에서 '존재적 실체'의 성격을 제거하는 형법 도그마틱의 성장과 함께 이루어졌다. 20세기 초 독일의 형법 도그마틱에서는 '행위객체'(Handlungsobjekt)와 법익(Rechtsgut)의 구분이 이러한 동기에서 추진되었으며,[183) 이 구분에 따르면 법익이란 "실제로 존재하는 구체적인 그 무엇"이 아니라 그 구체적인 무엇에 구현되어 있는 '일반적 이익'이 된다. 예를 들어 절도죄의 법익은 타인의 구체적인 재물 그 자체가 아니라 소유권이며, 화폐위조죄의 법익은 화폐가 아니라 화폐사용의 안전과 신뢰성이며, 이러한 구분은 오늘날까지 일반적 승인을 받고 있다.[184)

---

183) 이 구분은 Gerland, Die Gefährdungsdelikte des deutschen Strafgesetz, GS 59(1901), S. 99에서 이미 찾아볼 수 있다(AK/Hassemer, S. 91).

184) Stratenwerth, Strafrecht AT I, Rn. 209. 그러나 이러한 구분은 주의 깊게 살펴보면 법익보호원칙의 프로젝트 안에 이미 내재되어 있는 것이다. 법익＝행위객체라면 피해자가 자신의 이익(행위객체)에 대한 침해를 승낙한 경우 형법상의 법익침해는 없는 것이 되고 형법은 이에 개입할 수 없게 된다. 그러나 이는 법익보호원칙의 프로젝트인 '피해자의 중성화' 또는 '일반화'의 요청에 어긋날 뿐만 아니라 입법

이렇게 법익개념에서 존재적(경험적) 요소가 제거됨으로써 법익개념은 입법자의 형사입법을 강력하게 제한할 수 없는 딜레마에 빠지게 된다. 추상적 개념으로 재구성된 법익보호원칙으로는 실정형법이 보호하는 이익이 '개인의 자유이익'인지 아니면 '전체이익'인지를 효과적으로 구분할 수가 없기 때문이다. 예컨대 '국민보건향상'(대마관리법 제1조, 향정신성의약품관리법 제1조, 유해화학물질관리법 제1조)이 형법이 보호할 만한 법익이라는 주장에 대하여 추상화·일반화인 법익개념은 아무런 비판기능을 수행할 수 없다.[185] 즉 구체화되지 않은 보편적 법익은 그 불명확성으로 인하여 형법적 금지의 대상이 될 수 없는 법익까지도 형벌로 위협하는 것을 정당화할 수 있는 위험성을 가지고 있는 것이다. 법익침해의 구체적 위험성이 아닌 행위 자체의 일반적 위험성만으로 가벌성이 인정되는 추상적 위험범의 입법도 이러한 맥락에서 이해할 수 있을 것이다.

법익개념은 2가지 모순되는 요청, 즉 실질적으로 정의되어야 한다는 요청과 모든 가능한 범죄객체를 포괄할 수 있는 폭넓은 개념이어야 한다는 요청을 자기 안에 가지고 있다. 그러나 법익개념의 가장 중요한 요청은 무엇보다 범죄화 내지 형벌정당화를 위해서는 법익의 침해 내지 위태화가 존재해야 한다는 이른바 '자유주의적

자가 모든 행위객체를 법률 속에 열거해야 함을 뜻한다. 그러나 이는 입법기술상 불가능하다. 이상돈, 형법의 근대성, 35면 참조.

185) 마약관련법률이 공통된 보호법익으로 선언하고 있는 "국민건강이 극도의 불명확성과 모호성을 특징으로 하고 있다"는 비판은 배종대, 마약범죄와 인간의 존엄, 447면 이하.

요청'일 것이다.

　이제 위험사회의 도래에 따른 법의 역할변화, 새로운 위험개념의 대두와 법익개념의 변화 등에 대한 이상의 이해를 바탕으로 19세기 이후 독일에서 전개되었던 추상적 위험범을 비롯한 위험범 도그마틱을 비판적으로 검토하여 보자.

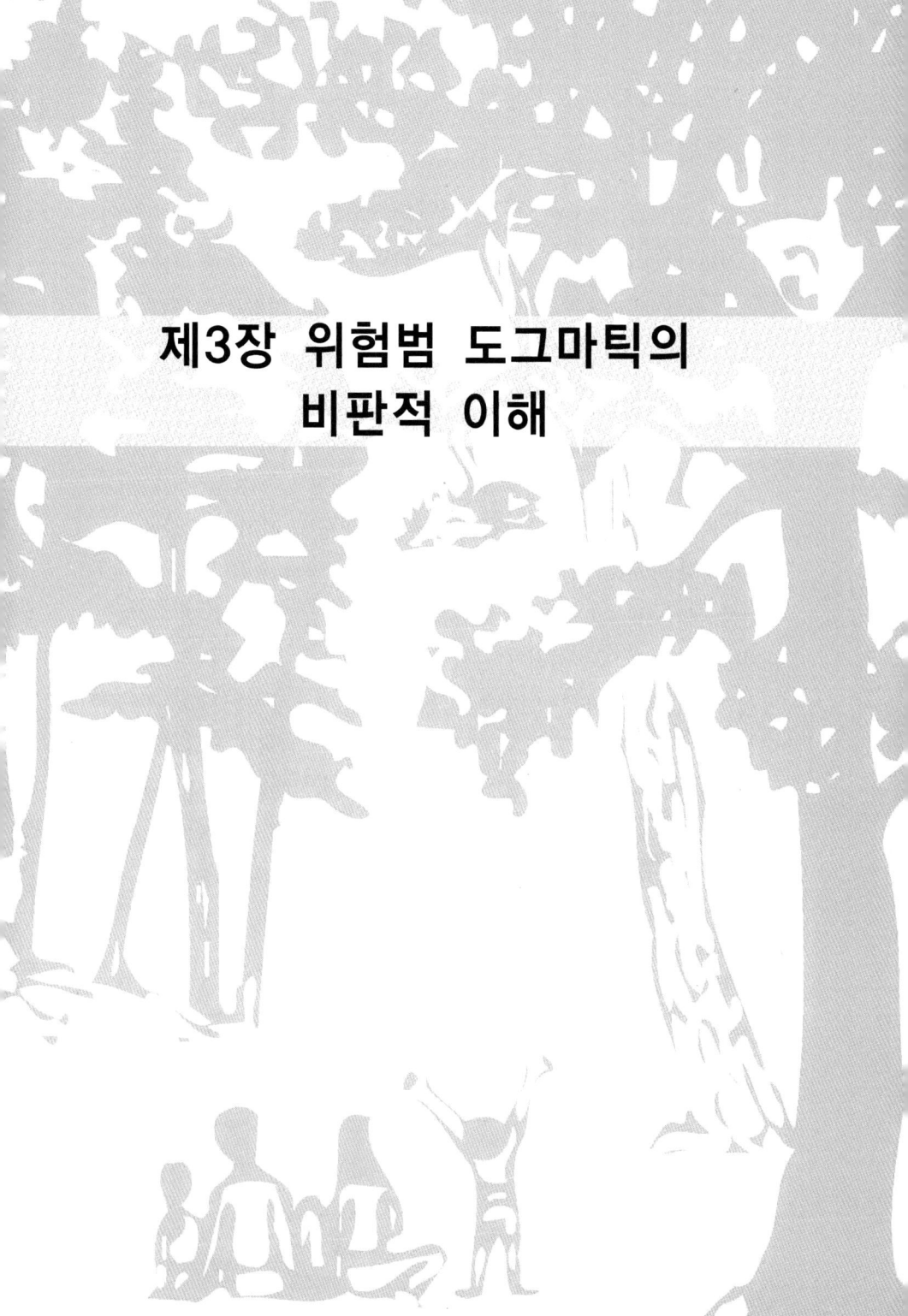

제3장 위험범 도그마틱의 비판적 이해

제1절 서설

형법 도그마틱은 형법상의 범죄를 법익침해의 강도에 따라 침해범과 위험범으로 구별한다. 보호법익의 침해를 처벌근거로 하는 범죄가 침해범이고 현실적 법익침해의 발생이 아닌 침해발생의 위험을 처벌근거로 하는 범죄를 위험범이라고 부른다. 이러한 위험범은 다시 구체적 위험범과 추상적 위험범으로 구별하는 것이 보통이다.

구체적 위험범이란 법익침해의 구체적 위험을 구성요건으로 하는 범죄로서 예를 들면 자기소유건조물방화죄(형법 제166조 2항), 일반물건방화죄(제167조) 등이 이에 해당하고, 추상적 위험범이란 위험발생이 특히 구성요건요소로 되어 있지 아니한 경우로서 법익침해의 일반적 위험만으로 범죄가 성립한다.[186] 형법에서는 현주건조물방화죄(제164조), 공용건조물방화죄(제165조), 위증죄(제152조), 무고죄(제156조), 유기죄(제271조), 낙태죄(제269조), 명예훼손죄(제307조), 신용훼손죄(제313조), 업무방해죄(제314조) 등이 이에 속하고,[187] 특별법에서는 국가보안법상의 금품수수(제5조), 잠입 · 탈출(제6조), 찬양 고무(제7조), 불고지(제10조) 등이 이에 해당한다고 한다.[188]

---

186) 배종대, 형법총론, 189면; 이재상, 형법각론, 437면.
187) 김일수, 형법총론, 138면.
188) 이에 비하여 원자력법(제115조 1항), 항공법(제118조, 제122조 1항), 도로교통법(제107조 2항, 48조 1항 7호) 등은 구체적 위험범에 해당한다고 한다. 남궁호경, 위험범, 1면.

특히 추상적 위험범에서 위험발생은 구성요건표지가 아니므로 해당행위가 경험법칙상 법익침해의 일반적 위험만 있으면 되고 법관이 구체적 사건에서 위험성을 입증해야 할 필요는 없다고 한다. 이러한 입증의 불요로 인한 법적용의 편의성 때문에 정치범죄, 환경범죄, 경제범죄, 행정범죄 등을 규율하는 특별형법 속에 수많은 추상적 위험범의 형식이 채용되고 있다. 위험범은 이제 현대 입법자들의 총아로서 입법에서 차지하는 비중이 점점 커지고 있다.

형법 도그마틱상 위험범 처벌의 필요성은 다음과 같다고 한다.[189]

첫째, 침해범의 경우 미수형식에 의한 처벌의 한계가 지적된다. 침해범의 미수, 특히 불능미수는 위험성이 있으면 처벌한다는 점에서 일종의 위험처벌이나 미수범은 그 성립상 객관적(실행의 착수) · 주관적(침해의 고의) 한계를 가지므로 이를 벗어나는 처벌은 위험범의 형식을 통할 수밖에 없다는 것이다.

둘째, 독일형법상 명정범죄(독일형법 제323조의 a)나 우리 형법상 상해의 동시범(형법 제263조)처럼 범죄의 객관적 · 주관적 요건이 입증 불가능한 경우, 독일형법 제264조(보조금사기)와 같이 초개인적 법익이 문제 되어 법익침해 여부에 대한 판정이 어렵거나 위증 등의 사법범죄와 같이 보호법익이 매우 추상화되어 있어 실제적인 법익침해의 입증이 어려운 경우 추상적 위험범을 통한 처벌의 필요성이 있다.

셋째, 과실범이 가지고 있는 우연적 요소의 배제필요성이다. 과실

---

189) 남궁호경, 위험범, 2면; Arzt/Weber, Strafrecht, BT. LH 2, S. 2－42.

범의 경우 미수는 처벌되지 않으므로 똑같이 고의 아닌 행위를 하였더라도 누구는 처벌되고 누구는 우연히 결과가 발생하지 않아 처벌되지 않는 문제점이 있다. 즉 침해결과의 발생에 관계없이 법익침해에 적합한 위험한 행위는 처벌의 대상으로 삼자는 것이다.

넷째, 개인적 법익 중에서 인격적 가치, 특히 생명, 신체에 대한 두터운 보호의 필요성을 들고 있다. 유기죄나 방화죄 등을 예로 들 수 있다. 즉 법익침해가 발생한 후 형법이 개입하면 이미 늦기 때문에 법익침해 발생의 전 단계에서 미리 형법이 개입하여 효율적으로 법익을 보호하자는 것이다.

이하에서는 기존 형법 도그마틱의 위험범이해의 문제점을 알아본다. 이하에서 검토되는 위험개념은 전통적 위험(Gefahr), 즉 법익침해와의 인과적 관련성이 인정되고 행위의 귀속이 가능한 위험개념을 그 대상으로 한다. 사회적 의사소통에 의하여 창출되는 현대적 위험개념(Risiko)은 법익침해와의 직접적인 인과적 관련성을 인정하기 어렵기 때문이다.

제2절 추상적 위험범의 정의

추상적 위험범의 비판적 이해를 위해서는 우선 그 범죄 형태상의 특성이 밝혀져야 한다. 여기서는 종래 침해범이나 구체적 위험범과의 구별에서 제기되는 문제점을 검토하고자 한다.

이제까지 추상적 위험범의 정의는 주로 소극적(negativ)으로 이루어져 왔고, 법익보호의 시각에서 제대로 정의되지도 않았다. 그 이유는 입법기술적으로 볼 때 추상적 위험범에 공통적인 구성요건표지도 없을 뿐만 아니라 보호법익을 명시적으로 기술한 경우가 드물었기 때문이다.[190]

호른도 "추상적 위험범의 개념은 입법자가 규범을 통하여 보호하는 법익의 침해 및 구체적 위험을 구성요건으로 하지 않았다는 정도로 오직 소극적으로 기술될 수 있을 뿐이다"[191]라고 하여 추상적 위험범 정의의 어려움을 보여주고 있다.

추상적 위험범의 적극적 개념정의가 이렇게 어렵다면 우리는 형법상 다른 범죄 형태와의 구별을 통하여 간접적으로 추상적 위험범의 범죄 형태상의 특성을 도출할 수밖에 없을 것이다.

1. 거동범, 형식범과의 구별

형법상 범죄 형태의 분류방법은 여러 가지가 있다.

첫째, 구성요건상 결과발생의 요부를 기준으로 분류할 경우 구성요건에서 행위와 구별되는 결과의 발생도 구성요건요소로 삼는 범죄를 결과범(Erfolgsdelikte)이라 하고, 이에 대하여 결과의 발생을 요하지 않고 일정한 행위만 실행하면 이미 구성요건이 충족되는 범

---

190) Graul, Präsumtion, S. 140.
191) SK/Horn, Vor § 306 Rn. 15.

죄를 거동범(Tätigkeitsdelikte)라고 한다. 그리고 결과범을 실질범(Materialsdelikte)과 동일한 개념으로 파악하고, 거동범을 형식범(Formalsdelikte)과 같다고 보는 것이 우리나라의 다수설이다.192)

한편, 이러한 견해와는 달리 범죄 형태를 법익과 관련시켜 구성요건이 법익의 침해 또는 위험의 발생을 내용으로 하는 실질범과 이를 내용으로 하지 않는 형식범으로 나누는 견해가 있다. 그러나 이러한 분류방식을 취하는 학자들도 실질범 – 형식범의 구별과 결과범 – 거동범의 구별은 결국 같은 내용이라고 주장한다.193)

그러나 구성요건적 결과와 보호법익에 대한 위해는 구별되어야 한다. 결과는 행위와 시간적 공간적으로 구별되어 나타나는 행위객체에 대한 침해 또는 위험이지만, 법익침해는 구성요건적 행위가 구성요건을 통해 보호하려는 규범적 가치에 대한 존중요구를 침해한 경우이기 때문이다.194) 그렇다면 거동범일지라도 법익침해 내지 법익위태화는 일으킬 수 있으며, 법익관련성 속에서 평가되는 결과반가치도 인정된다.

따라서 결과범과 거동범은 행위객체에 대한(좁은 의미의) 결과발생195)의 여부를 기준으로 판단하여야 하고 실질범과 형식범은 보호

---

192) 배종대, 형법총론, 188면; 이재상, 형법총론, 70면; 김일수, 새로 쓴 형법총론, 149면; 박상기, 형법총론,, 83면.
193) 박문복, 형법총론(보정판), 1960, 87면; 염정철, 형법총론, 한국사법행정학회, 1970, 297면; 남흥우, 형법총론(개정판), 1977, 81면.
194) 김일수, 앞의 책, 150면.
195) 결과를 넓은 의미로 사용하여 모든 기수범은 결과를 갖는다는 주장도 있다. Maurach/Zipf, AT 1, § 20 Rn 27; Baumann/Weber, AT, §

법익에 대한 실질적 침해(침해 또는 위태화) 여부를 기준으로 판단하여야 할 것이다.

그렇다면 추상적 위험범은 결과범인가, 아니면 단순한 거동범인가 하는 것은 잘못된 문제설정이다. 추상적 위험범은 단순히 행위객체에 대한 결과발생의 여부를 기준으로 결정되는 것이 아니라 보호법익에 대한 위해여부를 기준으로 판단되는 것이기 때문이다. 더구나 추상적 위험범은 구성요건상 결과발생을 요구하고 있지는 않지만 실행행위 가운데 경험법칙상 위험적격성이 인정되고 있고, 위험을 그 개념요소로 하기 때문에 이러한 위험을 개념요소로 하지 않은 형식범과는 쉽게 구별된다고 한다.[196] 독일형법 제306조 2호의 중방화죄의 경우를 보면 행위객체 또는 공격객체, 즉 현주건조물이 행위자의 방화를 통하여 침해되지만, 보호법익(타인의 생명 또는 신체적 완전성)에 대한 실질적 침해가 없기 때문에 추상적 위험범이다. 따라서 추상적 위험범이 형식범이 아닌 것은 분명하지만, 반드시 거동범이라 말할 수는 없다.

2. 침해범, 구체적 위험범과의 구별

보호법익에 대한 침해정도를 기준으로 할 때 범죄는 침해범(Verletzungsdelikte)과 위험범(Gefährdungsdelkite)으로 분류된다.[197]

---

16 III 1. 그러나 이렇게 결과개념을 넓게 잡는 것은 구성요건실행행위와의 구별을 곤란하게 한다는 점에서 바람직하지 않다.

196) 정행철, 구체적 위험범에 관한 연구, 85면.

이에 대해서는 법익 자체는 관념적 가치이기 때문에 행위자의 직접적 공격의 대상이 되지 않으며 행위객체에 대한 현실적 침해가 있을 때 간접적으로 침해 또는 위태화되기 때문에 행위객체의 침해 정도에 의해 침해범과 위험범을 구별하자는 견해가 있다.[198] 이에 의할 때 침해범은 행위에 의하여 야기 가능한 생기(生起) 내지 결과가 침해, 즉 행위객체의 부정적 변화 내에서 성립하는 범죄행태임에 반하여 구체적 위험범은 그 결과가 행위객체에 대한 구체적 침해위험 안에 성립하는 범죄 형태라는 것이다.

그러나 이러한 견해는 다음과 같은 이유로 수긍할 수 없다.

우선 한 구성요건 안에서 행위객체와 보호법익이 같은 경우(살인 죄에서와 같이 타인의 생명), 이 행위객체에 대한 침해 또는 위태화는 행위객체와 관계된다는 형식적인 의미에서뿐만 아니라 보호법익인 사람의 생명을 침해한다는 실질적 의미에서의 결과를 야기한다.

그러나 행위객체 또는 공격객체와 보호법익이 동일하지만, 그에 대한 침해 또는 구체적 위태화가 형식적 의미와 실질적 의미에서 서로 다른 경우가 있을 수 있다. 형식적 의미에서 침해범과 구체적 위험범은 행위에 의한 결과가 행위객체의 침해 또는 구체적 위태화 내에서 성립하는 경우이고, 실질적 의미에서의 침해범과 구체적 위험범은 행위객체에 대한 침해 또는 구체적 위태화가 동시에 보호법익에 대한 침해 또는 구체적 위태화가 되는 경우이다. 따라서 독일

---

197) 김일수, 새로 쓴 형법총론, 141면.
198) Jakobs AT 6/78, 79; Lackner Vor §13 Anm. IV 3; Schmidhäuser AT 8/40, 41; Jescheck AT §26 II c, 2; Wessels AT §1 II 3, 3a, b.

형법 제212조(고살)는 실질적 의미의 침해범이고 제315조의 c(도로 교통의 위태화)는 실질적 의미의 구체적 위험범이다.

이러한 구분에 입각할 때 추상적 위험범은 실질적 의미에서의 침해범이나 구체적 위험범이 아닌 범죄로서 보호법익의 침해 또는 구체적 위태화를 (객관적) 구성요건표지로 요구하지 않는 범죄이다.

형식적으로는 구체적 위험범이지만 실질적으로는 추상적 위험범인 경우로는 독일형법 제310조의 a(화재위험의 초래)[199]로 행위객체는 행위자의 소유에 속하지만 보호법익은 타인의 생명, 건강, 재산인 경우이다.[200] 왜냐하면 이 조문에서 언급된 대상 중의 하나가 구체적 방화위험 속에 빠지기는 했지만, 그것은 여전히 행위자의 재산이기 때문에 여기에서는 행위객체에 대한 구체적 위험이 있을 뿐이다. 이 조문에서 타인의 생명, 재산, 건강에 대한 실질적 침해나 위태화는 필요하지 않기 때문이다.

---

199) 독일형법 제310조의 a ① 1. 화재의 위험이 있는 경영체와 시설 특히 폭발물, 인화질의 액체나 인화질의 가스가 제조되거나 얻어지거나 존재하는 경영체와 시설 또한 곡물, 사료 또는 깔아둔 짚, 건초, 짚, 마, 아마 기타의 농산물 또는 식량이 들어있는 농업이나 식량관리상의 시설 또는 경영체, 2. 삼림지, 황지 또는 니탄지, 경작된 농물 또는 곡물, 건초 또는 짚이 쌓여있는 농지를 끽연에 의하여 또는 불이나 등불을 사용하거나, 이를 잘 간수하지 못하여 또는 타고 있거나 아직 깨지지 아니한 물건의 방기에 의하여 또는 기타의 방법으로 화재의 위험에 이르게 한자는 3년 이하의 자유형 또는 벌금형에 처한다. ② 행위자가 과실에 의하여 화재의 위험을 야기할 때에는 1년이하의 자유형 또는 벌금형에 처한다.
200) SK/Horn §310 a Rn. 2, 3.

결론적으로 추상적 위험범은 항상 보호법익에 대한 침해정도를 기준으로 고찰되어야 한다.

3. 소결

침해범이나 구체적 위험범을 행위객체의 침해 또는 구체적 위태화를 통하여 성립하는 범죄라고 보는 입장은 일반적으로 추상적 위험범으로 인정되는 우리 형법의 현주건조물방화죄(제164조)나 독일 형법 제306조 2호(重放火)가 행위객체인 가옥의 방화 때문에 침해범으로 보아야 한다는 결론에 이른다. 이러한 모순은 침해 또는 구체적 위태화의 대상으로 보호법익에 대한 물음 없이 행위객체라는 형식객체에만 초점을 맞추었기 때문에 도출된 결론이다.[201]

추상적 위험범을 침해범이나 구체적 위험범으로부터 구분하는 것은 침해나 구체적 위태화의 대상을 보호법익으로부터 규정할 때에만 가능하다. 왜냐하면 보호법익으로부터만 구성요건에 있어서 중요한 대상, 즉 당해 형벌규정의 근저에 놓인 형벌규범이 보호하려는 대상이 명확해지기 때문이다. 이러한 의미에서 우리 형법의 현주건조물방화죄나 독일형법의 중방화죄에서 중요한 대상은 주거건물(행위객체, 공격객체)이 아니라 그곳에 주거하는 사람의 생명과 건강인 것이다. 즉 이 규정들의 보호법익은 재산이 아니라 사람의 생명과 신체적 완전성이다.[202] 그러나 이 규정은 구성요건의 충족을 위하

---

201) Graul, Präsumtion, S. 36.

여 타인의 침해나 구체적 위태화를 요구하지 않고 방화시에 구체적으로 그 건물에 사람이 발견되지 않았다 하더라도 구성요건이 충족된다는 점에서 추상적 위험범이다.

보호법익을 실제적 대상으로부터 도출된 정신적 가치, 추상적 가치로 파악한다면 당해 구성요건에 중요한 대상은 실제적·인과적으로 변화 가능한 대상이고, 보호법익은 그 안에 체화되거나 고착된다. 따라서 이러한 실제적 대상은 법익이라 칭할 수 없으며 대신 법익객체(Rechtsgutsobjekt)[203] 내지 보호되는 행위객체(geschütztes Handlungobjekt)[204]라 부를 수 있다.

제3절 추상적 위험범의 역사적 정당화 논의

추상적 위험범의 정의 내지 범죄 형태상의 특성에 대한 이상의 고찰은 추상적 위험범의 문제가 단지 정의나 개념상의 문제가 아니라 형법상의 법익론 및 불법론, 책임론에 이르는 광범위한 문제임을 보여준다. 이 절에서는 역사적인 위험범 도그마틱을 비판적으로 개관함으로써 좀 더 심도 있는 위험범의 이해로 나아가고자 한다.

---

202) S/S/Cramer, §306 Rn. 2.
203) Schmidhäuser AT 2/31; Sax JZ 1976, 429.
204) Jescheck AT §24 III 3, S. 215.

1. 진정한 권리침해로서 위험범(슈튀벨)

매우 조심스럽고 유보적인 태도로 19세기 초반 독일의 형법학은 위험범에 대하여 접근했으며, 위험범에 대하여 본격적으로 접근한 최초의 연구로는 1826년 슈튀벨(Stübel)의 연구205)를 들 수 있다.

종래 위험범에 대한 반론206)의 공통적인 뿌리로서 슈튀벨은 위험범을(구체적이든 추상적이든) 권리침해로 근거 지우려는 결과형법의 관점을 지적했으며, "위험한 행위는 그것이 결과를 초래하느냐 여부에 관계없이 그 자체로 진정한 권리침해(wahre Rechtsverletzung)"라는 것을 논증하려 노력하였다.207) 이를 위해서는 위험개념의 정립이 필요한데, 그는 위험을 "재화가 박탈되리라고 누구나 염려하는 상태"라고 정의하면서도 권리침해가 예상되는 모든 행위가 위험행위로 간주될 수는 없으며, "누구나 권리침해가 개연적일 것으로 염려하거나 적어도 그러한 결과가 발생하리라고 의심한 경우"208)만으로 제한하려 하였다. 그가 개연성 판단의 근거로 삼은 것은 자연법칙이다.209) 그러나 반대근거도 존재할 수 있기 때문에 권리침해의

---

205) Ueber gefährliche Handlungen, als für sich bestehende Verbrechen, 1826.
206) "권리침해의 결과가 필요 없다면 모든 개인은 그에 상응하는 의도를 가지고 행동했다는 추정을 가지게 될 것이다." "위험한 행위는 그것이 어떠한 권리침해도 결과로 가지지 않을 때 그 자체로서는 전혀 인식될 수 없다." Herzog, Gesellschaftliche Unsicherheit, S. 3.
207) Stübel, Über gefährliche Handlungen, § 23.
208) A. a. O., § 2.

규정은 항상 비교형량과정(Abwägungsprozeß)을 거쳐야 한다. 따라서 그는 통계적인 방법에 따라 권리침해의 결과가 실제로 일어났다고 볼 수 있는 근거가 여타의 반론들보다 그 수나 강도에서 우월 내지 동가치할 때 위험성이 있다고 한다.[210]

그러나 결과와 관련 없는 위험행위 자체만으로는 불법이 근거 지워질 수 없기 때문에 이러한 위험범규정은 책임원칙과의 충돌을 피할 수 없게 된다. 이와 관련하여 슈튀벨은 "어떤 일정의 행위는 성격상 무조건 위험하기 때문에 행위의 중대한 부주의 없이는 생각할 수 없다"[211]고 하여 주의위반으로 위험범의 불법을 근거 지우려 한다. 이러한 주의위반 내지 의무위반으로 위험범의 불법 내지 책임을 파악하려는 관점은 이후에도 다시 나타난다.

결론적으로 추상적 위험범에 대한 슈튀벨의 견해는 당시 권리침해에만 지향되었던 결과형법의 영역을 상당히 확장시킨 것이었다. 그를 괴롭혔던 위험개념의 적용문제에 대해 슈튀벨은 "결과에 대한 개연성"이라는 형식으로 해결하려 하였지만, 뒤에서 검토하듯이 이것이 충분하다고 여겨지지는 않는다. 다만 그는 추상적 위험범의 무분별한 확대는 시민의 자유의 해체로 나아갈 것이라는 경고만을 덧붙였다.

결론적으로 위험범의 정당화를 위한 슈튀벨의 이러한 연구는 위험범의 불법을 결과불법으로부터 행위불법으로 전환하려는 불완전

---

209) A. a. O., § 4.
210) A. a. O., § 3 a. E.
211) A. a. O., § 18.

한 시도의 하나로 평가된다.

2. 경찰범으로서 추상적 위험범(포이에르바하)

위험범의 범죄화를 신중하게 받아들인 슈튀벨과는 달리 포이에르바하(Feuerbach)는 원칙적으로 위험범이 형법 전에 편입되는 것을 반대하였다.

범죄란 권리의 침해이며 형법은 범죄의 처벌에 국한되어야 한다[212] 는 자신의 입장에 충실하게 포이에르바하는 자신이 초안했던 1813년의 바이에른 형법전에서 범죄를 경찰위반과 구분하였다. 당시 바이에른 형법전 제2조 4항에 의하면 경찰위반은 "국가의 권리 또는 시민의 권리를 그 자체로 침해한 것은 아니지만 법질서와 안전에 대한 위험 때문에 형벌로 금지되는 작위 또는 부작위"라고 정의된다.

우리가 위험범을 '진정한 권리침해'로 보려는 슈튀벨식의 시도를 거부한다면 바로 포이에르바하의 경찰위반이라는 표현에서 위험범의 특수성을 발견할 수 있다. 여기에서는 법질서 또는 공공의 안전 ―주관적 권리의 전개의 주변조건으로 이해되는―을 위태화하는 행위의 가벌성이 문제가 된다고 한다.[213]

포이에르바하는 1802년의 클라인슈로트(Kleinschroth)가 초안한

---

212) Feuerbach, Lehrbuch, §§ 22/23.
213) Goldschmidt, Verwaltungsstrafrecht, S. 236 f.

바이에른 형법전에 대한 비판에서 형법과 경찰법의 엄격한 분리를 요청했다.214) 불명확한 구성요건, 행정종속성, 그리고 법익보호의 광범위한 전치화라는 현대 위험형법의 모든 징후들을 포이에르바하는 이미 1822년의 바이에른 형법전 가운데에서 발견했던 것이다.215)

포이에르바하에 의하면 "도덕적으로나 법적으로 무관심한 행위들"216)에 대한 처벌규정들을 통하여 형법은 범죄를 양산하는 쓰레기 더미가 되어버린다. 왜냐하면 형법이 윤리적 감정의 순수성을 근거로 도덕에 관한 개념을 혼란시키고 범죄와 혐오행위를 윤리적으로 동일한 행위로 만들거나 오히려 현실의 범죄에 대한 혐오감을 무디게 하기 때문이다.217) 그에 의하면 형법전의 독자적 내용을 이루는 모든 규정들은 어떠한 매개적인 중간규정도 필요하지 않고 모든 시간과 장소에서 효력을 발휘하는 보편적 규정들을 통해 특징지어진다. 이에 비하여 경찰법상의 규정들은 현실의 생활이 점점 빠르게 변화할수록 쓸모없게 되거나 새로운 현상에 대처하기 위하여 새로운 규정의 제정을 요청받는다.218)

결론적으로 슈튀벨이 위험한 행위의 범죄화를 단순히 형법 안에서 가능한 것으로 보았음에 대하여, 포이에르바하는 위험범을 비롯한 경찰형법의 도입은 핵심형법을 파괴하는 것이라고 보았던 것이다.

---

214) Feuerbach, Kritik (Teil), S. 16.
215) 예컨대, 1822년 바이에른 제213조는 규정에 적합하지 않은 건축재료를 제조하거나 판매하는 행위를 처벌하였다.
216) Feuerbach, Polizei – Starfgesetzgebung, S. 356.
217) A. a. O., S. 357.
218) A. a. O., S. 366.

이후 빈딩(Binding)은 위험범의 이러한 문제점을 자신의 규범이론에서 위험범을 침해범에 귀속시키고 경찰위반적인 순수불복종과 구별함으로써 해소하고자 하였다.

3. 존재 확실성을 교란하는 공격범으로서 위험범(빈딩)

범죄의 공격객체(Angriffsobjekt)에 대한 물음을 시작으로 빈딩(Binding)은 포이에르바하의 "범죄가 단지 권리의 유책한 침해"라는 범죄파악이 너무 협소하고 제한적인 것이라고 비판하였다. 법실증주의자였던 그는 형사입법자는 형법의 규율범위를 훨씬 더 넓게 잡을 수 있다고 보았다.[219] 그는 예부터 형법과 같은 규범의 독자적 과제는 평화로운 공동생활의 전제조건을 보장하는 것이고 이를 위해서 형법의 보호대상은 (주관적) 권리의 범위를 넘어 공동생활의 모든 측면에 미친다고 보았다.[220] 따라서 범죄의 공격객체도 권리가 아니라 입법자에 의하여 발견된, 빈딩이 법익으로서 지칭한 "건강한 공동생활의 사실적 조건"이 되어야 한다고 주장한다.

이러한 빈딩의 법익규정은 위험범 문제에 대해 가교적인 역할을 한다. 즉, 그에 따르면 "법익은 입법자의 눈에는 그 자체로 권리는 아니지만 법공동체의 건강한 법생활의 조건으로서 가치가 있는 모든 것이고 그 불변적인 유지에 입법자들이 관심을 가지고 규범을

---

219) Binding, Normen I, S. 338 f.
220) A. a. O., S. 339 f.

통하여 원치 않는 침해 또는 위험으로부터 보호하려는 것"이다.[221]

빈딩의 법익개념의 법실증주의적 근시성에 대해서는 여기서 더 접근하지 않겠지만[222] 빈딩이 입법자의 눈을 건강한 생활의 저해와 위태화로 확장시켰다는 것은 중요한 발견이라고 할 수 있다. 여기서는 무엇보다 이러한 빈딩의 공격객체개념이 침해범과 위험범을 공격범(Angriffsdelikte)이라는 상위개념으로 통합하는 것을 가능케 하였다는 점에 주목해야 한다.[223]

그러나 빈딩의 문제취급방식은 다른 위험범 도그마틱과 마찬가지로 위험범에 사회적 실체를 부여하기도 하지만, 박탈해 버리기도 한다. 왜냐하면 이러한 접근방식에 따르면 위험형법의 대상으로서 사회적 삶의 확실성의 교란에 대해 입법자가 독점적인 인지권한을 갖게 되고 범죄화 결정에 있어 무제한적 위임을 받기 때문이다.[224]

규범에 대한 단순불복종이란 그의 국가주의적이고 법실증주의적인 위험범의 핵심에도 불구하고 빈딩은 단순불복종으로부터 진정위험범을 구별하고자 하였다. 왜냐하면 "일반적으로만 파악된 위태화 금지는 바로 인간의 행동자유에 대한 참을 수 없는 제약이 되기 때문에 입법자는 법익에 대해 위험한 행위 중에서 가장 위험한 것을 선별해야 한다.[225] 입법자의 임무는(오늘날 구체적 위험범에 해당하

---

221) A. a. O., S. 353.
222) 자세한 것은 Hassemer, Theorie und Soziologie, S. 42 f. 참조.
223) Binding, a. a. O., S. 368 f.
224) Herzog, Gesellschaftliche Unsicherheit, S. 11.
225) Binding, a. a. O., S. 385.

는) 진정위험범을 창설하는 것이다."226) 이러한 진정위험범에 속하지 않는 것은 단지 '순수불복종'으로서 경찰범으로만 규율되어야 한다227)는 것이다.

4. 19세기 말 독일의 위험범 도그마틱

가. 법익보호원칙과의 조화시도(로터링)

1883년부터 1886년까지 독일에서 빈딩 이후 위험범 도그마틱이 어떻게 발전하였는가를 알 수 있는 3가지 문헌이 있다.

로터링(Rothering)은 『형법전에서 위험과 위태화』(1883)라는 연구에서 법익보호사상으로부터 출발하여 위험범이 법익을 보호하기 위해서 사용되는 것이 아니라 단순한 규범의 불복종을 처벌하는 데 사용된다고 비판한다.228) "만약 우리가 모든 위험한 행동을 그만두어야 한다면 우리는 아무 짓도 하지 않고 가만히 있어야 할 것이다."229) 로터링은 빈딩의 이론에 근거하여 '단순불복종'외에 위험범의 핵심으로서 실질적 손해의 발생을 요구하였다.230)

그러나 위험범의 성립요건으로 실질적 손해 내지 침해를 요구한

---

226) A. a. O., S. 397 ff.
227) A. a. O., S. 397 f.
228) Rohtering, Gefahr und Gefährdung im Strafgesetzbuch, S. 267.
229) A. a. O., S. 268.
230) 위의 곳.

다 하여도 문제는 어느 정도의 결과발생의 가능성을 법익침해의 추상적 위험성으로 볼 수 있는가 하는 점에 있다. 리스트가 사례들의 50%로 제시했던 것에 대해 로터링은 너무 높은 것이라고 반박하면서,[231] 위험을 "지각 가능한 것으로 볼 수 있는가", 즉 매 사건의 당사자 또는 관련자에게 불안감을 야기하기에 적합한가가 위험범 성립의 중요한 판단기준으로 된다[232]고 하였다. 여기서 그는 일정 정도의 높은 위험은 동시에 "법익에 대한 감지 가능한 침해" (fühlbare Beeinträchtigung von Rechtsgütern)[233]가 된다고 하였다.

그러나 이렇게 위험개념을 주관화하게 되면 단순한 감정자극과 현실적 법익침해의 경계가 흐려지게 된다. "위험이 형법적으로 중요한 정도에 도달했는가"는 입법자의 이성적 고려가 결정하여야 할 문제이지 피해자의 불안감에 의하여 결정되어서는 안 된다. 법률은 피해자나 관련자의 불안감 때문에 위험한 행위를 금지하는 것이 아니라 법익침해 또는 위태화라는 행위의 외적 효과 때문에 금지하는 것이기 때문이다.

그러나 로터링은 입법자가 형사입법에 있어 중요시하는 것은 현대생활에서 위험한 행위가 그 영향에 있어서 측정할 수 없고 예측 불가능하다는 점에 있다고 보았다.[234] 예방사상은 그것이 효과 없는 것으로 끝날지라도 '나쁜 선례들'에 대해서 형법이 적극적으로

---

231) 위의 곳.
232) 위의 곳.
233) 위의 곳.
234) A. a. O., S. 271.

개입할 것을 요청하고 있다는 것이다.[235]

결론적으로 위험범을 법익보호의 원칙과 조화시켜 보려는 로터링의 위와 같은 시도는 형법을 예방적으로 지배하고 조종하는 입법자에 의해 남용될 위험을 안고 있는 것이다.

나. 개연적인 법익침해의 가능성으로서 위험범(지벤하르)

지벤하르(Siebenharr)는 자신의 연구 『제국형법전에 따른 공공위험성과 공공위험범의 개념』(1884)[236]에서 위험범 도그마틱이 자연과학과 기술지식의 발전에 미처 대응하지 못하고 있다고 비판한다.[237] 그는 이러한 현상이 형법학이 예전에 일반적으로 당연한 것으로 여겨져 오던 다음과 같은 관념, 즉 진정한 형법은 현실적 침해를 야기하는 범죄만을 자기의 대상으로 한다는 관념에서 탈피하지 못한 데서 연유한다고 주장한다.[238]

그에 따르면 이러한 관념으로는 그동안 예상하지 못할 정도로 발전한 자연에 대한 인식에 따라 '인간의 악의'에 소재를 제공하는 '새로운 공격객체'와 '새로운 공격수단'을 제대로 파악할 수 없으며, 만일 우리가 형벌의 도입을 결과가 있는 침해에 대해서만 요구한다

---

235) A. a. O., S. 273.
236) Siebenhaar, Der Begriff der Gemeingefährlichkeit und die gemein-gefährlichen Delikte nach dem Reichsstrafgesetzbuch, 1884.
237) Siebenharr, a. a. O., S. 245.
238) A. a. O., S. 247.

면 인간적인 재화의 보호를 포기하는 것이나 다름없이 될 것이라고 한다.239) 이 당시 이미 지벤하르는 침해범의 처벌에 주안하는 결과형법을 증기기관과 철도, 전기시대에는 더 이상 타당하지 않은 과거시대의 낡은 유물로 보았던 것이다.

위험범 도그마틱에 있어 그의 독자적 기여부분은 위험개념의 설명이라고 할 수 있는데 그는 "추상화의 높은 정도"가 전제되는 것만으로는 위험개념의 구성에 충분하지 않다고 하면서, 위험의 개념은 기대되는 침해적 결과의 개연성 또는 가능성으로 규정될 수 있다240)고 한다. 침해결과는 "최악의 경우에 발생할 수도 있고 최선의 경우 발생하지 않을 수도 있다"241)는 것이다. 이에 비하여 개연성의 개념은 우리의 경험에 비추어 미래에 결과가 발생하리라는 예측의 형태로 구성된다. 이러한 예측은 특정한 조건이 보통 외계세계의 변화에 대한 현실적 발생의 원인으로 판명되었다는 경험에 의하여 뒷받침된다.242) 다시 말하여 가능성판단은 단지 '단순한 위험'의 확정임에 반하여 개연성 판단은 "우리의 경험에 비추어 많은 경우에 결과를 야기하는 상태"243)로 이해된다는 것이다.

한편, 가벌적 위험을 평균적인 개연성고려를 통하여 규정하려는 것에 대한 결과형법적 비판에 대하여 지벤하르는 다음과 같이 대응

---

239) A. a. O., S. 247 f.
240) 위의 곳.
241) A. a. O., S. 249.
242) 위의 곳.
243) A. a. O., S. 250.

하였다. 우선 위태화는 침해가 배제되었다고 하여 무(Nichts)가 아니며, 심리적 차원에서는 오히려 침해가 발생하는데 이것은 행위가 현실적 침해에로 나아가지 않아도 그 상황에 놓인 사람의 의식 속에 위험을 지속적으로 고착시키기 때문이라고 한다. 그는 나아가 "본질적인 가벌성은 행위 자체에 있으며, 결과는 다만 가벌성을 가중시키는 역할만을 한다"[244]고 주장한다. 즉 그는 이미 행위불법일원론인 입장에서 위험범의 반가치성을 근거 지우려 하였던 것이다.

다. 항상적인 일반적 위험(로란트)

마지막으로 언급되어야 할 것이 로란트(Rohland)의 "형법에서의 위험"(1886)이라는 연구인데, 그는 여기에서 처음부터 개별적인 범죄를 완전히 추상화시키면 결국 모든 범죄는 위태화가 된다라는 결론에서 출발한다.[245]

로란트는 위험개념, 즉 위험의 존재가 어떠한 의미에서 이해되는가[246]라는 물음에 대해 "위험의 강도는 범죄구성요건에 대한 영향에 관계없이 존재한다"고 답한다. 그러나 이러한 논증은 위험개념의 흠결을 극단적으로 보여주는 것이다. 이렇게 되면 위험이 배제되어도 구성요건의 성립에는 지장이 없게 되며, 더 이상 위험의 존재를 묻는 것은 무의미하게 된다.

---

244) A. a. O., S. 253.
245) Rohland, Gefahr im Starfrecht, S. 1 f.
246) A. a. O., S. 8.

한편, 로란트는 "일반적으로 위험한 행위"를 처벌근거로 하는 위험범과 "경찰적 성격의 경죄"를 처벌근거로 하는 위험범을 구별하였다.247) 두 그룹의 법적 가치는 본질적으로 다르다고 한다.248) 법익보호의 목적에서 볼 때 위의 두 범죄군은 일반적 위험과의 관계에 따라 구별될 수 있다고 한다. 즉 위험범에서는 일반적 위험과의 '항상적' 관계가 존재하여야 하지만, 경찰범은 일반적 위험과의 '가변적' 관계를 통하여 특징지어진다249)는 것이다.

그러나 이러한 로란트의 논증은 경찰범과 위험범 사이의 구별을 모호하게 한다는 비판을 면할 수 없는 것으로 보인다. 왜냐하면 이러한 고려로써 두 범죄군의 분명한 차이점이 얻어질 수 없으며, 형법이 언제 과연 위험에 대해 개입할 것인가에 대한 확고한 기준을 제공하지 못한다.

빈딩이 적절히 지적했듯이 개별사례들의 모든 특성이 반영되지 못하는 '일반적 위험'에 대한 로란트의 개념은 형사입법자뿐만 아니라 개별사례에 대한 법적 평가의 의무가 있는 법관들도 사용할 수 없는 것이다.250)

---

247) A. a. O., S. 5 f.
248) A. a. O., S. 6.
249) A. a. O., S. 17.
250) Binding, Normen I, S. 324 f. Fn. 10.

라. 소결

우리가 형사입법자뿐만 아니라 형사법관에 대하여 일반적으로 특별한 범죄화의 결정을 요구할 때에는 그것은 불법과 객관적 귀속, 주관적 책임에 대한 형법의 기본적인 규정 및 원칙들과 합치되어야 한다.

전체적으로 보아 19세기 초의 형법 도그마틱은 그 자연주의적 고찰방식(가능성, 개연성 등), 그리고 입법자의 올바른 선택재량에 대한 실증주의적 신뢰(위험을 목적개념으로 파악)로 인하여 체계적으로 다음과 같은 문제, 즉 어떠한 형태든 위험을 수반할 수밖에 없는 사회적 교류를 과도하게 억압함으로써 시민사회의 자율적 조절력을 저하시키고 형법의 규범적 기초를 앗아버릴 것이라는 비판을 면할 수 없다.251)

이와 같은 비판에 직면하여 20세기의 위험범 도그마틱은 위험범의 기초를 다른 데서 구할 수밖에 없었다. 즉 위험범에 대한 법치국가적이고 결과형법적인 비판(특히 일반적 또는 추상적 위험이라는 부분)에 부딪혀 이후의 도그마틱은 체계내재적으로 위험범을 근거 지우려는 쪽으로 방향을 전환하였다.

---

251) Herzog, Gesellschaftliche Unsicherheit, S. 20.

제4절 추상적 위험범의 새로운 정당화 시도

1. 가장 경한 강도의 법익침해로서 추상적 위험범(크라머)

가. 구체적 위험의 개연성으로서 추상적 위험

크라머(Cramer)의 『추상적 위험범으로서 명정범』(1962)이라는 연구는 한편으로 추상적 위험범에 대하여 기존에 제기된 비판을 추상적 위험범의 결과요소를 찾아냄으로써 제거하려는 시도의 정점이고[252] 다른 한편으로 결과사고에 의한 침해도그마를 극복하기 위한 최초의 시도로서 평가된다.[253]

크라머는 '명백한 결과'에만 집착해서는 추상적 위험범의 불법내용을 만족할 만하게 해명할 수 없다는 것으로부터 출발하여,[254] 불법의 내용이 반드시 유해한 결과에만 실현되어야 하는 것은 아니며 사회적 의미에 따라서는 행위도 구체적 위험이나 침해처럼 법익에 대한 공격으로 규정될 수 있다고 주장한다. 예컨대 불능미수도 결과의 발생가능성은 없지만 법익에 대한 공격을 의미할 수 있다는 것이다.[255]

---

252) Brehm, Dogmatik, S. 83.
253) Berz, Tatbestandverwirklichung, S. 105.
254) Cramer, Vollrauschtatbestand, S. 60 f.
255) A. a. O., S. 60 ff.

이러한 맥락에서 크라머는 추상적 위험범을 빈딩과 같이 삶(생존)의 확실성의 교란에로 지향된 행위로 기술한다.256) 여기서 법익의 교란은 "일정한 이익의 침해"와 동일시되며 궁극적으로 법익침해에로 이르러 간다고 한다. 이렇게 하여 크라머는 추상적 위험범에 대한 반론, 즉 추상적 위험범이 위험을 추정하고 있다는 반론을 회피하려고 한다.

그는 우선 보호법익에 대한 침해강도에 따라 범죄의 현상형태를 3가지로 구분한다. 침해범과 구체적 위험범 그리고 추상적 위험범.257) 그런데 추상적 위험범에서는 구체적인 경우의 사회적으로 부적절한 행위 모두가 금지되는 것이 아니고 "잠재적으로 위험한"(potentiell gefährlich) 행위들이 금지된다는 것이다. 전혀 위험하지 않은 행위는 미신범과 같이 불가벌이라는 것이다.

크라머는 구체적 위험범의 성립에 필요한 범죄공격의 강도로는 법익침해의 개연성이 필요한 데 반하여 추상적 위험범에서는 위험의 단순한 가능성(die nahe Möglichkeit einer Gefahr), 즉 구체적 위험의 개연성 내지 위험결과를 초래할 적성이 있는 행위로 족하다고 보았다.258) 그런데 크라머는 추상적 위험범으로 분류되는 모든 범죄가 구성요건상으로 적합성(Eignung)을 징표로서 가지고 있는 것은 아니고 그의 공격강도에 따른 일반적 논리에 따라 구성요건을 제한적으로 해석하여 위험을 초래하기에 적합한 행위가 있을 때에

---

256) A. a. O., S. 65.
257) A. a. O., S. 67.
258) A. a. O., S. 67 f.

만 추상적 위험범의 성립을 인정하고자 한다. 크라머에 의하면 이렇게 구성요건안에 가벌성의 실질적 근거(즉, 구체적 위험의 개연성)를 명확히 하는 추상적 위험범은 범죄적 불법과 책임원칙과 관련하여 아무런 문제가 없다는 것이다. 그러나 이러한 요구를 충족하지 못하는 추상적 위험범은 제한적 해석의 방법을 통하여 가벌성이 제한되어야 한다고 주장한다.259)

이를 전제한다면 행태의 결과반가치로부터 행위반가치로 평가의 중점을 옮기는 것은 전적으로 입법자에게 맡겨져 있다고 한다. 왜냐하면 범죄의 본질은 법익침해의 결과 또는 침해에 대한 고려 없이 반가치판단을 받는 법익에 대한 공격안에 있기 때문이라는 것이다.260)

따라서 위험불발생의 반증을 허용하자는 라블(Rabl)이나 슈뢰더(Schröder)와는 달리 추상적 위험범의 고유성을 살리면서도 절대적으로 위험성이 결여된 경우도 처벌하는 불합리를 벗어날 수 있다고 보는 것이다. 예컨대 현주건조물방화의 경우 행위 시에 사람이 그 건물에 머무르는 경향이 있을 때에만 처벌이 가능하고, 또 위증죄의 경우 법익침해의 가능성이 전혀 없는 단순히 누군가가 마녀라는 주장이 처벌되는 것은 아니라고 한다.261)

그러나 여기서 크라머는 결과사고와 완전히 결별하지 못했음이 드러난다. 왜냐하면 그는 자신의 범죄3분의 기초가 되는 공격강도

---

259) A. a. O., S. 74 f.
260) A. a. O., S. 75.
261) A. a. O., S. 69 f.

(Angriffintensität)의 개념을 결국 결과로부터 도출하기 때문이다. "침해는 손해의 발생을 의미하고 구체적 위험은 이러한 침해의 개연성, 그리고 추상적 위험범은 구체적 위험에의 개연성을 의미한다"는 것이다.[262]

나. 카우프만의 비판

위와 같은 크라머의 추상적 위험범의 정당화 시도에 대한 비판은 아르투어 카우프만(Arth. Kaufmann)에 의하여 정확히 이루어졌다.

카우프만은 "크라머는 아주 독자적인 추상적 위험범의 개념을 가져왔지만 그 법익공격의 상이한 강도가 독자적 기준에 의한 것이 아니라 구체적 위험범과 그 결과에의 관련에 의한 동어반복에 의하여 이루어졌다"[263]고 하면서, 크라머에 따르면 추상적 위험범의 불법은 법익침해에 대한 "개연성의 개연성", "가능성의 가능성", "위험의 위험"에 근거하는 것인데, 이것은 결국 동어반복으로서 아무런 의미도 없다[264]고 주장한다.

만일 크라머가 추상적 위험을 구체적 위험보다 법익침해의 가능성이 낮은 것이라는 의미로 이해하였다면, 추상적 위험범과 구체적 위험범의 차이는 법익침해가능성의 정도의 차이로 되며 이것은 로란트에 대한 앞의 비판에서 보았듯이 두 범죄종류를 구분하는 실질

---

262) A. a. O., S. 68 f.
263) Kaufmann, Volltrunkenheit, S. 432 f.
264) 위의 곳.

적 기준이 되지 못한다.

이렇게 개연성의 정도의 차이로 추상적 위험범과 구체적 위험범이 구별될 때에 생기는 또 하나의 근본적인 난점은 양자의 질적 차이가 간과되고 추상적 위험범이 결과로서의 위험을 본질적 요소로 하는 구체적 위험범화되거나[265] 또는 반대로 구체적 위험범이 결과로서의 위험이란 성격을 상실하고 추상적 위험범화될 수 있다는 것이다. 즉 크라머에서는 아직 행위와 결과의 구별이 분명하지 않다고 볼 수 있다.

물론, 크라머의 견해를 이렇게 이해하지 않고 추상적 위험범의 불법을 구체적 위험범의 결과로서의 위험과 구별하면서도 종래의 통설과 같은 형식적인 구성요건상의 행위수행이란 관점을 넘어서서 실질적인 법익의 침해가능성이란 각도에서 고찰할 수도 있다.[266] 즉 우리가 구체적 위험범의 위험이 인정되는 사태를 그 이전 단계의 사태와 구분하여 정의할 수 있다면 그 이전 단계의 사태를 추상적 위험범의 영역에 속하는 것으로 볼 수 있게 되고 추상적 위험범의 법문상의 행위는 이러한 추상적 위험의 사태발전의 출발점을 제시해주는 것뿐이라고 이해할 수도 있다. 그리고 추상적 위험범의 법문상의 행위와 구체적 위험범의 위험결과의 실현 사이의 중간단계의 불법 중에서 해석상의 여러 요구를 충족시킬 수 있는 적절한 지점을 찾을 수 있다면 추상적 위험범의 제한적 해석은 성공할 수 있

---

265) 이런 측면의 비판으로 Volz, Unrecht und Schuld abstrakter Gefährdungsdelikte, S. 52 ; Brehm, Dogmatek, S. 83.
266) 남궁호경, 위험범, 157면.

을 것이다.

그러나 현재의 우리의 인식능력으로는 법익침해의 개연성의 다소만으로 추상적 위험과 구체적 위험을 구분할 수 있는가는 의문이며, 여기에 근거하여 추상적 위험범에 대하여 실질적 불법형상을 부여하려는 크라머의 시도는 형법과 형법학의 서로 분산되고 화해할 수 없는 발전을 통합하려고 했다[267]는 점에서 실패할 수밖에 없는 운명을 가지고 있었다고 평가된다.

2. 위험한 의무위반 행위로서 추상적 위험범(폴츠)

카우프만의 비판에 의하여 추상적 위험범을 결과반가치론의 기초 위에 통합하려는 크라머의 시도는 그 한계가 분명해졌다. 다시 말해서 '공격강도'(Angriffintensität)라는 기준을 통하여 크라머는 한편으로 불법판단의 기준을 행위차원으로 옮기고 주관화시켰으며, 다른 한편으로 '공격강도'에 관한 3단계모델을 결과반가치로부터 끌어냈던 것이다. 따라서 이를 우리는 결과반가치론으로부터의 이탈이며 행위반가치론으로의 불완전한 전환으로 비판할 수 있다.

따라서 이후의 작업들은 추상적 위험범의 도그마틱에서 결과형법의 잔재를 완전히 청산하려는 시도로 이어진다. 불법을 결과로부터 파악하려는 기존의 형법 도그마틱은 추상적 위험범을 실질적으로 파악할 수 없으며, 체계적으로는 허구적 형상을 파악하게 되기 때문

---

267) Cramer, a. a. O., S. 61 f.

에268) 이것은 위헌의 소지가 있는 불법추정과 책임추정으로 나아갈 수밖에 없다는 것이다.269)

이러한 위험범의 크라머의 실패에 대하여 폴츠(Volz)는 「추상적 위험범의 불법과 책임」(Unrecht und Schuld abstrakter Gefährdungs-delikte, 1968)이라는 논문에서 현대적인 '위험감행의 원칙'(Prinzip des Risikoeingehens)을 주장한다.

가. 위험감행의 원칙

우선 폴츠는 입법자가 추상적 위험범을 창설하는 것이 정당화될 수 있는가 하는 문제로부터 출발한다.270) 결과반가치론에 근거한 추상적 위험범에 대한 반론에 동의하지 않는 그는 위험범을 결과범으로 전환하려는 의미 없는 시도를 포기하고, 추상적 위험범을 결과범으로 변환하는 것은 현재 헌법적으로 보장된 책임형법의 요청에 반하는 것이라고 주장한다. 추상적 위험범의 경우 결과불법과 관련하여 검토될 수 있는 추상적 위험이란 단지 법익침해의 단순한 가능성에 불과하며 이미 발생된 행위작용(Handlungswirkung)만을 불법판단의 대상으로 인정하는 결과불법론의 입장에서는 추상적 위험을 불법으로 파악할 수 없다고 한다.271) 결국 결과불법론에서는 추

---

268) Brehm, Dogmatik, S. 10 f, 40.
269) Volz, Unrecht, S. 23 ff., 35.
270) A. a. O., S. 3 f.
271) 남궁호경, 위험범, 158면.

상적 위험범의 불법의 문제를 위헌적인 불법추정에 의해서만 해결할 수 있다는 것이다.[272)]

이에 비하여 행위불법론은 추상적 위험범의 불법을 해명하는 데 적합한 단초를 내포하고 있다고 폴츠는 주장한다.[273)] 그러나 행위불법론도 구체적 법익에 대한 공격, 행위의 작용이란 관점에서 행위의 가치를 평가하는 한, 결국 추상적 위험범의 불법을 파악하는 데 부적절하다고 본다.

우선 행위의 객관적 측면에서 뮌츠베르그(W. Münzberg) 등이 추상적 위험범의 불법을 해명하려고 한 것을 살펴보면 비록 현실로 발생한 결과가 아니라 사전적 관점에서 행위의 가능한 작용을 검토함으로써 불법을 파악하기는 하지만 이들은 개별적인 경우에 있어서 행위의 법익침해 가능성을 요구하는 까닭에 개별적인 경우의 사정을 고려하지 않아야 하는 추상적 위험범의 불법을 규명하는 데 부적절하다고 한다.[274)] 나아가 행위의 주관적 측면을 보더라도 추상적 위험범은 목적범이나 이와 유사한 예외적인 경우를 제외하면 구체적 위태화나 침해를 지향한 의사를 필요로 하지 않는다는 점에서 특징적이다.[275)]

이상과 같이 폴츠는 구체적 법익에 대한 공격이란 각도에서 추상적 위험범의 실질적 불법을 설명하려는 시도들을 일단 실패한 것으

---

272) Volz, a. a. O., S. 35.
273) A. a. O., S. 38, 42, 132.
274) A. a. O., S. 37 - 55.
275) A. a. O., S. 64 - 89, 132.

로 본다.276) 그러나 그렇다고 하여 폴츠가 법익보호사상을 포기한 것
은 아니며 심정형벌이나 혐의형벌(Gesinnungs‐und Verdachtsstrafe)
은 배제되어야 하며 국가의 자의로부터 개인의 보호를 고수하려 한
다.277) 또한 폴츠는 법익을 '법질서'나 '법적 안정성' 또는 '추상적
이익'과 같이 포괄적·추상적으로 정의하는 것에도 반대한다. 그럴 경
우 추상적 위험범을 법익에 대한 공격으로 이해할 수는 있어도 단순
한 불복종에 가까운 것이 되어버리고 질서위반행위와의 구별이 어려
워진다는 것이다.278)

결국 폴츠의 해결책은 추상적 위험범의 불법을 행위의 작용으로부
터 분리시켜 이른바 '위험감행의 원칙'(Prinzip der Risikoeingehens)
에 의하여 설명하는 것이다.279) "추상적 위험범의 불법 및 책임의 내
용은 행위자가 법익의 가능한 침해라는 각도에서 볼 때 자신의 일반적
으로 위험한 행위에 의해 감행되는 위험(Risiko) 가운데 존재한다"280)
는 것이다. 추상적 위험범의 행위는 일반적으로 법익침해의 가능성을
가지고 있으며 그런 행위를 하는 것은 법익이 침해될 위험을 감행하는
것이 된다. 그러나 행위의 결과로서 개별적 사례에서 구체적인 위태화
가 발생할 필요는 없다고 한다. 추상적 위험범의 행위는 폴츠에 의하
면 법익침해를 향한 목적성(Finalität)을 결여하고 있으며 따라서 행위

---

276) A. a. O., S. 135.
277) A. a. O., S. 135‐7.
278) A. a. O., S. 137‐140.
279) A. a. O., S. 141, 143.
280) A. a. O., S. 143.

의 '객관적·사회적 의미'에 따라 판단되어야 되고, 이런 관점에서 볼 때 법익에 대한 위험(Risiko)을 감행하는 것은 이미 그 자체로서 행위자가 사회적으로 지고 있는 법익에 대한 불필요한 위험의 회피의무를 침해하는 것으로서 반가치판단이 가능하다는 것이다.[281]

폴츠는 이와 같은 추상적 위험범의 불법론을 바탕으로 행위자가 자신의 행위의 일반적 위험성에 대하여 대응조치를 취한 경우 그리하여 법익에 대해 위험(Risiko)을 감행한다고 전혀 볼 수 없는 경우에는 의무위반을 인정할 수 없고 불법이 결여된 것으로 보아 처벌할 수 없는 것으로 해석한다.[282] 그는 이러한 제한적 해석을 몇몇 추상적 위험범에서(예컨대, 독일형법 제158조[283]), 제186조[284]), 제310조[285])) 형법 자체가 행위자의 위험방지행위 자체를 참작하여 형

---

281) A. a. O., S. 146 - 7.
282) A. a. O., S. 162 f.
283) 독일형법 제158조 (허위진술의 정정)
① 행위자가 적시에 허위의 진술을 정정하는 경우에 법원은 허위의 선서, 선서에 갈음하는 허위의 보증 또한 선서하지 아니한 허위의 진술을 이유로 다하는 행을 그의 재량에 따라 감경하거나 면제할 수 있다.
284) 제186조(中傷)
타인을 경멸하게 하거나 그에 대한 세평을 떨어뜨리는데 적합한 그에 관한 사실을 주장하거나 유포한 자는 그 사실의 진실함이 입증되지 않는 때에는 1년 이하의 자유형 또는 벌금형에 처하며, 그 범죄행위가 공연히 또는 문서의 반포에 의하여 행하여진 때에는 2년 이하의 자유형 또는 벌금형에 처한다.
285) 제310조(유효한 회오)
화재가 발견되기 전 그리고 단순한 점화에 의하여 발생된 손해가 발생되기 전에 행위자가 그 화재를 소화한 때에는 방화를 이유로 벌하지 않는다.

118

을 감면하는 규정을 두고 있다는 점을 들어 근거지운다.[286]

예컨대 독일형법 제158조는 행위자가 위증을 했더라도 제때에 허위진술을 정정한 경우에는 형을 임의 감면할 수 있음을 규정하고 있고, 제310조는 방화를 했더라도 발각되기 전에 그리고 불을 놓은 것 이상의 커다란 손실이 발생하기 전에 다시 불을 끈 경우 처벌하지 않음을 규정하고 있다.

이 규정들은 폴츠에 의하면 입법자가 행위자의 위험방지행위를 참작한 것으로서 추상적 위험범에서 행위자가 자신의 행위가 내포할 수 있는 위험성에 대해 방지조치를 사전에 취한 경우에도 유추하여 적용할 수 있다고 한다.[287] 물론 유추해석은 입법자의 의사에 반하여 행할 수는 없지만, 추상적 위험범의 대표적인 예인 방화죄의 입법이유를 보면 개별사례에서 우연히 제3자에 대한 위험이 없는 경우에도 처벌되어야 한다는 점이 밝혀져 있을 뿐이고 행위자가 스스로 모든 우연을 배제하고 위험에 대응조치를 취하는 경우는 언급이 없다는 것이다.

따라서 입법자가 이러한 경우에도 처벌을 원한다고 볼 근거는 없다고 보아 폴츠는 자신의 유추가 정당하다고 한다. 그리고 이와 같은 사전적 위험방지의 경우에는 단순히 형벌이 조각되는 것이 아니라 위험성이 없어 불법이 조각된 경우이고 구성요건을 불법유형으로 본다면 일반적으로 위험한 행위는 전형적 불법성을 상실하여 구

---

286) A. a. O., S. 163 f.
287) A. a. O., S. 164 f.

성요건 해당성조차 없는 것으로 본다.[288]

나. 비판

폴츠의 추상적 위험범의 불법이론은 기본적으로 종래의 추상적 위험범의 이해와 다르지 않은 것으로 보인다. 폴츠의 해석론도 추상적 위험범은 법익침해의 추상적 위험 내지 일반적 위험을 그 내용으로 하며 추상적 내지 일반적 위험은 개개의 경우에 존재하는 사정을 고려하는 구체적 위험과는 달리 개별적 사건의 상황을 의식적으로 제외한 존재적 기초를 바탕으로 한다.[289]

그리고 폴츠에 의하면 추상적 위험은 구성요건의 요소가 아니며 입법의 동기일 뿐이다.[290] 다만 폴츠는 종래의 추상적 위험범의 이해를 불법이론의 각도에서 체계적으로 구성하고자 한 것이다.

이러한 폴츠의 이론은 행위의 작용에만 불법을 인정하는 메츠거류의 결과불법론과는 조화되기 어려운 점이 있고, 구체적 의무를 요구하는 뮌츠베르그의 행위불법론과도 조화하기 어렵다. 문제는 이와 같은 추상적 위험범에 대한 이해를 바탕으로 구성된 폴츠의 불법이

---

288) A. a. O., S. 167 f. 나아가 폴츠는 행위자가 착오로 위험을 배제했다고 확신하여 행위를 한 경우에도 그 착오가 합리적 인간이 그의 입장에서 위험을 배제하기 위하여 취했을 행위와 일치한다면 역시 구성요건 해당성이 없는 것으로 취급한다. A. a. O., S. 193 f.

289) A. a. O., S. 14 f.

290) A. a. O., S. 16.

론이 과연 소정의 행위가 행해진 경우에 예외적으로 추상적 위험범이 성립하지 않는 경우를 인정할 수 있는가에 있다.[291]

폴츠는 '위험감행의 원칙'을 추상적 위험범의 불법을 설명해 주는 원리로 제시하고 있지만 우선 이 원칙의 내용이 분명하지 못하다. 폴츠는 이 원칙에 기해서 한편으로 행위의 작용, 결과의 발생을 추상적 위험범의 불법에서 배제시키고자 하며 그럼에도 불구하고 다른 한편으로 법익과의 관련을 유지하고자 한다. 즉 폴츠는 행위작용을 추상적 위험범에서 철저히 배제하여 '잠재적 결과'(potentielle Folgen)는 추상적 위험범의 불법과는 관계가 없으며 오직 '행위의무에의 위반, 위험의 감행'만이 불법을 형성한다고 말한다.[292]

그러나 여기에는 명백히 모순이 존재한다. 한편으로 일반적 위험성이 위험감행의 원칙의 내용을 이루고 다른 한편으로 의무위반이 일반적 위험성과 구별되는 독립적인 반가치내용을 이루는 듯 서술되고 있는 것이다. 만약 의무위반이 결과의 가능성과 분리된다면 어떻게 법익사상을 포기하지 않고 폴츠가 거부하는 극단적인 인적 불법론과[293] 구별될 수 있는지 명백하지 않다. 이렇게 폴츠의 불법이론에는 법익사상과 의무위반이란 관점 사이의 관계가 명백하지 못하다는 난점을 숨길 수 없다.

결국 폴츠의 불법론은 구성요건에 규정된 행위는 일반적으로 위험한 행위이고 이를 행하는 것은 결과의 고려가 필요 없이 오직 그

---

291) 남궁호경, 위험범, 162면.
292) Volz, Unrecht,, S. 147, 155, 160 – 161.
293) A. a. O., S. 146.

이유만으로 불법하다는 것이다.[294] 그런데 이러한 일반적인 위험이라는 것은 개개 경우의 사정을 고려하지 않고 일정한 사정에만 주목하여 인정된다는 점에서 구체적 위험과 구별된다. 추상적 위험범의 경우 구성요건상의 일정한 행위를 하면 그것으로 당연히 일반적위험은 인정되는 것이다.

그렇다면 도대체 어떻게 해서 구성요건상의 일정한 행위를 했음에도 불구하고 예외적인 범죄불성립이 인정될 수 있을까? 이 문제에 대한 폴츠의 설명은 단지 일정한 경우에는 행위자가 "자신의 행위의 일반적 위험에 대해서 대응조치를 취했으며 따라서 법익에 대한 위험을 감행하지 않은 것"이라는 것뿐이고 일반적 위험에 대해서 어떻게 대응조치를 취할 수 있는 것인지, 일반적 위험에 대한 대응조치의 가능성을 인정하고 그것도 구성요건 해당성의 조각을 인정할 때 과연 추상적 위험범은 구체적 위험범으로 변하는 것이 아닌가에 대한 설명은 결여되어 있다.[295]

생각건대, 폴츠가 생각하는 추상적 위험범의 일반적 위험은 이미 개념상 예외를 인정할 수 없는 것이다.[296] 이 점은 폴츠가 들고 있

---

294) 남궁호경, 위험범, 163면.
295) 유일한 설명으로 볼 수 있는 것은 폴츠가 실질적 구성요건관(die materielle Tatbestandauffassung)을 취하여 구성요건을 불법유형으로, 즉 "금지된 행위의 사회적 의미의 표현"으로 보며 따라서 행위에서 유형적인 반가치가 제거된 경우에는 이러한 사회적 의미를 상실한다는 주장이다. 그러나 이러한 설명은 폴츠가 앞에서 전개한 불법과는 달리 추상적 위험범을 사실상 구체적 위험범으로 만들고 있다는 의심을 강하게 해줄 뿐이다. 남궁호경, 위험범, 164면.

는 예외사례를 살펴보면 명백해진다. 폴츠가 드는 예는 보행자가 빨간 불을 보고도 다른 교통참여자들이 위험 속에 빠지지 않으리라고 확신하고 도로를 횡단하는 경우, 그리고 주거용 건물에 사람이 없음을 확인하고서 방화한 경우 등이다. 이 사례들의 경우에도 신호에 위반한 횡단, 주거용 건물의 방화라는 형식적 구성요건상의 행위는 역시 수행된 것이다. 다만 이들 경우에 우리가 다른 교통참여자나 사람의 생명 또는 신체에 대한 위험이 배제되었다고 말한다면 이것은 일반적 위험이 배제된 것이 아니라 실은 개개 경우의 사정을 고려한 구체적 위험이 배제된 것이라고 보아야 할 것이다.

그렇다면 결국 폴츠는 단순한 우연에 의한 위험배제의 경우는 아니더라도 행위자의 능동적 대응의 경우 추상적 위험범의 성립을 부정함으로써 그 한도 내에서(형식적 구성요건을 넘는 사정의 고려를 포함한다는 의미에서) 추상적 위험범을 자신의 불법이론과는 모순되게 구체적 위험범으로 만들고 있는 것이다.

또한 자신의 불법이론에서 적극적 논거를 끌어낼 수 없는 폴츠가 보강논거로서 삼고 있는 유추해석도 그 적절성은 의문이다. 인용되고 있는 제 규정들은 이미 구성요건에 해당하고 위법, 유책한 경우 형벌을 감면하는 경우로서 이를 유추하여 구성요건 해당성이 조각되는 이론을 구성할 수 없음은 명백하다. 비록 행위자에게 유리한 유추라 하더라도 유추가 인정되기 위해서는 사안에 실질적인 유사

---

296) Wolter, Objekive und personale Zurechnung, S. 286도 이점을 지적한다.

성이 있어야 함에도 이들은 너무나 이질적인 것이다.297)

사실 폴츠의 이론은 미래의 형법에 대한 구상으로 보인다. 그러나 이러한 구상은 법치국가형법의 자유주의적 근본원칙과 더 이상 조화할 수 없는 것으로 보인다. 폴츠의 이론에 따르면 형법의 과제는 더 이상 법익보호로부터 도출되는 것이 아니라 입법자의 단순한 정책결정의 차원으로 넘겨지는 것이기 때문이다. 의무침해로서 형법적 불법을 파악하는 것은 '의심스러울 때에는 자유에 유리하게'(in dubio pro libertate) 원칙과 더 이상 부합하지 않는 것이며 인간의 존엄과 자유에 기반을 둔 형법적 구상을 포기하는 것이다.298)

3. 과실미수로서 추상적 위험범

다음의 견해들은 각각 상이한 방법으로 추상적 위험범이 객관적 주의의무에 위반한 행위, 즉 과실범 중에서 결과발생이 흠결된 과실미수임을 증명하려는 시도들이다. 즉, 추상적 위험범을 책임원칙과 조화시키기 위해서 형식적인 기준인 법문상의 행위를 넘어서 적절한 기준을 찾되 구체적 위험범화시키는 것은 부당하다고 보는 입장에서 일부의 학자들은 법문상 행위 이외에 과실에 기한 법익침해 위태화의 미수를 추가적으로 요구한다.

---

297) Brehm, Dogmatik, S. 88.
298) Hassemer, Theorie und Soziologie, S. 50 f, 56, 210.

가. 루돌피

이러한 방향의 선구자로서 루돌피(Rudolphi)를 들 수가 있다. 그는 독일형법상의 중방화죄(제306조)를 해석함에 있어서 행위자가 고의로 불을 놓았을 것 이외에 법문상에 기술되어 있지는 않지만 추가적으로 적어도 과실로, 즉 주의의무에 위반하여 구체적 위험결과 또는 침해결과를 위해 노력했을 것(erstreibt)을 요구하였다. 즉 방화행위를 넘어서 비록 현실적인 구체적 위험결과 내지 침해결과의 발생은 필요하지 않지만 구체적 위험의 발생에 관하여 주의를 다하지 못하였을 것을 추상적 위험범의 성립요건으로 주장한다.[299]

나. 호른

호른(Horn)도 이러한 방향에서 추상적 위험범의 문제가 해결될 수 있다고 보았다. 그에 의하면 추상적 위험범을 실질화하는 데에는 2가지 방도만이 있을 수 있다.

첫째는 법의 규정에 반하여 일종의 구체적 위험범을 만드는 것이다. 즉 통상의 구체적 위험보다는 강도가 약한 일종의 구체적 위험을 결과로서 요구하는 방법인데 이것은 법률이 그러한 결과를 요구하고 있지 않은 까닭에 부당한 것으로 본다. 그리하여 호른이 취한 두 번째 방법은 추상적 위험범을 '위험행위범'(Gefahr – Handlungsdelikt), 즉

---

299) Rudolphi, Handlungsunwert, S. 60.

"특정한 법익의 침해의 발생에 관하여 주의위반적인, 그러나 법익침해가 실제로 실현되었는가 아닌가에 관계없이 가벌적인, 특정한 종류의 구성요건상에 기술된 행위"로 이해하는 것이다.300) 즉, 침해범이나 구체적 위험범의 영역 밖에서 해결책을 모색할 경우 이론상 유일한 방법은 구성요건상 기술된 행위들에 대해서 구체적인 법익관련을 부여하는 것이고 이것은 "추상적으로 위험한 행위의 가벌성을 (금지의 배후에 존재하는 법익침해 또는 구체적 법익위태화에 관련된) 객관적 주의의무 위반성(objektive Sorgfaltswidrigkeit)이란 표지에 의해 제한"함으로써 가능하다는 주장이다.301)

예를 들어 빨간 불이 켜졌을 때 도로를 횡단한다고 모두 가벌적인 것은 아니며, 오직 사전에 법익침해가 배제될 수 있도록 예방조치(Vorkehrungen)를 취하지 않은 경우에만 가벌적이라고 한다.302) 그러나 호른은 객관적 주의의무에 합치하였으나, 즉 객관적 관찰자의 입장에서 보아 손해발생의 위험성은 있으나 행위자는 주관적으로 자신의 주의의무에 반하게 행위를 한다고 생각한 경우에도 주관적으로 뿐만 아니라 "객관적으로도 주의의무 위반"이라고 주장한다.303)

---

300) Horn, konkerete Gefährdungsdelikte, S. 21, 28.
301) A. a. O., S. 22.
302) 위의 곳.
303) A. a. O., S. 218.

다. 브렘

(1) 유형수정론(Typenkorrektur)

브렘은 종래의 위험범이론, 특히 추상적 위험범의 이론이 매우 형식적이고 체계적인 결함을 가지고 있어 주관적으로나 객관적으로 행위가 보호법익을 침해할 수 없는 경우의 처벌여부의 문제에 대해서도 올바른 해결책을 제시하지 못하고 있는 것으로 본다. 종래 위험범 도그마틱의 중요한 약점으로 브렘은 지나친 결과의 중시와 구성요건 해당행위와 위법행위를 동일시하는 위법성징표설(Lehre von der Indikationen Rechtswidrigkeit)을 지적한다. 추상적 위험범에서는 완고한 '법실증주의'가 지배하고 있다고 비판한다.[304)

브렘이 대안으로 삼은 것은 뮌츠베르그(W. Münzberg)의 행위불법론이다.[305) 뮌츠베르그의 행위불법론을 원용함으로써 브렘은 불법을 결과에서 찾는 난점을 피하고 또 위법성을 구성요건으로부터 독립된 구체적 상황에 의해 조건 지워진 행위의무의 침해로 이해한다. 뮌츠베르그에게서 결과는 불법의 구성요소가 아니며 단지 처벌조건일 뿐이다. 위법성은 의무위반이며 의무의 내용은 사전적으로 행위

---

304) Brehm, Dogmatik, S. 1-8, 27-31, 38-52, 89.
305) A. a. O., S. 93-7. Münzberg, Verhalten und Erfolg als Grundlagen der Rechtswidrigkeit und Haftung, 1966. 뮌츠베르그의 견해의 학설사적 의미와 간단한 요약으로 Mylonopoulous, Über das Verhältnis von Handlungs- und Erfolgunwert im Strafrecht, S. 27-29.

의 객관적인 결과야기의 적합성에 의해 규정된다. 이미 이렇게 구성요건 속에 결과라는 위법성과 관계없는 요소가 들어 있고 또 구체적인 행위의무의 결정에서는 개별적인 이익형량이 필수적으로 요구되므로(이익형량의 원칙), 구성요건은 위법성과 범위가 같지도 않고 위법성을 징표하지도 않는다306)는 것이다.

이를 바탕으로 브렘은 적성범(Eignungsdelikt)와 결과위험범(Erfolgsgefährdungsdelikt)의 위법성을 검토하고 위험금지와 침해금지를 비교하여 양자는 동일한 내용의 행위를 금지하는 것이라는 결론을 내리고 있다.307) 침해에 적합한 행위나 재의 안전을 손상시키기에 적합한 행위나 형법적으로는 같은 의미를 갖는다는 것이다(적합성의 원칙).

브렘은 위의 이론을 추상적 위험범에 적용시켜 추상적 위험범의 법적 구성요건이 추상적으로 규정되어 있음에도 불구하고 그 위법성은 구체적인 행위의무(추상적 적합성이 아닌 구체적인 경우의 적합성 있는 행위)의 위반으로 파악될 수 있음을 증명하려 한다. 이렇게 추상적 위험범의 행위의무를 법문상의 규정과는 달리 구체적인 적합성을 토대로 하여 인정하고자 할 때, 관건이 되는 것은 법관이 어느 정도까지 입법자에 의하여 행하여진 유형화를 수정할 수 있는가 하는 것이다.

브렘은 구성요건의 유형수정(Typenkorrektur)의 필요성을 이미 형

---

306) Brehm, Dogmatik, S. 93 - 97.
307) A. a. 0., S. 97 - 100.

법이론상 행하여지고 있는 유형수정의 사례를 들어 보임으로써, 그리고 구성요건과 위법성 사이의 해석학적 순환을 설명함으로써 논증하고자 한다. 기존의 유형수정의 사례는 손괴죄(독일형법 제303조)의 물건(Sache)과 손괴(Beschädigung)의 개념처럼 구성요건해석상 나타나고 있는 구체화의 경향, 갈라스(Gallas)의 실질적 구성요건 해당성(materielle Tatbestandmäßigkeit) 개념, 슈미트호이져(Schmidhäuser)의 가상적 법익침해론(scheinbare Rechtsgutsverletzung), 사회적 상당성이론, 허용된 위험 그리고 과실범에서 법관에 의한 보충 등을 들고 있다.

이러한 침해범과 관련하여 발전된 이론들은 추상적 위험범의 경우에도 법적 구성요건의 존재만으로 곧 수정적 해석을 부인할 수 없음을 보여준다는 것이다. 그리고 본래 구성요건 해당성과 위법성의 관계는 해석이란 과정에서 볼 때 해석학적 순환에 의하여 매개되고 있는 것으로 파악된다. 즉 법적 구성요건에서 불법이 유도되고 이 불법은 다시금 구성요건의 해석에 결정적으로 작용한다는 것이다. 이런 견지에서 종래의 이론은 법적 구성요건(Gesetzestatbestand)과 범죄론 체계상의 구성요건(Tatbestand)을 동일시하는 것으로 비판된다. 범죄론 체계상의 구성요건은 해석결과 그리고 평가결과임에 반하여 법률구성요건은 이러한 결과의 인식근거이다. 즉 결과가 있다고 하여 모든 행위가 위법하다는 평가를 받는 것은 아니며 그것이 결과에 대한 원인으로 지칭될 수 있을 때 비로소 위법평가를 받는 것이다.

그리고 앞에서 보았듯이 행위불법론에서 결과는 불법과 직접적 관계가 없으나 처벌의 조건으로서 구성요건에 포함되는데 이런 의미에서 구성요건은 벌책의 범위(Haftungsrahmen)로서의 기능을 가지며 다른 한편 구체적 행위의무를 유도하는 토대를 제공하는 기능을 가지는 것으로 파악된다. 이렇게 법적 구성요건과 위법성을 각기 독립적인 것으로 분리시키면서도 동시에 해석에 의한 연결을 인정함으로써 브렘은 추상적 위험범의 법적 구성요건을 바탕으로 하되 구체적 사건에 적합한 불법의 해석을 타당한 것으로 입증한다.308)

위와 같은 관점에서 볼 때 추상적 위험범의 행위의무는 법률 속에 유형화된 행위의무를 일정한 행위자의 지식과 일정한 상황을 전제로 하는 것으로 파악된다(가능성의 원칙). 그런데 행위의무는 구체적으로 인정되어야 하는 것이므로 행위자가 이러한 전제와는 다른 인식의 상황 속에서 구체적으로 법익침해를 피하기에 적합한 방식으로 행위를 한 경우에는 비록 구성요건에는 해당하나 반드시 주의의무에 위반한 것으로 되지 않는다(적합성의 원칙). 특히 행위자가 특별한 지식(Sonderkenntnisse)을 가지는 경우에 그러한 것으로 인정된다. 다만, 행위자가 피상적으로 사태를 조사한 경우나 개인적인 무능력으로 위험한 사정을 모른 경우에는 위법하다고 한다.309)

그러나 브렘에 의하면 이러한 결론이 모두 추상적 위험범의 경우에 적용될 수 있는 것은 아니며 규범목적(Normzweck)의 여하에 따라 구분되어야 한다고 한다. 즉 보호법익이 직접적으로 보호되는 경

---

308) A. a. O., S. 105 – 126.
309) A. a. O., S. 127 – 133.

우에 위법성은 침해에 구체적으로 적합한 행위에 의하여 정초되어야 하지만 규범이 추상적 이익을 보호하는 경우에는 구성요건 실현으로 원칙적으로 위법성도 인정되는 것으로 본다. 예컨대 도로교통법상의 규정이 그 예라고 한다.[310]

(2) 비판

브렘에 의하면 책임의 차원에서 추상적 위험범의 적용은 과실범으로 이행한다. 여기서는 행위자가 개인적 능력에 따라 의무적합적으로 행위를 할 수 있었는가에 따라 행위자의 의무침해를 비난할 수 있는가가 검증되어야 한다는 것이다.[311]

"우리는 따라서 위험범을 과실미수로 볼 수 있으며, 여기서 불법과 책임은 과실의 침해범과 구별되지 않는다. 구성요건의 상이함은 단지 그 책임의 구별에서만 있을 뿐이다."[312] 이렇게 브렘은 '과실미수'라는 형법적 책임에 있어서 질적으로 전혀 다른 단계를 설정하면서도 그 근거지움에 대해서는 아무것도 말하지 않고 있다.

때문에 브렘에 대해서는 자유주의적-법치국가적 형법관의 근본규정과 물음으로부터 멀어지고 있다는 비판이 제기된다. 왜냐하면 이러한 형법관에 따르면 형법적 책임은 그렇게 단순하게 전치화되거나 의무위반성으로 주관화될 수 없으며 범죄는 법익침해와 밀접

---

310) A. a. O., S. 137-152.
311) 위의 곳.
312) A. a. O., S. 137.

히 관련되어 비난받는 것이지 법적으로 근거지워진 의무의 침해 때문에 비난받는 것은 아니기 때문이다.[313]

결론적으로 행위관련적인 불법근거 지움을 통하여 추상적 위험범을 그 체계위반성으로부터 벗어나게 하려는 시도는 추상적 위험범의 정당화에 대한 실질적 반론을 적절히 고려한 것이 아니며 단지 단순한 도그마틱적 조작에 의해 답변되었음을 보여준다.

또한 브렘의 이론은 실무와의 관련성을 상실한 채 너무 이론적 방향으로만 나아가고 있다. 즉 그의 이론은 실제 형법규정을 통하여 검증받지 못한 채, 가상적 이론구성을 통하여 형법을 체계에 맞추려고 했을 뿐이다. 추상적 위험범의 올바른 적용이 법실증주의의 비판, 규범목적에 의한 구성요건의 유형수정적 해석, 그리고 과실범 도그마틱으로부터 빌려 온 주의의무 위반이라는 표지를 통하여 객관적 그리고 주관적 구성요건의 보충을 요구한다면 법관의 법률에의 구속은 해체되기 때문이다.[314]

라. 쉬네만과 볼터

(1) 브렘, 호른에 대한 비판

이상의 여러 견해들은 전체적으로 보아 추상적 위험범에 있어서 범죄의 성립을 인정하기 위해서는 법적 구성요건상의 행위만으로는

---

313) Herzog, Gesellschaftliche Unsicherheit, S. 31.
314) Horn, a. a. O., S. 27.

부족한 경우가 있음을 인정하고 추가적으로 법익침해 내지 위태화에 대한 객관적 주의의무 위반, 즉 객관적 과실을 요구하고 있다고 할 것이다.

쉬네만(Schünemann)도 해석에 의한 법률규정의 수정은 필요한 최소한도에 그쳐야 하며 추상적 위험범의 경우 책임원칙과의 조화를 위해 필요한 최소한의 불법은 주의의무 위반(과실)이라고 인정한다.315) 과실을 넘어서 구체적 위험발생이나 침해결과의 발생을 요구하면 추상적 위험범은 구체적 위험범으로 변질되고 말 것이며 이것은 해석의 적절한 범위를 넘는 것이라 한다. 또한 형사정책적으로도 일정한 종류의 행위에 관하여 구체적 위험발생까지 요구하면 너무 늦어버리는 경우가 있고(환경범죄), 또는 기타 이유에서 구체적 위험발생 이전의 개입이 요청되는 경우(도로교통법위반과 같이 대량적으로 일어나는 범죄)도 있다.

그런데 브렘에 있어서 추상적 위험범은 '일종의 과실미수'로서 파악되고, 또 고의는 법적 구성요건상의 행위에 대해서만 요구되는 것은 아니므로316) 행위의 구체적 침해적성에 대한 주관적 관련은 객관적 과실로서 족한 것이 명백하다. 그런데도 브렘에게는 구체적 위험범의 고의와 인식 있는 침해의 과실을 동일시하는 문제점이 있다.317) 왜냐하면 추상적 위험범에 있어서 행위의 구체적 침해적합성에 관하여 요구되는 과실은 동시에 침해의 과실임이 인정되고 있

---

315) Schünemann, Moderne Tendenzen, S. 798; Wolter, a. a. O., S. 284.
316) Brehm, a. a. O, S. 137.
317) Wolter, Objektive und personale Zurechnung, S. 287.

고 이 침해의 과실 중에는 당연히 인식 있는 과실도 포함되는 것이며 양자를 동일시할 때 추상적 위험범은 결국 구체적 위험범의 고의의 가능미수를 포함하는 것으로 되기 때문이다. 이렇게 되면 추상적 위험범이 구체적 위험범으로 된다. 이로써 브렘에게 있어서는 최소한의 수정에 의한 책임원칙과의 조화라는 기본적인 해석상의 요청을 충족하지 못하게 되고 과실의 요구에 의한 제한적인 추상적 위험범 해석의 의의가 상실되는 것이라고 하지 않을 수 없다.318)

한편 호른의 경우에는 착오를 설명함에 있어서 부절적한 점이 보인다. 즉 호른은 행위자가 객관적으로는 위험이 배제되어 있으나 주관적으로는 위험이 있다고 생각한 경우에도 주관적 주의의무 위반뿐만 아니라 객관적 주의의무 위반까지 인정하고 있다. 그러나 이것은 객관적 관찰자의 입장에서는 구체적으로 침해가 적합한 행위가 아님을 알 수 있는 경우로서 명백히 객관적 주의의무 위반의 경우가 아니다. 오히려 이 경우는 고의의 불능미수에 속하는 것으로 보아야 한다.319) 그리고 호른의 경우에 고의로 추상적 위험범의 구성요건을 충족시키며 동시에 자기도 모르는 사이에 객관적으로 주의의무에 합치하게 행위를 하는 행위자가 부당하게 유리한 취급을 받게 된다고 본다.320)

호른은 브렘과 달리 추상적 위험범을 구체적 위험범으로 만들지는 않지만 고의의 불능미수의 형태에 의한 제한적 해석의 독자적

---

318) 남궁호경, 위험범, 178면.
319) Wolter, a. a. O., S. 288.
320) Schünemann, Moderne Tendenzen, S. 789.

의의를 명백히 하지 못한 점에 비판의 여지가 있다고 한다.

(2) 주관적 주의의무 위반의 요구

쉬네만(Schünemann)은 앞의 여러 논자들이 객관적 주의의무 위반을 요구하였음에 반하여 주관적 주의의무 위반을 요구함으로써 추상적 위험범을 제한적으로 해석하고자 한다.[321]

우선 쉬네만은 추상적 위험범의 유형을 3분 하여 정신화된 중간적 법익을 보호하는 범죄(독일형법상 위증죄와 뇌물죄), 대량행위를 내용으로 하는 범죄(도로교통범죄)에 대해서는 주관적 주의의무 위반을 요구하지 않지만, 이 외의 유형의 추상적 위험범에 대해서는 주관적 주의의무 위반을 요구하는 해석론을 전개한다. 앞의 두 유형의 범죄에서는 가벌성의 제한이 고려되지 않는데, 우선 중간적 법익의 침해는 그 범죄의 전형적 불법을 실현한다고 보았기 때문이다. 대량행위를 내용으로 하는 범죄에서는 이들 규범의 목적이 대량으로 일어나는 행위를 엄격한 규율을 통하여 자동화하고 이를 통하여 도로교통 참가자들의 부담, 즉 비전형적 위험상황에 대한 구체적 주의의무를 면제해 주려는 데 있기 때문이라고 한다. 이러한 행위규율의 자동화는 예외 없는 규범준수와 집행을 통해서만 확보될 수 있으며, 이는 학습이론적 근거에서도 정당화되는 것이라 한다.

한편 두 유형 이외의 범죄에 있어서 단순한 금지위반을 처벌하

---

321) A. a. O., S. 797.

고자 하는 입법자의 의지는 인간의 존엄과 법치국가의 원리에서 도출되는 책임원칙과 '최소공통점의 원칙'(Prinzip der kleinsten gemeisamen Basis)과 합치될 수 있어야 한다. 그에 따르면 이러한 요구에 부합하는 것이 과실미수인데 쉬네만은 호른, 브렘과는 달리 고의범의 불능미수를 원용하여 주관적 주의의무 위반을 근거 지우고자 한다. 예로서 그는 중방화죄에서 자신의 인식이나 능력에 비추어 일체의 손해가능성을 배제하기 위해 요청되는 조치를 취하지 않은 자는 설사 그의 조치가 객관적으로 모든 사정을 고려할 때 충분한 것으로 보이는 경우에도 추상적 위험범으로 처벌된다고 한다.[322]

(3) 비판

우선 쉬네만의 추상적 위험범에 대한 세 가지 하위범주의 구분의 정당성 문제이다. 쉬네만의 설명에 의하더라도 쉬네만의 정신적 중간법익의 필요성이 분명히 제시되지 않았다. 중간적 법익이란 것이 명확히 개인적 법익에도 속하지 않고 보편적 법익에도 속할 수 없다면 중간적 법익을 통한 추상적 위험범의 정당화는 그 제한이 아닌 확장으로 나아갈 위험이 있다.[323] 왜냐하면 정신화, 중간화라는 수식어는 보호객체와 당벌적 불법에 대한 불확정영역을 만들 수 있기 때문이다. '자동화', '대량행위'라는 표제어 아래에서 추상적 위험범의 정당화 또한 비록 합목적적인 고려를 통하여 형법적 불법비

322) 위의 곳.
323) Herzog, Gesellschaftliche Unsicherheit, S. 34.

난이 학습이론적 – 일반예방적 관점 아래 이루어진다 하여도 인간존엄 위에서 근거지워진 시민의 자율적 지위에 비추어 볼 때 수긍하기 어렵다.

쉬네만의 객관적 주의의무 위반 요구설에 대한 비판도 적절한 것으로 생각되지 않는다. 사전적으로 정립되는 주의의무 규범이 사후적 고찰에서는 무의미한 것으로 보일 수는 있다. 그러나 그렇다고 추상적 위험범을 결과범으로 만들 수는 없으며, 쉬네만도 해석에 의한 수정은 최소한에 그칠 것을 인정하고 있다. 그가 주장하는 주관적 주의의무도 역시 사전적인 것이다. 그의 비판이 주관적 주의의무가 객관적 주의의무보다 좀 더 구체적 사정에 적합한 것이라는 주장을 뜻한다면 그의 주장의 논거가 될 수도 있다. 그러나 주관적 주의의무가 객관적 주의의무보다 더 구체적 사정에 적합한 것, 보다 넓은 사정을 기반으로 하는 것이라는 논리는 성립하지 않는다. 왜냐하면 행위자가 반드시 객관적 관찰자보다 상세한 지식을 가진다고 말할 수 없기 때문이다.

호른의 이론에서 행위자가 객관적으로 주의의무에 합치되게 행위를 하였으나 주관적으로는 위험한 행위를 한다고 인식한 경우에 행위자를 부당히 유리하게 취급한다는 쉬네만의 비판도 앞에서 호른의 주장을 살펴볼 때 알 수 있었듯이 타당한 것이 못 된다. 호른은 이런 경우 객관적 주의의무 위반을 인정하고 있다.

결국 쉬네만의 객관적 주의의무 요구론자들에 대한 비판은 행위자의 위험성을 고려해야 한다는 것과 책임원칙과의 조화를 위한 수정은 최소한에 그쳐야 한다는 주장에 수긍할 점이 있다. 쉬네만의 행위자의 위험성을 고려해야 한다는 주장은 고의불능위태화 내지 침해미수로서 과실과는 별도의 또 다른 추상적 위험범의 제한적 해석의 기준이 필요함을 보여주는 것이다.

그러나 쉬네만과 같이 주관적 과실을 기준으로 할 경우 가벌성의 하한이 너무 낮아진다고 하지 않을 수 없다. 왜냐하면 불능미수의 해석론이 보여주듯이 고의범인 불능미수를 순 주관적인 것으로 해석하는 것이 부당하다면 고의보다 불법과 책임의 강도가 약한 과실에 있어서 행위자의 주관에만 착안하는 것은 더욱 문제가 있기 때문이다.324)

나아가 인식 없는 과실의 경우 객관적으로 침해의 위험이 없을 때 무엇이 주관적 과실의 내용을 이루며 이것이 어떻게 판정될 수 있는지가 명백하지 못하다.325) 쉬네만은 주관적 주의의무의 내용을 "개인적인 결과의 예견가능성과 회피가능성"326)이라고 규정하고 있다. 그런데 객관적으로 침해가능성이 없을 때에는 개인의 결과예견가능성이란 예견의 대상을 결하는 까닭에 의미가 없다.

---

324) 남궁호경, 위험범, 182면.
325) Wolter, a. a. O., S. 290.
326) Schünemann, a. a. O., S. 512.

마. 소결

행위의 가벌성요건은 단지 그것이 위법하다는 것으로는 충분하지 않다. 위법성 이외의 추가적인 가벌성요건은 구성요건마다 상이하다. 침해범을 비롯한 대부분의 범죄는 그 가벌성의 요건으로 실질적 손해의 발생을 요구하지만, 목적범(Absichtdelike)에서는 손해의 발생을 기다릴 필요 없이 위법한 행위의 존재로 충분하다.

법률상의 구성요건은 2가지 기능을 갖는데, 위법성의 인식근거와 책임범위(Haftungsrahmen)로서의 기능이 그것이다. 이 2가지 기능을 법률구성요건(Gesetzestatbestand)의 기능으로 인정한다면 의무위반 판단만으로는 구성요건 해당성이 충족되지 않는다. 이로써는 단지 보호법익에 대한 침해를 포함하는 행위가 실행되었다는 점만이 확정된다. 반대로 구성요건 내에 포섭되는 모든 결과가 위법한 것은 아니다. 이렇게 위법성과 책임범위를 구분한다면 침해범과 위험범의 차이는 위법성의 차이에 있는 것이 아니라 가벌성의 전제조건의 차이에 불과하다.327)

이러한 고려에 따른다면 독일형법 제306조의 위법성판단은 그것이 추상적 위험범이기 때문에 배제되는 것이 아니며, 행위자를 의무위반으로 비난할 수 있어야 하는데 이러한 의무위반은 형식적 금지위반으로부터 도출되는 것이 아니라 생명이란 법익을 침해하기에 적합한 행위임이 확인되어야 한다. 이러한 개별사례에서의 적성의

---

327) Brehm, Dogmatik, S. 123 f.

구체적 확정을 포기하고 단지 형식적 금지위반에 의존한다면 그 구성요건은 더 이상 생명에 대한 위험범이 아니라 순수한 형식범으로 되어 버린다.

이렇게 의무위반을 법익침해의 적성으로부터 도출한다면 어떻게 특정 구성요건에서 적성심사가 이루어지는가? 보통의 사례에서 현주건조물의 방화는 사람의 생명을 위태화하기에 적합하고 따라서 의무위반적이다. 문제는 행위자가 특수사정을 알게 되는 비전형적 사례들에 있다. 따라서 문제는 객관적 적성판단에서 어느 정도의 특별지식을 고려할 것인가에 있다. 왜냐하면 행위자가 일반적 적성판단에서 고려되는 것보다 더 많은 사정을 알 수 있는 가능성이 있기 때문이다.

독일형법의 중방화죄(제306조 2호) 내지 우리 형법의 현주건조물방화죄의 일반적 사례에서는 사람의 생명의 위태화 여부에 관계없이 처벌이 긍정된다. 그러나 이것은 행위자가 방화 전에 어떠한 주의의무도 다하지 않은 경우일 것이다. 그러나 행위자가 사전조사를 통하여 중방화죄 내지 현조건조물방화죄의 금지규범을 존중했고 그로 인해 특별한 지식을 가졌다면 그의 행위는 위법하지 않은 것이다.

4. 행위조종의 체계 내에서 거대규율자로서 추상적 위험범 (크라취)

가. 크라취의 견해

형법을 예방적 과제를 가진 '위험형법'(Risikostrafrecht)으로 이해할 때 어떠한 결과가 발생하는가는 크라취의 연구서인 『형법에서 행위조종과 조직』(Verhaltenssteuerung und Organisation im Strafrecht, 1985)에서 잘 드러난다. 여기에서는 계획적인 현실의 개혁을 위하여 가장 효율적이고 적합한 범죄투쟁의 도구로서 형법적 규범을 적용하게 되는데 추상적 위험을 야기할 수 있는 모든 행위를 처벌함으로써 우연의 배제와 최적의 법익보호를 도모하게 된다.[328] 즉 최적의 규범실현과 우연의 배제가 형법의 기본적 2가지 목표 및 불법 개념의 중추가 된다. "불법은 단지 행위자의 행위로 그치는 것이 아니라 규범의 안정영역에 대한 훼방으로 평가되며 그 자체로 범죄화되고 적용되어야 한다."[329]

규범의 안정영역에서 법익보호는 우연의 배제를 통하여 추구되어야 하는데, 추상적 위험범은 전체 법질서의 유지를 위하여 개별적 사례에서 다양한 예견불가능 사태에 대처하여 법익의 효율적 보호를 달성하기 위하여 형성된 것이다. 보호되는 규범목적의 수가 많고

---

328) Kratzsch, Verhaltenssteuerung, S. 30 f.
329) 위의 곳.

그 실현에 참가하는 사람의 수가 많을수록 규범을 통하여 영향을 받는 거래관계의 수, 보호가 필요한 훼방의 수도 많아진다. 형법은 이러한 구성요건적 훼방요소의 증가를 추상적 위험범을 통하여서만 효율적으로 대처할 수 있다.330) 따라서 규범은 법익을 위태화하는 행위를 개인적 위험으로 대처하는 것이 아니라 위험을 초래하는 거대훼방(Großstörung)의 전형적 요소로서 대처하게 된다.

나. 비판

크라취의 위험예방과 조종수행에 지향된 위험형법이 그 한계를 넘어 체계이론적으로 계도된 경찰형법으로 전환될 수 있다는 점에 대해서는 다언을 요하지 않는다. 형법이 '적극적 행위조종자'(aktiver Verhaltenssteuerung)로서 이해되고 최적의 규범실현, 우연의 배제를 위하여 기능화될 때, 위험영역으로의 형법의 현대적 확장은 그 법치국가적 전통을 망각한 채 더 이상 저지할 수 없게 된다.331)

---

330) Kratzch, S. 381.
331) Herzog, Gesellschaftliche Unsicherheit, S. 40.

5. 재화에 대한 안전한 처분가능성의 보호(킨트호이져)

가. 킨트호이져의 견해

킨트호이져(Kindhäuser)는 지금까지 위험범의 정당화 문제가 성공적으로 해결되지 못한 이유를 그 실질적 불법의 근거지움을 법익침해에서 구하였다는 점에 있다고 보았다. 즉 법익침해를 방지하는 것이 모든 규범(침해범과 위험범)의 목적이라는 가정에서 출발하였기 때문에 위험범의 정당화는 만족할 만하게 해결될 수 없었다고 한다.332)

그는 법익보호사상이 반드시 재화의 완전성(Integrität) 내지 불가침성의 보장에만 국한될 수는 없으며 재화에 대한 안전한 처분가능성의 보장도 법익보호에 포함될 수 있다고 주장한다. 재화에 대한 위험없는 행사는 실체적인 완전성이란 가치와는 다르지만 보호할 만한 가치가 있다는 것이다.333) 즉 그는 추상적 위험범의 유해성을 구성요건행위와 침해결과 사이의 직접적이고 경험적인 인과관계에서 구한 것이 아니라 구성요건행위와 재화, 그리고 규범적 기대에 대한 삼각관계(Dreiecksverhältnis)에서 구하였던 것이다.334) 이러한 규범적 기대의 대상이 바로 재화에 대한 안전한 처분가능성이고 이것을 킨트호이져는 안전(Sicherheit)라고 정의하였다.

---

332) Kindhäuser, Gefährdung, S. 14 f.
333) A. a. O., S. 19.
334) A. a. O., S. 272 f.

이러한 안전사상을 킨트호이져는 형법의 과제인 법익보호와 조화시키려 하는데 그는 재화를 안전하게 처분할 수 있는 확실성의 주선이야말로 법익보호라는 형법의 정당한 과제의 하나라고 주장한다.335) 추상적 위험범과 같은 안전규범의 목적은 개인을 그 무해성이 충분히 확실하지 않은 조건으로부터 보호하는 것이다. 그러한 조건들의 무해성에 대한 염려는 바로 그 예방적 차폐(Abschirmung)를 정당화한다.336) 예컨대 독일형법 제306조의 중방화죄와 관련하여 볼 때 이 규범의 보호이익은 누구도 문제의 건물을 더 이상 주거로 이용하지 않을 때에만 탈락한다는 것이다.

이러한 형법의 위험 없는 법익행사(처분)의 보호로의 확장을 킨트호이져는 형벌목적론을 통하여 근거 지운다. 즉 형법의 목적은 그러한 행위방식을 그릇된 것으로 설명하고 그러한 행위의 배제는 법적인 우선순위에 의하여 정리된 공동생활을 가능하게 하기 위한 기초라는 것이다.337) 이러한 법익보호의 확장과 법익론에서 체계비판적인 형법제한적 전통과의 관계에 대해서 킨트호이져는 명백히 언급하지 않았는데 이것은 그가 순수하게 체계내재적인 법익개념의 획득에만 관심을 두었기 때문이다.338) 그의 체계내재적 법익개념은 개인의 자유로운 발전을 위하여 그 효력이 성공적으로 유지되어야 하는 특성과 비개인적 속성들로 정의된다. 이 경우 규범의 목적은

---

335) A. a. O., S. 287.
336) A. a. O., S. 283.
337) A. a. O., S. 30.
338) A. a. O., S. 138.

법익과 관련한 자유 관련 갈등의 회피가 된다.339)

아울러 킨트호이져는 위험침해(Gefährdugsschadens)의 개념을 "재화의 안전한 존재에 대한 침해"(Beeinträchtigung des Interesses an einer sicheren Existenz des Gutes)라고 정의하고 이로부터 구체적 위험범을 다음과 같이 정당화한다. "구체적 위험범의 진정한 유해성은 재화의 시급한 보호상실의 위험, 즉 타율적 영향에 의하여 그 완전성이 침해될 위험에 있다."340)

그러나 재화의 시급한 보호상실이 문제 되지 않는 추상적 위험범의 정당화는 다르게 시도되어야 했다. 즉 킨트호이져에 의하면 추상적 위태화의 유해성은 규범관련적 상황에 의하여 매개되는 재화에 대한 침해로 파악된다. 그는 빈딩의 착상과 같이 추상적 위태화를 규범관련적으로 규정하려고 하였다. 즉, 위험행위와 침해결과 사이의 경험적 가정만 가지고는 구체적 행위가 침해결과로 나아갈 것인가에 대해서는 확정적 언급이 불가능하다. 따라서 행위의 구성요건적 행위가 법익을 침해할 수 있는가를 가지고는 행위자에 대한 책임비난이 불가능하며, 그의 행위가 침해관련적 행위군에 속하였다는 점만으로 그를 비난할 수 있을 뿐이라는 것이다.341)

킨트호이져는 과실도그마틱으로부터 빌려 온 위험증대이론이나 주의의무범주로 추상적 위험범을 실질화하려는 앞선 시도들이 객관적 불법의 흠결을 새로운 귀속기준을 통하여 보충하려는 것이라고 비판

---

339) A. a. O., S. 150.
340) A. a. O., S. 214.
341) A. a. O., S. 235.

하였다.342) 또한 추상적 위험범의 학습이론적 정당화에 대하여 형법은 단순한 규칙위반으로 정당화되는 책임형식이 아니며 형법은 그러한 범죄유형에 향하여진 제재를 알지 못한다고 반론을 제기한다.343)

킨트호이져의 소론을 따라 추상적 위험범의 정당화 문제를 규범 자체의 문제, 즉 규범의 목적을 단순히 규범의 침해를 방지하는 것으로 이해할 경우 정당화의 문제가 매우 약화될 수밖에 없는 것은 사실이다. 킨트호이져가 빈딩의 착상과 같이 추상적 위험범의 유해성을 "규범관련적으로" 규정하려 한 것은 분석적 법이론과 실증주의적 법이해의 유사성을 감안할 때 놀라운 현상이 아니다.344)

나. 비판

우리가 킨트호이져의 안전사상을 받아들인다고 할지라도 재화의 안전에 대한 염려를 과연 어떻게 객관적으로 근거 지울 수 있는가는 의문이다. 예를 들어 중방화죄에서 행위자가 방화를 하기 이전에 순회하여 건조물 내에 아무도 체류하고 있지 않음을 확인하였다면 건물 내의 누구도 안전에 대한 염려 없이 살 수 있다는 피해자 측의 안전에 대한 염려는 객관적으로 존재하지 않게 된다. 킨트호이져가 이 경우까지 추상적 위험을 긍정한다면 그는 우회적으로 위험추정으로 나아가는 것이다.

---

342) A. a. O., S. 271.
343) A. a. O., S. 269.
344) Herzog, Gesellschaftliche Unsicherheit, S. 43, 44.

킨트호이져의 견해는 또한 도그마틱적 장점이나 실천적 장점을 결여하고 있다.[345] 왜냐하면 그는 안전으로서 보호법익의 안전성을 의미한 것이 아니라 허용된 방식 안에서의 법익처분의 안전성을 말하고 있는데 이 두 가지 보호이익은 명확히 분리될 수 없기 때문이다. 즉 그의 안전개념은 좀 더 연구가 필요한 집합개념이라 할 수 있다. 이 개념은 새롭고 다양한 문제를 제기하며 그 모호성 때문에 가벌성 확장의 위험을 자기 안에 가지고 있다.[346]

안전에 대한 염려 내지 상실로서 그는 피해자의 실제심리를 의미한 것이 아니라 합리적으로 결정하는 사유적 인간 내지 가상적 인간의 심리를 의미했을 뿐이다. 이로써 그의 안전개념은 바로 법익보호의 의역에 다름 아니게 된다.

제5절 추상적 위험범 부인론

1. 헤어조크

헤어조크(F. Herzog)는 위험범에 대한 하쎄머의 비판을 발전시키고 분명히 하였다. 헤어조크는 위험범에 관한 포이에르바하, 슈튀벨,

---

345) Roxin, AT, § 11 Rn. 123.
346) Martin, Umweltbeeinträchtigungen, S. 74 f.

빈딩, 크라머, 브렘, 쉬네만, 볼터, 크라춰 그리고 킨트호이져 등의
도그마틱사를 개관함으로써 자신의 작업을 시작한다.

그에 따르면 위험범에 관한 문헌의 발전은 두 가지 단계로 구분
된다고 한다. 첫째는 포이에르바하에서 크라머까지 위험범의 문제성
에도 불구하고 위험범을 결과형법적 계보와 조화시키려는 단계이
다.[347) 두 번째 단계는 위험범의 근거 지움에 있어 행위불법과 예
방적 형벌목적에의 급격한 전환으로 표현되는 형법의 전통과의 결
별로 특징지어진다.[348)

그에 따르면 결과형법으로부터 위험형법으로의 발전을 단지 불법
과 책임의 근거지움에 있어 범주의 교환으로서만 고찰한다면 그 경
우에는 범죄적 불법과 '단순한 불복종'(reines Ungehorsam)이 문제
되지만, 그 사회역사적 배경과 사회이론적 근거는 규명되지 않은 채
로 남게 되며 위험범비판의 체계초월적 거점은 사라진다[349)고 비판
한다.

헤어조크는 위험형법이 대두하는 사회역사적 배경을 사회적 불안
과 그에 뒤따르는 안전에 대한 필요로 보았다. "전통적인 사회질서와
지향의 상실, 가치지향의 몰락과 함께 자기신뢰와 다른 사회구성원에
대한 신뢰가 약화되었다. 사회적 생명은 점점 위협받는 것으로 인식
되고 있으며 형법은 위험영역에서의 무정부적이고 파괴적인 힘을 제
지하는 적합한 수단으로 인식된다. 이제 형법의 과제는 더 이상 법익

---

347) Herzog, Gesellschaftliche Unsicherheit, S. 47.
348) 위의 곳.
349) Gesellschaftliche Unsicherheit, S. 48.

148

침해에 대한 진압적이거나 응보적인 반작용이 아니라 안전한 삶의 배려로 인식된다.350)"

그러나 헤어조크는 이러한 형법의 발전을 강렬히 거부한다. 그는 추상적 위험범이 법치국가적 형법안에 통합될 수 없다고 하면서, 추상적 위험범은 일반적으로 인정되는 것만큼 법익보호에 효율적이지도 못하다고 한다. 그에 따르면 현대의 입법에서 추상적 위험범은 추상적으로 가능한 침해상황이 시민들에 의하여 매우 위협적인 것으로 경험되어 이러한 위험의 관리를 국가에 위임하게 되고, 이로부터 사회구성원은 자기신뢰와 다른 사회구성원에 대한 신뢰를 상실하게 되고 자율적 위험관리를 준비할 수 없게 된다고 한다.351) 이러한 상황에서 시민들에게 형법은 삶의 보호를 위한 적절한 도구로 인식된다.

그러나 이렇게 성립된 위험형법은 위험에 자율적으로 대처할 수 있는 사회의 능력을 파괴한다. 사회의 자율적 조절력의 파괴는 반작용을 수반하는데, 위험이 많아질수록 사회는 이에 대처할 능력을 상실하게 되고, 이로써 증대된 위험은 또 다시 더 많은 형법의 투입을 요구하게 되는 구조적 악순환의 고리를 만들게 된다.352)

예를 들어 환경형법과 경제형법의 영역에서 위험형법은 근본적으로 이들 영역의 위험원을 효과적으로 관리하기 위한 적절한 도구가 아니며, 단지 하나의 상징일 뿐이라고 한다. 위험형법은 위험원의

---

350) Gesellschaftliche Unsicherheit, S. 70 f.
351) A. a. O., S. 70.
352) A. a. O., S. 72.

통제에 무능할 뿐만 아니라 법치국가적으로 의문시되는 문제만을 양산할 뿐인데 개인적 법익의 침해 또는 위태화와 무관하게 환경유해적으로 여겨지는 행위들이 처벌되며, 이는 고전적인 법익보호형법과의 결별을 의미한다는 것이다.[353]

2. 평가

헤어조크의 위험범에 대한 구체적 비판은 경제형법과 환경형법분야의 추상적 위험범에만 국한되어 있다. 따라서 그의 추상적 위험범 비판의 검증은 좀 더 광범위한 영역에 대한 검토를 필요로 한다. 즉 추상적 위험범 내지 위험형법에 대한 그의 비판을 개인적 법익을 보호하는 추상적 위험범규정들까지 적용할 수 있는가는 의문이다.

그럼에도 불구하고 그의 결론은 성급히 추상적 위험범의 거부로 나아가고 있으며 추상적 위험범은 평등하고 자율적인 개인 사이의 상호승인의 기본적 규범으로서 형법의 효력을 약화시키고 형법의 확고한 법익관련성을 결하게 한다는 점에서 정당화될 수 없다고 한다.

그러나 개인적 법익으로 대표되는 전통적 법익도 그 확실성(Hand-greiflichkeit)을 결할 수 있다. 예컨대, 명예나 자유, 주거의 평온과 같은 개인적 법익도 해석과정에서 정신적 가치판단을 요하는 법익들이다. 따라서 헤어조크의 "손으로 잡을 수 있는 법익"(die handgreifliche Rechtsgüter)의 요청은 다소 이데올로기화되어 있으며,[354] 그

---

353) A. a. O., S. 147 f.

가 주장하는 형법의 법치국가적 – 자유적 전통이란 구상은 좀 더 엄밀한 구체화가 필요한 것으로 보인다.

헤어조크의 위험형법에 대한 두 번째 비판, 즉 위험형법의 발전과정이 시민적 가치질서와 사회구성체의 자율적 조절력의 몰락으로부터 시작하여 더 많은 위험형법→자율조절력의 더 많은 상실→더 많은 위험형법의 요청이라는 악순환을 거듭한다는 비판은 매우 흥미로운 것이기는 하지만 사회과학에 의한 경험적 검증을 필요로 한다.

제6절 소결

우리는 위에서 근대 이후 위험범과 위험개념의 성립사를 비판적으로 살펴보았다. 근대 초기 '개인적 위험성'으로부터 법익의 두터운 보호요청으로부터 출발했던 위험범은 위험이 일상화되는 후기산업사회에 이르러 '사회적 위험성'의 통제수단으로 변질하였다. 결과형법적 전통에서 법익침해의 가능성으로부터 자신을 기초 지었던 전통적 위험개념은 결과와 관련 없는 행위규범의 보호를 목적으로 하는 새로운 위험개념으로 변질된 것이다.

오늘날 후기산업사회에서 통용되는 '사회적 위험성'(Risiko)은 근대형법의 법익보호원칙에서 말하는 사회적 유해성이 인정되는 위험

---

354) Keller, KJ 1992, S. 365 f.

(Gefahr, 예컨대 사람이 있는 건물에 불을 놓음으로써 발생하는 사람의 사망가능성)과 다음과 같은 점에서 근본적으로 구분될 수 있다.

－ 사회적 위험성이 있다고 간주되는 일탈행위란 독자적으로 다른 개인의 자유이익(주관적 권리)을 침해하거나 현실적으로 위태롭게 하는 것이 아니라 수많은 사람들의 유사한 일탈행위들이 축적될 때, 즉 불특정 다수인에 의해 무수히 반복될 때 모든 개인의 생존을 위협할 개연성이 가설적으로(사유적으로) 인정되는 행위일 뿐이다.[355] 즉 추상적으로 위험한 행위일 뿐이다.

－ 사회적 위험성에서 한 사람의 일탈행위와 모든 사람의 생존을 위협하는 현실적 위험 사이의 구체적 관련성(현대의 자연과학에서 입증할 수 있는 인과성)은 존재하지 않는다. 따라서 최소한 일반적으로 감지되는 '사회적 위험성'을 토대로 어느 한 개인의 행위 탓으로 돌릴 수 있는 위험의 내용을 설명하는 것은 불가능하다.[356]

이러한 의미에서 말하는 '사회적 위험성'(위험스러움, Risiko)은 전통적으로 경찰법에서 말하는 (추상적) 위험에 해당한다.[357] 그러므로 위험스러움은 형법의 입장에서 보면 앞당겨진 추상적 위험이 된다. 만약 형법의 법익개념이 이러한 사회적 위험성(＝경찰법상의

---

355) Herzog, Gesellschaftliche Unsicherheit, S. 107.
356) 환경형법을 예로 하는 설명은 Seelman, Atypische Zurechnungsstrukturen im Umweltstarfrecht, 1257.
357) 경찰법에서 말하는 추상적 위험이 가설적 사유적 위험이라는 지적은 Lisken/Denniger, Handbuch des Polizeirechts, S. 117.

위험개념＝추상적 위험성＝앞당겨진 추상적 위험)으로 채워지면 법익보호원칙은 위험예방원칙으로 전환된다. 이제 법익침해(위태화) 없으면 범죄 없다는 법익보호원칙은 "사회적 위험성 없이는 범죄 없다"(nullum crimen sine periculo sociali)는 위험예방원칙으로 전환되고 만다. 이렇게 되면 과거의 법익침해행위를 통제하는 형법과 장래의 위험(원)을 예방하는 경찰법 사이의 경계가 사라지게 된다.

"사회적으로 위험스러운 행동"은 위험의 속성을 가질 뿐 그것이 침해하는 구체적 법익은 확인되지 않는다. 침해하는 것이 있다면 그것은 "사회적 하부체계의 기능(환경체계의 깨끗한 환경관리기능, 보건체계의 국민건강증진기능, 경제체계의 건전한 자본시장질서유지기능 등)은 절대적으로 안전해야 한다"는 사회적 관념일 뿐이다. 사회적 하부체계의 기능에 조그만 장애라도 된다고 판단되는 일탈행위의 위험성은 현실적인 법익의 침해가 아니라 단지 가설적 위험, 사유적 위험, 즉 의사소통적 교류에 힘입어 사람들의 머릿속에서 생각되는 위험에 지나지 않는다. 따라서 각종 위험원의 효과적 통제를 지향하는 탈근대의 형법은 법익침해를 통제하는 것이 아니라 킨트호이져가 말하는 "두려움 없는 생존의 확실성"이란 관념, 다시 말해 (국가로부터) "충분히 생존의 배려를 받고 있다는 느낌"에 대한 침해를 통제하고 있는 것이다. 그러나 생존배려의 느낌의 침해가 범죄가 될 수 없으며, 그 침해에 대한 통제도 형법의 임무가 될 수 없다.

전통적인 근대형법에서 정당화될 수 있는 위험범은 "수많은 사람들의 반복되는 행위의 누적에 의해 모든 개인의 자유이익에 대한

제3장 위험범 도그마틱의 비판적 이해 153

침해의 사유적 개연성"(추상적 위험성)이 아닌 "한 개인의 행위에 의하여 타인의 자유이익에 대한 침해의 현실적 가능성"(법익침해의 구체적, 추상적 위험)을 그 처벌근거로 하는 위험범일 뿐이다.

그렇다면 형법적으로 정당화될 수 있는 추상적 위험의 인식, 입증, 판단은 어떻게 가능하고 그에 관련된 문제는 무엇인가를 검토하여 보자.

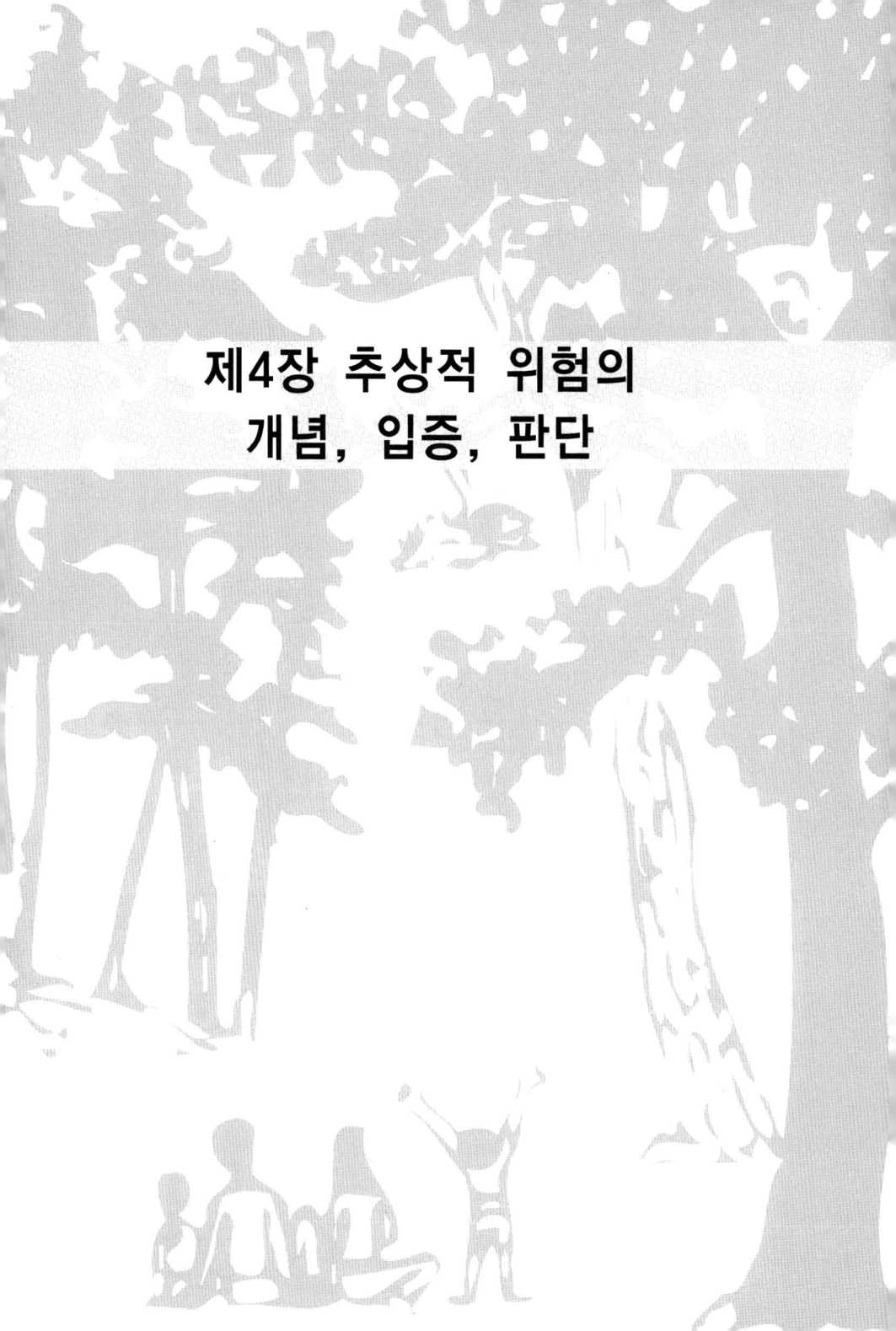

제4장 추상적 위험의
개념, 입증, 판단

제1절 구체적 위험개념

형법상 위험의 개념에 대한 논의는 19세기 후반부터 현재까지 근 100년이란 기간 동안 독일에서 많은 학자들에 의하여 논의되어 왔다. 그 첫 단계는 19세기 후반부터 20세기 초반까지 있었던 위험개념의 존재가능성에 대한 논쟁으로 주관적 위험론과 객관적 위험론의 대립이었고, 둘째 단계는 20세기 후반에 이르러 위험개념의 존재가능성을 전제하고 그 성립범위를 어떻게 설정하느냐에 관한 규범적 위험설의 전개이다.

1. 주관적 위험론

근대형법학의 초기에는 형법에 의한 법익보호는 법익침해의 경우에 제한되고 위험개념은 형법상 특별한 의미를 갖지 못하였다.[358] 위험개념이 독자적인 범죄 형태를 설명하기 위하여 사용된 것은 계몽기의 형사입법인 1794년의 프로이센 일반란트법에서 비롯된다.[359] 그후 30년이 지난 뒤에야 슈튀벨에 의한 연구논문이 발표됨으로써 위험개념에 대한 본격적인 논의가 시작되었다.[360]

---

358) Henckel, Der Gefahrbegriff im Strafrecht, S. 44.
359) 제2편 제20장 제17절 "공공위험을 수반한 훼손"에서 공공위험범을 규정하였다.
360) 제3장 제3절 1. 참조.

여기서 주관적 위험론이라 함은 형법상 위험이라는 개념이 객관적인 현실세계에서는 존재할 수 없는 것이고 오로지 행위자 개인의 무지로 인한 주관적 산물에 불과하다고 주장하는 학자들의 견해이다. 이 견해에서는 현재와 미래라는 두 개의 시간적으로 연속하는 외계의 상태는 원인과 결과라는 법칙관계에 있으므로 모든 결과는 어떤 원인에서 유래하고 또 모든 원인은 어떤 결과를 초래하게 되는데 이를 존재론적으로 보면 외계의 상태는 필연성이 지배하든가 아니면 불가능이 존재하든가 양자택일이 있을 뿐이라고 한다. 이러한 주관적 위험론은 다시 철저히 위험개념의 객관적 존재가능성을 부정하는 절대적 부정설과 점차 실정법 규정의 해석과 적용상의 필요성에 의해 위험개념의 객관적 존재가능성을 모색하려는 상대적 부정설로 나뉜다.

가. 절대적 부정설

람마쉬(Lammasch)는 "위험개념은 침해를 초래할 가능성에 지나지 않는다. 일반적으로 가능성의 개념에 타당한 것은 특수하게 위험의 개념에도 타당하다. ……위험이라는 것은 완전히 알 수 없는 상황에 대한 명칭이고, ……객관적으로 보면 가능성이라는 관계는 절대로 존재하지 않는다. 왜냐하면 전제조건이 충족되면 반드시 결과가 발생되어야 하고, 또 충족되지 않으면 반드시 결과가 발생되지 않아야 하기 때문이다. 결과가 가능하다는 판단은 개개의 여러 조건들의 적합성에 관한 판단자의 불충분한 지식에 근거하고 있을 뿐"361)이라고 하면서 객관적인 위험개념의 존재를 부정한다.

또 헤르츠는 "사태의 변화가 바라지 않는 현실로 나타날 것을 염려하는 사람은 그 사태를 위험하다고 말할 수 있다. 위험개념의 존재는 그것을 긍정하는 사람의 주관적 요소에 의하여 결정된다"362)고 하면서 그것은 인간의 인식능력의 불완전성에서 연유한다고 한다. 그리고 헤르츠는 위험은 오로지 주관의 산물이고 침해와 비침해의 주관적 영역을 설정하려는 시도인 위험개념은 그 객관적 가능성이 철저히 부정되어야 한다고 한다. 즉 법익위험의 금지는 객관적 위험개념의 존재를 전제하여야 하므로 위험개념의 존재는 부정되어야 하고 법익위험을 범죄구성요건에까지 설정하는 것은 인정할 수 없고 실정법 중에 위험개념을 사용하는 여러 규정은 입법자의 실수의 산물이라고 한다.363)

나. 상대적 부정설

위험이 주관의 산물이라는 것을 인정하지만 일정한 방식으로 그 객관적인 존재가능성을 모색하려는 견해이다.

부리(Buri)는 1890년에 출판된 빈딩(Binding)의 규범론을 비판하

---

361) Lammasch, Handlung und Erfolg, S. 238 ff.
362) Hertz, Das Unrecht und die allgemeine Lehren des Starfrecht, Bd. 1, S. 73.
363) A. a. O., S. 79 f.

면서 "위험을 현실의 객관적인 상태라고 파악하는 것은 타당하지 않다. 두 개의 힘이 평형상태에 있으면 결과발생은 불가능하지만, 결과를 발생하고자 하는 힘이 그것을 저지하는 힘을 조금이라도 압도하면 결과는 필연적으로 발생할 수밖에 없다. 따라서 사태변화의 중간단계로서의 위험이 객관적 상태로 존재할 여지는 없다"364)고 하면서도 입법자는 일정한 목적을 위해 의제(Fiktion)로서의 위험개념을 사용할 수 있다고 주장한다. 따라서 위험개념은 입법자의 의제로서 존재한다고 하여 주관적 위험설 가운데에서도 최초로 위험개념의 객관적 존재가능성을 인정할 수 있는 여지를 마련하고 있다.

한편 핑거는 어떤 상황을 위험하다고 판단하는 것은 "정서적 사고행위이기는 하나 (객관적) 소여에 의해 규정된다"365)고 하여 위험을 단순한 입법자의 의제라고 보는 헤르츠의 견해와 차이점을 분명히 하면서, "일정한 상태의 위험성 여부를 판단하는 것은 정서적인 사고활동이지만 거기에는 반드시 소여성(Gegebenheit)이 결합되어 있다. ……위험은 순수한 정적인 고찰에 의해서가 아니라 동적인 기능적 고찰방법에 의하여 존재하는 개념"366)임을 강조한다. 즉 위험은 현재의 존재만이 고려되어서는 얻어질 수 없는 개념이며 (초월적367)) 현재뿐만 아니라 (초월적) 미래도 고려되는 것이며, 이렇

364) Buri, Gefahr und Versuch, S. 323.
365) Finger, Der Begriff der Gefahr und Gemeingefahr im Starfrecht, S. 231.
366) A. a. O., S. 232 f.
367) 여기서 초월적이란 주관을 초월해 있다는 의미.

게 위험판단에서 고려되는 현실과 미래는 주관에서 독립된 초월적인 것이므로 순전히 주관적인 염려 혹은 상상된 위험과 구별될 수 있다고 본다.

결론적으로 핑거는 위험을 "초월적 소여의 인식에 근거한 관념적 사태전개의 보편타당한 개연성"이라는 정의를 통하여 위험개념의 보편타당성을 강조함으로써 위험개념의 객관적 존재가능성으로의 길을 열었다. 특히 주관적 관념의 세계를 초월하여 외계의 상황을 위험인식에 고려한 초월적 소여의 착상은 주관적 위험설을 객관적 위험설로 발전시키는 데 커다란 공헌을 하였다.[368]

2. 객관적 위험론

위와 같이 주관적 위험론은 위험개념을 단순한 주관의 산물이나 정서적인 사고활동의 결과라고 함으로써 위험개념의 객관적 존재가능성을 부인하였다. 이러한 위험설은 순기계론적 인과론에 근거한 조건설을 바탕으로 이론을 전개하였기 때문에 가능성으로서의 위험개념을 인정하기가 어려웠다.

이러한 어려움을 인식한 학자들은 이러한 논리적 인과과정과 인과과정의 과학적 객관성 대신에 실천적 인과론과 위험개념의 실천적 객관성으로 대치코자 하였다.[369] 이들은 그 논리적 무기 또는 이론적 지

---

368) 정행철, 구체적 위험범, 5면.
369) Siebenharr, Begriff der Gemeingefährlichkeit, S. 250 ff; Busch,

주를 크리이스(Kries)의 객관적 가능성(objektive Möglichkeit)의 개념에서 구하였고 각자 나름대로 위험개념의 객관적 존재가능성을 모색하였다.

이러한 객관적 위험설은 개별적 구체적 사정을 위험판단에 고려하느냐의 여부에 따라 이를 고려하지 않는 일반화적 객관설과 이를 고려하는 개별화적 객관설로 구분된다.370)

가. 일반화적 객관설

아주 정확히 규정된 조건 아래서는 필연적으로 일정한 결과가 발생하기 때문에 이 경우에는 객관적으로 가능하다는 개념이 도출될 수 없지만 일반적·보편적으로 표시된 여러 조건에 대한 어떤 결과의 관계를 고려하는 경우에는 객관적 가능성이 존재할 여지가 생긴다. 그리고 부정확하게 규정된 여러 사정 아래에서 사실상 타당한 인과법칙에 따라 어떤 사건을 실현하도록 작용하는 사정을 특정하여 사고할 수 있는 경우 우리는 그 사건의 발생이 객관적으로 가능하다고 하며, 객관적 가능성은 이러한 경우 존재 가능한 개념이 된다.371)

크리이스는 이 가능성 개념이 정도나 단계를 가지고 있다고 하면서 여기에 개연성 계산원리를 도입하여 일반적 조건에 의해 사태가 규정되는 경우에는 가능성의 크기가 수치에 의하여 표시될 수 있다

Gefahr und Gefährdungsvorsatz, S. 21 ff.
370) 정행철, 추상적 위험범, 6면.
371) Kries, Begriff der objektiven Möglichkeit, S. 180.

고 한다. 이때 어떤 조건의 결과실현가능성의 크기는 결과실현에 무관심한 조건의 폭에 대한 전체 폭의 비율로 측정된다고 한다.

또 크리이스는 이 객관적 가능성의 개념을 위험개념에 적용하여, 위험이란 유해한 사건의 객관적 가능성이라 한다. 크리이스에 의하면 손해가 발생하지 않았지만 커다란 위험이 있었다고 말할 수 있는 경우의 위험은 다시 협의의 위험(절대적 위험)과 광의의 위험(일반적 위험)으로 구별된다. 전자는 인간의 능력으로는 도달할 수 없는 특수의 개개의 사정을 제외시킨 추상화에 의하여 객관적 가능성을 인정하는 데 반하여,[372] 후자는 어떤 특수한 사정은 고려하되 다른 특수한 사정은 추상하여 손해의 객관적 가능성을 인정한다는 점에서 양자는 차이가 있다[373].

한편 롤란트(Rohland)는 개연성 계산이론을 전개한 크리이스의 영향을 받아 일반개념으로서 위험개념을 전개하면서 위험개념의 두

---

372) 그 전형적인 예로서 크리이스는 "폭탄의 파편이 어디로 날아갈지는 사전에 도저히 결정될 수 없다. 왜냐하면 그것은 폭탄의 미세한 개별적 특성들에 달려 있기 때문이다. 그러므로 폭탄의 근처에 있는 사람은 위험하다고 할 수 있다. 이때의 일반적 조건은 동종의 폭탄이 사람으로부터 일정한 거리에서 폭발한다는 것으로서 일정한 거리 내에 있는 사람의 침해의 가능성이 크다는 것이 인정된다"고 한다. Kries, Die Prinzipien der Wahrscheinlichkeitsrechnung, S. 292; 남궁호경, 위험범, 40면.

373) 그 예로서 크리이스는 조금 전에 비가 와서 불이 붙기에는 너무 젖은 초가지붕 위에 불꽃이 떨어지는 경우를 든다. 이 경우 유해한 결과의 가능성은 명백히 없지만 지붕이 젖어 있다는 사실을 추상하고 생각함으로써 위험하다고 말할 수도 있다고 한다. A. a. O., S. 293.

요소를 사건의 개연성과 그 사건의 유해한 성격이라고 한다. 그리고 형법상 위험개념이 사용되는 경우를 위험범과 경찰범으로 구분하여 전자에는 위험이 현실적으로 필요하지만 후자에는 일반적인 위험정도가 요구된다고 한다. 그는 위험의 존재는 위험의 강도에 의하여 영향을 받지 않을 뿐만 아니라 결과발생이 불가능하더라도 위험의 존재를 배제하지 못한다고 한다. 왜냐하면 일단 행위능력이 있는 사람은 가끔씩 행위무능력이 되더라도 역시 행위능력자이듯이 위험도 행위능력과 같이 일반개념으로 보아야 하고, 행위의 위험성을 일반적 · 전체적으로 고찰하면 개별적인 경우 결과발생이 불가능하더라도 위험개념은 성립할 수 있다고 한다.374)

이와 같이 일반적으로 표시된 조건을 위험개념의 존재요소인 일반화된 외부적 조건으로 하고 개개의 특수한 사정을 제외시킨다는 의미에서 일반화적 객관설이라고 한다.

나. 개별화적 객관설

위와 같은 크리이스의 일반화적 객관설은 구체적 사정을 지나치게 일반화 · 추상화하려는 오류를 범하였고, 그 추종자인 롤란트 (Rohland)는 행위의 일반적 · 유형적 특성에서 출발하여 구체적 개별적 사정을 너무 무시하고 있기 때문에 위험개념의 객관적 존재가능성을 제대로 고찰하지 못하였다. 이러한 결점을 보완할 의도로 구

---

374) Rohland, Die Gefahr im Starfrecht, S. 5 ff.

체적이고 개별적인 사정도 고려하면서 주장된 이론들이 개별화적 객관설이다.

빈딩은 어떤 변화가 일어난다는 것은 그 변화를 억제하는 여러 조건과 그 변화를 유도하는 여러 조건 사이의 균형에서 후자 쪽으로 유리하게 작용하는 것, 즉 소극적인 조건에 우월한 적극적 조건을 원인이라고 한다는 것이다. 이러한 인과관을 바탕으로 위험은 우리가 결과촉진조건이 억지조건과의 균형을 깨고 증대되는 것을 염려하는 결과촉진조건의 변화, 즉 삶(생존)의 확실성의 변화라고 한다. 위험개념은 우리의 무지의 산물이 아니라 인간의 진보된 인식수준에서 이루어진 수많은 현실인식방법의 값진 성과라고 하면서375) 주관설 위험설을 반대하고 객관적 위험설의 입장에 선다.

지벤하르(Siebenharr)는 개연성(Wahrscheinlichkeit)이라는 개념을 기초로 객관적 위험설을 구축하고 있는데, 이는 단순한 가능성(Möglichkeit)과의 구별에서 시작된다. 개연성이란 판단개념으로서 일반인의 경험법칙에 의하여 가까운 장래에 외계의 변화가 예상되는 인과성이 동종다수의 사례에서 발견될 때 인정되는 개념이다. 이에 대하여 가능성이라는 개념은 개연성보다 확률성이 낮은 것이고, 거기에는 판단주체의 기대나 소망이 내포되어 있지 않다. 여기에서 개연성과 상응하는 위험은 구체적 위험으로 보아야 하고 가능성과 상응하는 위험은 추상적 위험으로 보아야 한다.376)

---

375) Binding, Die Normen, S. 337.
376) 정행철, 추상적 위험범, 8면.

이에 대해 부쉬(Busch)는 논리적으로 추상화한 대량관찰의 방법에 의존해서는 구체적 사정을 파악할 수 없으므로 객관적 위험개념을 성립시키기 위해서는 구체적이고 개별적인 사정의 파악이 필요하다고 한다. 하지만 이러한 객관성은 과학적 객관성이 아닌 일상생활상의 국민의식에 기초한 현실적 객관성에서 파악되어야 하며, 위험이란 일상적 의미로는 절박한 위험의 상태라고 한다.[377]

그러나 헨켈(Henckel)은 만약 위험을 실재적인 현실 속에 존재하는 판단의 대상인 상태(Zustand)로 해석할 경우에 상태라는 것은 있거나 없거나이므로 정도개념이 될 수 없다고 비판하면서, 위험은 가능성에 대한 판단이 되어야 한다고 주장한다. 또 위험은 결과방해부분의 계산이 불가능할 때 인정되고, 이 계산 불가능한 결과방해부분이 근접한 가능성이나 개연성을 존재케 한다고 주장한다. 결국 헨켈의 주장은 크리이스의 일반적 내지 추상적 인과성이 인정되는 일정한 사실이 현실로 존재한다고 하더라도 그 모두를 위험으로 인정하는 것은 아니며 오직 그중에서 결과의 불발생이 계산 불가능한 경우만을 위험으로 보자는 것이다.

3. 두 논쟁의 성과

이상에서 우리는 주관적 위험론과 객관적 위험론의 대립을 살펴보았는바, 양자는 모두 19세기를 지배한 인과결정론적·기계론적

---

377) Busch, a. a. O., S. 15 ff.

관점을 바탕에 깔고서 위험이 객관적인 것인지 아닌지를 논하고 있다. 주관적 위험론은 실재세계는 오직 필연성만을 내용으로 하고 있다는 전제에서 출발하여 위험은 순전히 주관적인 것이거나 주관적 정서에 의하여 좌우되는 것으로 보아 위험의 객관성을 부정하지만, 객관적 위험설은 실재세계의 필연적 진행을 믿기는 하지만 일정한 의미에서 위험의 존재적 성격을 인정하고 위험이 단순히 주관적 정신의 산물은 아니라고 본다.

이상의 주관적 위험론과 객관적 위험론의 논쟁에서 얻은 성과를 우리는 다음과 같이 정리할 수 있을 것이다.

첫째, 형법상의 위험은 일정한 현실소여와 관계한다는 점이다. 즉 위험은 어디까지나 일정한 법익침해의 위험이다. 따라서 심리적·주관적 판단은 그것이 어떤 의미에서 객관적이라 해도 이러한 법익침해와 연결되지 못하기 때문에 형법상 위험개념으로 사용될 수 없다. 즉 항상 일정한 사태만이 위험할 뿐이다.

둘째, 위험은 우리의 사고활동에 의하여 비로소 지각할 수 있다. 즉 현실소여가 주어져 있다고 해서 자동적으로 위험이 지각되는 것은 아니며 현실의 소여와 미래의 가상적인 법익침해결과를 연결시키는 것은 우리의 사고활동이다. 여기의 사고활동에는 일정한 현실적 소여의 추상도 포함된다. 이런 점에서 위험은 판단개념이다.

셋째, 위험의 판단이란 우리의 사고활동은 항상 법칙적 지식에 의존해야 한다. 일정한 현실적 소여와 가상적 침해가 법칙적 관계에 선다는 것은 침해의 원인이 되는 사실이 현실 속에 존재한다는 뜻이 된다.

넷째, 지금까지의 추론을 정리하면 "위험이란 법익침해의 원인인 사실의 존재"라고 할 수 있다. 그러나 현실에는 법익침해의 원인뿐만 아니라 법익침해저지의 원인도 존재하기 때문에 우리는 위험판단 시 가능성의 개념을 도입하지 않을 수 없다. 즉 법익침해원인 사유와 법익침해저지 사유 사이에는 현실적으로 무수한 대립·조합이 있을 수 있다. 그런데 형법상의 위험개념은 극소한 정도의 법익침해가능성으론 부족하다. 그것은 일정한 정도의 결과반가치를 징표하는 것이어야 한다. 여기서 위험의 가능성 내지 정도가 형법상 위험개념에 포함되지 않을 수 없는 것이다.

즉 결론적으로 위험은 객관적인 것이며, 일정한 정도의 법익침해의 가능성을 내포하는, 법익침해의 원인사실을 포함하는 일정하게 추상된 사태이다.[378)

4. 위험개념의 현대적 전개(규범적 위험론)

이상의 위험개념은 우리 연구에 있어 출발점을 제공했을 뿐이다. 새롭게 제기되는 문제가 위험인정의 기초가 되는 현실소여의 범위(위험인정의 기초가 되는 사실의 범위), 위험인정의 기준이 되는 법칙적 지식의 범위의 문제이다. 이 밖에도 위험의 내용으로서 침해가능성의 정도가 문제 된다.

---

378) 남궁호경, 위험범, 63면.

결국 형법상의 위험개념은 언제 법익에 대한 긴박한 위기가 있다고 말할 수 있는가라는 질문에 봉착하게 된다. 따라서 모든 형법적 개념이 그러하듯이 형법상 위험개념도 단순히 몰가치적인 현상의 기술이 아니라 대상에 대한 규범적 평가를 수반하지 않을 수 없게 된다.

이와 같은 문제의식에서 데무트(Demuth)는 위험개념을 다음과 같이 정의한다. 즉 "위험이란 내적으로는 더 이상 정상적인 수단으로 지배 불가능한 법익의 위협을 표시하며, 그리고 침해의 불발생이 정상적인 손해방지조치에 기인하는 것이 아니어서 회고적으로도 불안감정을 가지게 되는 상황이다. 간단히 말해서 위험이란 정상적인 손해방지수단으로 더 이상 지배 불가능한 법익의 위협"이다.379)

아울러 그는 호른의 자연주의적 위험개념380)을 비판하면서 사태의 반가치는 침해불발생의 원인이 설명될 수 있는가에 따라 결정되는 것이 아니라 근본적으로는 규범적인 반가치판단작용이 개입될 수밖에 없다고 하면서, 호른의 주장은 신칸트주의에 의하여 이미 극복된 형법상의 자연주의의 신판이라고 비판한다.381)

---

379) Demuth, Der Normative Gefahrbegriff, S. 218.
380) 호른은 본학파의 입장에서 행위반가치 일원론적으로 위험개념을 파악하여, 자연과학적 인과법칙을 기초로 철저한 사후고찰을 함으로써 위험의 결과로서의 성격을 강조한다. 따라서 위험개념의 결정적 요소는 일정한 사태가 왜 구체적으로 결과발생을 야기하지 않았는지 그 이유를 모르는 것이다. 그러나 이러한 위험개념은 재판실무에서 확정하기에는 너무 어려우므로 호른 자신도 비실용적인 것임을 인정하고 있다. Horn, konkrete Gefährdungsdelikte, S. 192.

이렇게 위험을 규범적 측면에서 파악하여 그 존재범위를 밝히고 실용적인 개념으로 정립하려는 이론을 규범적 위험론이고 하며, 여기에는 데무트와 쉬네만(Schünmann), 볼터(Wolter) 등의 이론이 속하게 된다.

쉬네만은 위험을 형사정책적·기능적 측면에서 고찰하면서 규범적 평가적 요소를 도입하고 있다. 그는 규범적 위험개념의 기준으로 3가지 원칙을 제시하는데 첫째, 위태화가 문제되는 구성요건적 행위와 구성요건에 해당하는 특수한 개별적인 보호법익이 존재하여야 하며, 둘째 개연성의 법칙에 따라 법익침해가 행위의 상당한 결과, 즉 근접한 가능성으로 인정되어야 하며, 셋째 정상적인 진행 속에서 계획된 것이 아니라 예외적인 기교와 지배 불가능한 상황은 우연이며, 이 우연인 침해방지원인은 위험범에서 책임을 조각하지 않으며, 오직 일반적으로 지배 가능한 침해방지수단만이 행위의 위험성을 배제할 수 있다고 한다.[382] 그러나 우연적 침해방지원인이 무엇이고 위험상황 자체가 무엇인지 명백하게 제시하지 못함으로써, 법익에 대한 구체적 위협이 아니라 행위자의 행위가 가지는 추상적 위험성이 처벌의 기초가 된다는 비판을 받고 있다.[383]

한편, 볼터는 호른의 위험개념에 대하여 규범적 측면에서 위험의 결과적 성격을 수정한다는 의미에서 자신의 이론을 수정된 규범적 위험론이라 부른다. 그는 행위의 객체에 대한 유해한 원인의 발생과

---

381) Demuth, a. a. O., S. 167.
382) Schünemann, Moderne Tendenzen, S. 796 f.
383) 정행철, 추상적 위험범, 10면.

결과를 방지하는 요소와 상황도 위험판단에서 함께 고려함으로써 데무트가 무시한 위험의 사실적 측면을 보완할 수 있다고 주장한다.[384]

이상 규범적 위험론자들의 설명을 종합하여 보면 위험이란 구체적 경험법칙에 의하여 법익의 침해원인사실이 존재하고 객관적인 관찰자의 입장에서 침해방지가 야기될 수 없는 우연이라고 인정되는 상태이다.

제2절 추상적 위험의 개념

1. 추상적 위험범의 2가지 위험개념

위에서 살펴본 형법의 전통적 위험개념은 구체적 위험범에서 말하는 구체적 위험개념이다. 구체적 위험개념에 대하여 추상적 위험범의 내용이 되는 추상적 위험이란 개념이 독자적으로 정립되어 있지는 않다. 학설은 일반적으로 구체적 위험범의 위험을 구성요건요소로 보는 데 비하여 추상적 위험범의 위험을 입법의 동기에 지나지 않는다고 본다. 그러나 입법의 이유라는 것은 입법의 내용은 아니므로 추상적 위험범의 적극적 개념요소가 될 수 없다.

그러면 왜 통설은 추상적 위험범에서 위험은 입법의 이유 내지

---

384) J. Wolter, Objektive und personale Zurechnung, 1981, S. 219.

동기라는 이유로 구성요건요소가 아니라고 하는 것일까? 이 물음에 대한 답은 위험이 구성요건요소가 아니라는 것이 무슨 뜻인가 하는 점을 먼저 밝혀야 가능하다.[385]

통설이 추상적 위험범의 본질로서의 위험을 입법의 동기라는 형태로만 추상적 위험범에 관련 지우는 것은 구성요건상 범죄의 내용으로 나타나는 위험은 구체적 위험범에서만 가능하다는 것을 전제하는 것이다. 따라서 위험범이 입법의 동기라고 할 때 위험개념은 구체적 위험범의 위험개념과 동일한 것이다.

그런데 통설은 또 다른 위험개념을 추상적 위험범의 내용으로 제시하는데 그것은 '추상적 위험' 또는 '일반적 위험'이다. 이것은 입법의 이유에 지나지 않는 위험과 다른 것인가? 만약 그것이 입법의 내용이라면 추상적 위험범을 구체적 위험범, 침해범과 구별 짓기 위해 위험을 입법의 동기라고 하는 설명은 불필요해진다.[386] 바로 추상적 위험을 내용으로 하는 범죄가 추상적 위험범이기 때문이다. 그리고 이렇게 입법의 내용, 즉 구성요건요소로 제시될 수 있는 위험만이 진정으로 추상적 위험범의 내용이 될 수 있다.

그렇다면 이 추상적 위험, 일반적 위험이란 어떠한 내용의 것인가?

우선 첫째로 명확한 것은 추상적 위험범이 구체적 위험범의 위험과는 다르다는 것이다. 그래야만 구체적 위험범의 고유성을 확보할 수 있는 것이다. 둘째, 추상적 · 일반적 위험은 법문상의 일정한 행위 속

---

385) 남궁호경, 위험범, 187면.
386) 위의 책, 188면.

에 포함된 위험이다. 법문상의 행위, 그 자체가 가지는 위험은 그러한 행위가 있으면 당연히 인정되는 것이며 따라서 개별적인 경우에 법관의 확인을 필요로 하지 않으며 반박될 수 없는 성질의 것이다.

그런데 과연 법문상의 행위 그 자체가 위험, 즉 법익의 침해가능성을 뜻할 수 있는가? 행위는 항상 부수상황을 가진 현실 속에서 이루어지며 이러한 현실 속에서의 행위만이 현실적인 법익침해가능성을 갖는다. 행위 그 자체의 위험성이란 법문상의 행위 이외의 상황에 대해서는 무관심하게 본 경우의 법익침해가능성을 뜻할 뿐이고 결코 현실을 떠난 그 무엇은 아니다.387) 일정한 행위가 법익침해의 법칙적 원인으로 경험되었을 것을 요건으로 하면서도 그 행위에서 법익침해의 필연성이 아니라 가능성, 개연성을 논할 수 있는 것은 이러한 행위 이외의 부수상황을 포함하는 현실의 다양성에 근거하는 것이다. 즉 법문상 규정된 행위의 위험성, 추상적·일반적 위험도 현실 속에서의 위험이다. 따라서 구체적 위험범의 위험은 보다 현실적이고 추상적 위험범의 위험범은 허구적이라는 생각은 잘못된 것이다.

따라서 통설이 구체적 위험범에서 위험이 의제되는 것이라고 하는 것은 추상적·일반적 위험(법문상 행위의 위험)을 뜻할 경우에는 부당한 것이며, 이때에는 구체적 위험범에서의 위험을 뜻할 때에만 통설의 개념체계에서 정합적 의미를 가질 수 있다.388)

---

387) 위의 책, 189면.
388) 위의 책, 190면.

2. 추상적 위험의 불법성

위에서 살펴본 추상적 위험개념의 핵심은 법문상의 행위만 있으면 일정한 부수상황을 추상한 현실을 바탕으로 일정한 법익침해가능성을 인정할 수 있다는 것이다. 그렇다면 이러한 추상적 법익침해가능성만으로 추상적 위험범의 실질적 불법은 인정될 수 있는가?

형법상의 결과반가치를 침해와 구체적 위험에만 인정하는 입장에서는 이러한 일반적·추상적 위험만으로는 불법을 인정할 수 없다. 그 결과 위험이 의제된다거나 추정된다는 무리한 이론구성을 통해 추상적 위험범을 구체적 위험범으로 만들게 된다.

다른 한편 극단적인 행위불법론에 서면 추상적 위험범의 실질적 불법은 소정의 행위의 수행만으로 인정될 수 있을 것이다. 그러나 극단적 행위불법론자인 칠린스키(Zielinski)조차도 행위의 반가치를 항상 "가치위배적인 결과의 의도"에서 찾듯이[389] 소정의 행위만으로 불법의 성립을 인정하는 것은 쉽지 않다. 왜냐하면 법익침해결과를 규정하지 않는 추상적 위험범 소정의 행위수행의사만으로 어떤 가치위배적인 목적을 가지고 있다고 보기는 어렵기 때문이다. 따라서 추상적 위험범에서 소정의 행위수행만으로 불법을 인정하는 것은 비판되어야 한다.

---

389) Zielinski, Handlungs - und Erfolgunwert, S. 124. 이 점은 Welzel도 마찬가지.

3. 일반적 위험으로서 추상적 위험

가. 일반적 위험설

추상적 위험을 일반적 위험으로 보는 견해(일반적 위험설)에 의하면 일정한 행위방식이 일반적으로나 유형적으로 법익침해로 이르러 가고 그리하여 일반적으로 非認되기 때문에 입법자는 이러한 행위방식을 금지하는 것이라고 본다.[390] 따라서 추상적 위험범에서 규정한 구성요건실행행위는 그것이 반드시 특정한 법익을 침해하거나 위태화하기 때문에 금지되는 것이 아니고, 그것이 상당한 빈도로 법익침해결과를 가져오는 행위그룹에 속하기 때문에 금지되는 것이다.[391] 구체적 위험범에서는 특정한 행위를 통한 특정한 결과의 야기가 개연적이었는가가 중요하지만 추상적 위험범에서는 추상적 위험행위의 금지를 통하여 상당한 빈도로 특정의 침해를 야기하는 행위방식을 저지하려는 목적을 가지고 있는 것이다. 따라서 구체적 사례안에서 하나의 행위가 특정의 결과를 야기했거나 야기하기에 적합하였는가 여부는 사소한 문제가 된다. 즉, 위험한 행위라고 모두 추상적 위험범에 포섭되는 것은 아니며, 그러한 행위그룹에 속한 행위만이 위험하다.[392]

---

390) S/S/Cramer, Vor §306 Rn 3; Schroeder, ZStW 1982 Beiheft, S. 3 ff.
391) Brehm, Dogmatik, S. 10; Kindhäuser, Gefährdung, S. 230.
392) Graul, Präsumtion, S. 144.

일반적으로 경찰범과 같은 형식으로 규정된 추상적 위험범에 관한 행위규범이 어떻게 정당화될 수 있는가 하는 문제를 제외한다면, 그것이 형법적 행위규범으로 정당화되기 위해서 일반적 위험성의 기준은 두 가지 심사를 거쳐야 한다. 첫째, 일반적 위험은 법적으로 행위의 금지에 대한 충분한 근거를 가지고 있어야 하고(불법심사), 둘째 이러한 기준을 통하여 정당화된 규범의 효력을 확보하기 위해 형벌을 요구하는가가 심사되어야 한다(보충성심사).[393]

일반적 위험설의 입장에서 볼 때 행위와 결과의 관계는 통계적 관계이다. 즉 개별사례에서 구체적 인과관계가 증명될 필요 없이 단지 통계적으로 기술 가능한 확률판단 내에 존재하기만 하면 된다. 이러한 통계적 개연성 판단은 구체적 사례에 대한 언급이 아니며 단지 그것이 구체적 사례에 타당할 수 있는 확실성의 정도를 나타낼 뿐이다. 다시 말해서 구체적인 사례에서 행위자의 행위는 반드시 법익의 침해를 야기하거나 그에 적합할 필요가 없다.[394]

이러한 일반적 위험설은 다음과 같은 문제점을 갖는다.

우선 수많은 경험영역 중에서 아주 드문 경우에만 침해를 야기하는 행위유형은 그 침해가 사람의 사망과 같이 중대한 것일지라도 추상적 위험범으로 받아들여질 수 없다.[395] 즉 추상적으로 위험한 행위는 그 통계적 침해의 빈도에 근거하여 금지되는 것이기 때문에 구체적 행위의 침해관련성을 입증할 수 없다. 즉 통계적 빈도에 근

---

393) Kindhäuser, Gefährdung, S. 230.
394) A. a. O., S. 231.
395) A. a. O., S. 234.

거한 가정으로부터 구체적 행위에 관한 판단을 도출할 수 없다. 이 것은 문제의 행위가 특정한 침해결과를 야기하지 않는 행위그룹에 속한다는 가정에서 출발해야 한다는 '의심스러울 때에는 피고인에 게 유리하게'의 원칙(in dubio pro reo)에 위배된다.

다음, 구체적 사례에서 행위의 무위험성이 증명되었음에도 불구하고 행위의 일반적 위험성만으로 처벌하는 것은 책임원칙에 반한다. 그렇다고 위험이 입증되지 않는 구체적 사례에서 제기되는 추상적 위험범의 문제점을 형벌조각사유의 승인을 통해서 해결할 수는 없다.[396] 왜냐하면 법익보호에 대한 모든 구성적 표지는 불법에 귀속 되어야 한다는 원칙에 반하기 때문이다.[397]

나. 추상적 위험설(추정설)

일반적 위험설이 갖는 위와 같은 문제점 때문에 추상적 위험설은 추상적 위험범에서 입법자에 의하여 위험이 추정된 것으로 본다.[398] 왜냐하면 법익침해 내지 위태화는 모든 범죄의 본질적 요건이고[399] 추상적 위험구성요건에서도 어떤 식으로든 이러한 위험(결과)은 인 정되어야 하기 때문이다.

---

396) 처음에 Baumann, DAR 1962, 99 f에서 입법론적으로 제안되었고 최근 에 Graul, Präsumtion, S. 352 ff은 해석론으로 이 견해를 제기하였다.

397) Wolter, Objektive und personale Zurechnung, S. 283.

398) Baumann/Weber, AT, S. 135; Schmidhäuser, AT, S. 254 f; Wessels, AT, S. 6.

399) Graul, Präsumtion, S. 151 f.

그러나 추정된 인과적 영역은 비정상적인 것이어서는 안 되며 행위자는 이러한 행위조건이 놓여 있음을 항상 고려하여야 한다. 추상적 위험범의 이러한 해석은 현주건조물의 방화가 필수적 인과영역의 일반조건 내에 있을 때, 즉 그 안에 사람이 보통 살고 있을 때에만 침해관련적 행위가 되는 독일형법 제306조의 중방화를 고려한다면 적절한 것일 수 있다. 그러나 이러한 일반조건이 충족되지 않는다면 침해결과는 배제되고 그 행위도 침해와 관련될 수 없다.

이러한 추상적 위험설 내지 추정설은 추상적 위험범을 구체적 위험결과범 내지 구체적 위태화범으로 변질시키고 이로 인하여 '의심스러울 때에는 피고인에게 유리하게'(in dubio pro reo) 원칙과 자유심증주의(Der Grundsatz der freien Beweiswürdigung: 형사소송법 제308조, 독일 형사소송법 제261조)[400]와의 모순을 피할 수 없다. 즉 법률적으로 추정된 위험은 위험의 존재에 관한 법관의 자유로운 심증형성을 가로막는다. 더구나 법률상 추정의 반증을 위해서는 반대사실의 완전한 증명이 필요하다. 반대사실의 진정한 가능성 또는 압도적 개연성[401]으로는 충분하지 않다.[402] 우리 학설도 법률상의

---

400) 이에 대립되는 개념으로 법정증거주의(Prinzip der gesetzlichen Beweisregeln)는 일정한 증거가 있으면 반드시 유죄로 인정하여야 하고(적극적 법정증거주의), 일정한 증거가 없으면 유죄로 할 수 없도록 하여(소극적 법정증거주의) 증거에 대한 증명력의 평가에 법률적 제약을 가하는 것을 말한다. 배종대/이상돈, 형사소송법, 571면; 이재상, 형사소송법, 465면.
401) Zöllner/Stepahn, ZPO, §292 Rn. 2; Henckel, FS‑Eb. Schmidt, S. 578.

추정을 인정하는 것은 실체진실주의와 자유심증주의에 반할 뿐만 아니라 무죄추정의 법리에도 어긋나기 때문에 형사소송에서는 이를 인정할 수 없다고 한다.[403)

다. 소결

여기서 우리는 법익침해의 위험이 위험범의 처벌대상으로 되는 것은 과연 어떠한 의미를 갖는가를 심사숙고해야 한다. 침해범에서 법익침해를 처벌의 대상으로 함으로써 법익침해의 발생의 방지를 목적으로 하듯이 위험범에서는 위험을 처벌의 대상으로 함으로써 위험발생의 방지를 목적으로 하고 있다. 즉 위험범에서는 법익침해에 이르지 않은 위험 자체를 대상으로 함으로써 침해 이전 단계에

---

402) Rosenberg, Die Beweislast, §14 I 4. 이러한 점에서 법률상 추정은 사실상 추정과 구별된다. 왜냐하면 사실상의 추정을 반박하기 위해서는 단순한 반대증명(bloße Gegenbeweis)으로 족하지만, 법률상의 추정은 일단 반증을 허용하지 않기 때문이다. 법률상 추정과 사실상 추정의 또 다른 차이점은 후자는 법관이 경험칙에 근거하여 자유롭게 사실의 존재에 대해 결론을 내릴 수 있지만, 전자의 경우에는 법률이 추정의 출발점을 상세히 규정하고 사실의 존재에 대한 결론에 대해서도 법관을 구속하고 있다는 점이다.

403) 이재상, 형사소송법, 458면. 그러나 독일에서는 추상적 위험을 법률상 추정으로 보는 견해가 있고 첫째 법률상 추정은 그 추정의 기초가 구성요건 외적 사실에 대해서 존재할 때에만 성립할 수 있는가, 둘째 법률상 추정에서도 형사소송법상 증거법칙이 적용되는가에 대해서는 의견이 나뉘고 있다.

서 형법의 개입을 허용하고 법익을 침해범에서보다 두텁게 보호하려고 의도한다. 이러한 의미에서 위험범의 처벌근거인 법익침해의 위험은 법익보호를 위해 그 발생이 방지되어야 할 외계에 생성되는 결과라고 해석되어야 할 것이다. 즉 추상적 위험범에서의 위험은 구체적 위험범에서의 위험개념과 다르지 않으며 현재 우리의 인식능력으로는 법익침해의 가능성의 다소로써 구분할 수 없다.

위험을 행위와 구분되는 결과개념으로서 파악한다면 그 판단은 논리적으로는 침해범의 경우와 마찬가지로 행위와 구별하여 내려져야 할 것이다. 예를 들어 행위가 있어도 위험이라는 결과가 발생하지 않았을 때에는 당해 위험범은 아직 성립하지 않는 것이다. 오늘날 법문상 위험의 발생을 요구하는 구체적 위험범은 결과범이고[404] 그 처벌근거인 구체적 위험도 결과라고 일반적으로 인정되고 있다.[405] 마찬가지로 추상적 위험범의 처벌근거인 추상적 위험에 대해서도 위험의 내용이 추상적이기는 하지만 똑같이 해석해야 한다.

---

404) 행위 외에 일정의 결과가 구성요건요소로 되는 범죄를 결과범이라고 한다는 것은 앞에서 기술한 바와 같다.
405) Lackner, Das konkrete Gefährdungsdelikte, S. 7.

제3절 위험의 추정과 반증의 허용

1. 위험의 추정

앞에서 보았듯이 일정한 행위그룹에 속한 행위는 무조건 행위의 위험성이 입증되었다고 보는 일반적 위험성의 이론과 달리 추상적 위험성의 이론 내지 추정설은 행위의 위험성까지 구체적 사례에서 결할 수 있다는 고찰로부터 출발하여 오히려 위험결과 또는 행위의 위험성의 추정을 개별 사례에서 필요한 것으로 전제한다. 왜냐하면 단순한 금지위반 또는 명령위반의 위협, 달리 표현하면 "법익세계에 구체적으로 영향을 미치지 않는 단순한 불복종"[406]을 형벌로써 위협하기 위해서는 추정 또는 의제를 통하여서만 가능하다고 보기 때문이다.

이 입장은 원칙적으로 구체적 위험범에서의 구체적 위험이란 요건과 추상적 위험범에서 구체적 위험의 불요성 사이의 차이점을 증명 요부에 의하여 설명하려고 한다. 법익의 위태화는 종종 증명하기 힘들고 입법자는 일정하게 위험한 행위를 통하여 위험을 추정하기 때문에 이것이 구체적 위험이 아닌 추상적 위험이 된다는 것이다.[407]

문헌에서 논의되기 이전에 제일 처음 이러한 추정론이 등장한 것

---

406) Rabl, Gefährdungsvorsatz, S. 19 f.
407) Binding, Die Nornen I, S. 381 Fn 26.

은 1858년의 독일의 프로이센 고등법원 판결이며, 이후 핑거, 프랑크, 베르너, 움하우어, 헨켈 등이 주장하였다. 그러나 추정이 갖는 여러 가지 문제점 때문에 현재 독일에서 주장하는 학자는 없는 것으로 보인다.

가. 프로이센 고등법원의 판결

프로이센 고등법원 판결(1858년)은 프로이센 형법의 방화죄와 관련하여 이들 규정은 그 속성상 사람 또는 재산에 대한 위험을 추정하고 있다는 것이 명백하다고 판시하였다.[408] 이로써 프로이센 고등법원이 위험추정과 그에 상응하는 고의추정을 현실적으로 요구하였는가는 분명하지 않다. 그러나 이 판결은

"행위자의 고의는 물건의 방화에 지향되어야 하지만 그것이 반드시 직접적이어야 하는 것은 아니며—다시 말해서 사람의 죽음과 같은 결과가 이를 통하여 초래되어야 하는 것은 아니며—결과에 대한 위험이 명백한 것으로서 법률이 전제하면 족하다. 결과와 관련하여 법률은 이미 행위자의 간접적 고의를 처벌하고 있는 것이다. 따라서 행위자의 방화를 통하여 현주건조물 내의 사람이 죽었으면 프로이센 형법 제285조가 정한 법률효과로서 사형은 정당한 것으로 주어진다. 그가 반드시 사람을 죽이려는 고의를 가지고 있어야 하는 것은 아니다."[409]

---

408) GA 6(1858), 307(336 ff).

고 판시하고 있다. 이것으로 미루어 이 판결은 법률에 의하여 추정된 사람의 생명에 대한 위험으로부터 행위자의 위험인식을 끌어낼 수 있으며, 이로부터 다시 사망결과를 포함한 행위자의 간접적 고의를 도출할 수 있다고 보았던 것이다.

나. 핑거

핑거(Finger)는 자신의 단행논문인 『위험의 개념과 형법에의 적용』(1889년)[410]에서 추상적 위험범의 일부와 관련하여 추정설을 주장하였다. 그는 위험이 중요한 역할을 하는 '가벌적 구성요건들'을 3가지 범주로 분류하였다.[411] 단순한 행위금지와 효과금지(여기에서는 보호법익에 대한 구체적 위험이 구성요건표지가 된다), 그리고 효과금지는 다시 보호법익에 대한 구체적 위험이 구성요건표지가 되는 진정 위험범과 그렇지 않은 부진정 위험범으로 구분된다.[412]

그에 따르면 과속금지와 같은 단순한 행위금지에서는 구체적 위험이 구성요건표지가 아니다.[413] 여기서 당해 행위가 법익을 위태화하였는가 여부는 전혀 중요하지 않다. 오히려 이러한 금지의 근저에 놓여 있는 입법자의 생각(즉 어떠한 행위방식은 종종 매우 위험

---

409) A. a. O. S. 337.
410) Der Begriff der Gefahr und seine Anwendung im Strafrecht.
411) Finger, Der Begriff der Gefahr S. 40.
412) A. a. O. S. 41.
413) A. a. O. S. 46.

하다)은 여기서 단지 입법자의 동기일 뿐이며 규범에 위반되었다는 가벌적 행위의 표지로는 고양되지 못한 것이다.[414]

핑거는 계속해서 입법자는 자신의 금지입법이 일련의 위험하지 않은 행위들까지 확장되리라는 것을 알고 있음에도 그중에서 많은 경우가 위험한 것으로 고찰되고 금지를 통한 예외 없는 처벌이 결코 불이익을 가져오지는 않기 때문에 이러한 행위들을 일반적으로 금지하는 것이라고 본다.[415]

이렇게 위험이란 표지는 구체적 사례에서 증명될 필요가 없으며 법률에 의하여 자세히 규정된 상황의 존재로서 위험의 존재를 추정하는 부진정 위험범과는 달리 구체적 위험이 구성요건표지가 되는 구체적 위험범의 경우에는 사정이 전혀 다르다.[416]

핑거는 계속해서 형법상의 가벌적 행위는 단순한 명령 및 금지위반과 위험이 개별적 규범위반의 구성요건표지가 되는 위험범으로 구분되는데 전자는 단순히 행위 때문이 아니라 규범의 효력을 파괴하기 때문에 가벌적인 것이며, 후자는 규범효력의 침해위험성 때문에 가벌적인 것이다. 가벌적인 규범위반은 다시 두 종류로 나뉜다. 위험이 구성요건표지로 되며 주어진 사례에서 위험이 존재할 것과 당해 구성요건의 귀속의 전제가 되는 위험의 존재가 구체적 상황의 존재에 의하여 추정되는 위험범이다.[417]

---

414) A. a. O. S. 45.
415) A. a. O. S. 45.
416) A. a. O. S. 40.
417) A. a. O. S. 46.

핑거는 계속해서 "법관은 법규에 의하여 자세히 규정되고 위험한 것으로 인정된 행위를 한 행위자가 실제로 이러한 행위를 통하여 구체적 위험을 야기하였는가 하는 문제에 대한 답을 '그러한 행위를 한 자는 위험을 발생시킨 것이다'라고 의제함으로써 회피한 것이다"[418]라고 설명한다.

그러나 다른 추정론자들과 달리 핑거는 객관적 구성요건안에 법적으로 반증할 수 없도록 추정된 위험이 주관적 측면에서도 발견되어야 한다고 하여[419] "위험의 야기를 원하지 않은 행위자가 그것이 금지되어 있다는 것을 알지 못했다면 주관적 요건의 흠결로 인하여 규범위반은 그에게 귀속될 수 없다"[420]고 주장한다.

다. 프랑크

경찰범이 형사범으로서 추상적 위험범과 어떻게 구분될 수 있을 것인가 하는 문제는 프랑크(Frank)에 의하여 제기되었다.[421]

"경찰범과 추상적 위험범의 개념적 차이는 존재하지 않는다.[422] 그러나 입법의 차원에서는 그 구분이 가능하다. 즉 추상적 위험범에서는 위험의 발생이 반증할 수 없도록 추정된 구성요건표지이지만

---

418) A. a. O. S. 52 - 53.
419) A. a. O. S. 61 ff.
420) A. a. O. S. 64.
421) Frank, Studien zum Polizeistrafrechte S. 17 - 20.
422) A. a. O. S. 18.

경찰범에서는 위험의 가능성이 단지 처벌의 동기일 뿐이다."[423]

그러나 위험이 추정된 구성요건표지라는 설명은 존재할 수 없다. 법적인 추정은 추상적인 법률요건에 대한 추정이 아니라 구체적 행위상황의 존재에 대한 추정이기 때문이다. 이러한 반론에 직면하여 프랑크는 형사범으로서 추상적 위험범은 구성요건적으로 반증할 수 없는 추정된 위험을 통하여 경찰범 내지 행정범과 구분된다고 설명한다.

라. 베르너

베르너(Berner)는 추상적 위험에 대해 "법률은 일정한 행위, 예를 들어 방화죄에서의 위험을 추정할 수 있다. 추정된 위험은 추상적 위험이다"[424]라고 설명하면서 위험의 추정에 대해 다음과 같이 비판한다.

> 형법에서의 추정은 종종 정의의 침해로 이르러 갈 수 있다. ……15년 이하의 징역은 아무도 없는 추운 들판의 한 농가에 대한 고의의 방화에 대해 적절한 형벌이 아니다. 방화 전에 행위자는 그 초가가 비어 있음을 확인했기 때문이다.

그러나 위험추정이 그에 상응하는 고의추정에 의하여 보완되어야

---

423) A. a. O. S. 19.
424) Berner, Lehrbuch des Deutschen Strafrechts, S. 633.

하는가에 대해서 베르너는 "법률에 의하여 요구되는 방화대상에 대해서는 …… 방화의 고의가 필요하다. 그러나 그것은 단순한 방화로 족하지 사람의 생명 또는 재산에 대한 위험까지 요구하는 것은 아니다. 양형에 있어서 이 점은 무엇보다 중요하다. 추정은 구성요건에 대해서만 타당하다"[425]고 하여 추정이 구성요건에 한한 것임을 분명히 하고 있고 고의를 책임표지로 파악하고 있음을 보여준다.

베르너는 추상적 위험범에서 행위자가 위험에 관해 고의를 갖지 않았음을 구체적으로 증명할 수 있을 때에도 처벌된다는 점에서 베르너는 객관적 구성요건과 주관적 구성요건의 괴리를 보았던 것이다.

마. 움하우어

위험추정론의 또 다른 추종자는 움하우어(Umhauer)인데 그는 프랑크가 앞에서 시도했듯이 형사범으로서 추상적 위험범을 단지 추상적으로 위험할 뿐인 경찰범과 구분하려 하였다. 그러나 움하우어는 프랑크와 달리 추정된 위험에 상응하는 주관적 측면을 요구하였다. 흥미롭게도 그는 핑거와 마찬가지로 추상적 위험구성요건의 실현은 반드시 보호법익의 가능한 위태화를 포함하는 과실을 의미한다고 보았다. 그는 다음과 같이 설명한다.

추상적 위험의 증명을 요하는 범죄의 수는 추상적 경찰위험범에 비하여 매우 적다. 그러나 이러한 형사범은 경찰범과는 그 경찰적

---

425) A. a. O. S. 640.

목적의 흠결을 통하여 구분되는 형사범의 한 종류이다. 즉 이것은 가장된 구체적 위험범(verkappte konkrete Gefährdungsdelikte)이다. 이 경우 형벌로 위협되는 행위가 범죄적 결과를 가져오리라는 것이 매우 확실해서 입법자는 그 확실성에 대해 별 고려를 하지 않았고 의식적으로 고려하지 않았던 것이다. …… 주관적 인과성, 즉 위험한 결과에 대한 행위자의 의사방향에 대한 표면상의 간과는 행위가 결과와 매우 밀접한 관계에 있어 결과가 행위자에 의하여 어떠한 상황에서도 간과될 수 없고 최소한 과실의 책임을 행위자가 지기 때문에 중요하지 않다. 여기서는 단지 물건에 대한 방화가 중요할 뿐이다. 추상적 위험범에서는 구체적 결과의 발생이 법률에 의하여 반증 불가능할 정도로 추정되는 데 비하여 경찰범은 구체적 위험의 존재 내지 부존재를 무시한다. 이것이 바로 차이점이다.426)

그러나 특정한 추상적 위험구성요건이 형사불법 내지 경찰불법에 대하여 어떻게 귀속될 수 있는가에 대한 명확하고 확실한 답변은 움하우어의 위험범에 대한 설명에서도 나타나지 않는다. 또한 형사범을 경찰범으로부터 구분하는 데 주어진 기준도 명확하지 않다.

바. 헹켈

헹켈(Henckel, 1930년)은 위험개념이 사용되는 범죄를 3분 하였는데 구체적 위험범, 추상적 위험범, 그리고 부진정 위험범

---

426) Umhauer, Beitrag, S. 54.

(uneigentliche Gefährdungsdelikte)이 그것이다. 추상적 위험범에서는 단순한 불복종과 경찰불법을 처벌하는데 이러한 추상적 위험범에서는 도로에서의 과속(독일구형법 제366조) 등과 같은 대량행위가 문제 되고 앞에서 언급한 일반적 위험성(위험동기이론)이 그 기초가 된다.427) 이러한 (진정) 추상적 위험범에 대해서는 부진정 위험범이 대립하는데 독일형법 제306조의 중방화죄가 대표적인 예가 된다.428)

프랑크와 같이 경찰불법과 형사불법의 실질적 차이를 부정하는 헹켈429)은 두 그룹의 공통점을 구성요건의 형식에서 찾았다. 즉 두 그룹 모두 그 처벌은 위험에 대한 고려 없이 행위 자체에 연결되어 있다고 본 것이다. 즉 위험이 구성요건표지가 아니고 단지 입법적 동기일 뿐이라는 것이다. 그러나 부진정 위험범인 방화죄에서의 구성요건 형성의 근거는 추상적 위험범에서와는 다른데 방화죄는 대량범죄가 아니고 구체적 사례에서의 위험의 증명이 불가능한 것이 아니라 형벌의 중함 때문에 증명되어야 하는 것이다.430) 헹켈에 의하면 방화죄에서 위험은 단순한 형벌위협의 동기가 아니라 의제된(fingiertes) 구성요건표지이다.431)

---

427) Henckel, Gefahrbegriff im Strafrecht, S. 60 ff.
428) A. a. O., S. 71.
429) A. a. O., S. 66, 67, 68.
430) A. a. O., S. 73.
431) Graul, Präsumtion, S. 183.

2. 위험의 추정(의제)에 대한 비판

위에서 서술한 추상적 위험설 내지 추정설에 대해서는 전후 독일에서 많은 비판이 가하여졌다. 즉 추상적 위험범에서는 위험이 발생하지 않았을 때에도 위험의 발생을 의제함으로써 범죄의 성립을 긍정하는 것은 부당하다는 것이다. 여기서 비판의 초점은 위험의 추정 내지 의제이다.

예를 들면 울만(Ulmann)은 "추상적 위험을 방화죄의 규정의 지도적 원리로 보는 입장의 귀결은 노골적 위하경향"[432)]이며 위험이 의제된 추상적 위험범이라는 개념의 문제점을 지적하였다.

물론 오늘날과 같이 다양한 위험원이 사회 곳곳에 도사리고 있는 시대에 법질서는 침해·(구체적)위험의 처벌에 의한 재의 직접적 보호만으로는 만족할 수 없고 법익침해 전 단계의 보호를 염두에 두지 않을 수 없다. 예를 들면 형법에 의해 환경을 보호하기 위해서는 다음과 같은 이유에서 구체적 위험의 발생을 범죄의 성립요건으로 요구하는 것은 타당하지 않다는 지적이 있다.[433)] i) 문제가 되는 물질의 유해성, 피해와의 인과관계가 명확하지 않거나 입증이 곤란하다. ii) 책임(고의, 과실)의 입증이 곤란하다. iii) 구체적 위험의 발생의 유무가 우연에 의하는 경우가 많기 때문에 책임주의에 반한

---

432) Ulmann, Lehre, S. 592.
433) Armin Kaufmann, Contergan‐Verfahren, S. 575; Backes, Umwelt-strafrecht, S. 339 f.

다. iv) 구체적 위험의 발생을 기다려 형법이 개입하면 때가 늦는다.

또 다음과 같은 아펠(Appel)의 비판도 마찬가지 취지의 것이라 할 수 있다. 추상적 위험범의 규정에 의해 처벌되는 행위는 통상 위험하지만 구체적 경우에 법익침해의 발생이 불가능한 경우도 있다. 이 경우의 가벌성을 일반적 위험에 의해 정당화할 수 있을 것인가. 여기에서는 위험을 입증하는 곤란의 해소라는 이익과 위험하지 않은 행위가 처벌된다는 불이익이 충돌하며, 이 경우 불이익이 중대하지 않다고 말할 수는 없다. 따라서 입법론으로서는 위험의 인정을 필요로 하는 진정위험범(구체적 위험범)으로 되어야 할 것이다. 경찰위반에서도 구체적 경우에 위험하지 않은 행위는 처벌되지만, 여기에서 부과되는 형은 가볍기 때문에 구체적으로는 부당하면서도 비교적 용인될 수 있다.434)

이상과 같이 위험발생을 의제함으로써 가벌성을 긍정하는 것에 대한 비판은 위의 견해에서도 분명해지듯이 추상적 위험범의 형식을 채용하는 실정법상의 모든 범죄에 향하여졌던 것은 아니다. 즉 경찰범, 경찰위반이라는 경미한 범죄는 비판의 대상으로부터 제외된 경우가 많다.

이상의 비판론은 추상적 위험범이 위험의 발생을 의제하여 처벌하는 것을 비판하는 것이다. 따라서 이러한 논의를 검토하기에 앞서 우선 이 의제된 위험이라는 사고방식 자체에 대해서 약간의 검토를 할 필요가 있을 것이다.

---

434) Appel, Verbrechen der Gefährdung, S. 27–31.

결론부터 서술하자면 위험의 추정 내지 의제라는 사고는 분명히 문제가 있다고 생각된다. 일반적으로 형법이 일정의 사태(법익침해 및 그 위험)를 발생시키는 행위를 범죄로 처벌하는 것은 그로 인해 일정한 사태가 발생하는 것을 방지하려는 데 있다. 따라서 범죄의 성립을 인정하기 위해서는 당해규정이 그 발생을 방지하려고 하는 사태가 실제로 발생할 것이 필요하다. 이러한 범죄의 성립을 기초지우는 사태가 범죄의 처벌근거이다. 이러한 처벌근거는 어떤 행위를 처벌하는 규정을 정립하는 경우에 인정될 필요가 있을 뿐만 아니라, 구체적인 행위자를 그 구체적 행위에 대해서 처벌하는 경우에도 현실적으로 인정될 필요가 있다. 위험의 의제라는 사고방식은 이러한 관점에서 볼 때 범죄의 구체적인 성립이 현실적으로 기초 지워지지 않았음에도 불구하고 범죄의 성립을 인정하는 것이다.[435]

이것을 전제로 비판론의 당부를 검토할 경우에 문제가 되는 것은 추상적 위험범의 처벌근거인 위험의 내용이다. 이것은 위험의 내용의 이해에 따라서는 법문상 규정된 행위가 행하여짐으로써 처벌근거가 되는 위험이 발생하였고 위험은 의제되지 않았다고 생각할 수 있기 때문이다. 이것은 앞의 의제비판론이 그 비판을 반드시 추상적 위험범이라고 불리는 모든 범죄에까지 확대하지 않았다는 점에서 분명해진다. 따라서 추상적 위험범에 대한 비판론의 당부를 검토함에 있어서는 처벌근거인 위험의 내용을 명확히 할 필요가 있다.

---

435) 역시 의제에 대해서는 Henkel, Die 'Praesumtio Doli' im Starfrecht, S. 578 ff.

만약 위험범의 처벌근거인 위험을 구체적 위험밖에 없다고 보는 입장에 선다면 추상적 위험범도 실은 구체적 위험범에 다름 아니라고 해석할 수 있지만 법률은 법문상 위험의 발생을 요구하는 구체적 위험범과 그렇지 않은 추상적 위험범을 명확히 구분하여 규정하고 있는 이상 이러한 해석론은 곤란한 것으로 보인다.436)

그러나 사실 구체적 위험성과 구별되는 독자적인 추상적 위험의 내용은 그것이 일반적 위험이라는 것, 즉 많은 경우 법익침해로 이르러 갈 수 있다는 개연성 판단이라는 것 외에 아직 밝혀진 것이 없다. 이렇게 추상적 위험의 내용을 적극적으로 정의할 수 없다면 위험불발생의 반증을 허용함으로써 위험발생을 의제한다는 비난을 피해갈 수밖에 없다.

3. 반증의 허용문제

가. 반증허용설

(1) 라블의 견해

법문상 규정된 행위가 행하여졌을 때 늘 추상적 위험범의 처벌근

---

436) 울만, 헨켈 등은 추상적 위험범을 경미한 위험을 처벌근거로 하여 경한 법정형을 정하는 것에 한정하고 중한 법정형을 정하는 규정은 위험의 발생을 법문상 요구함으로써 구체적 위험범화할 것을 제안하고 있다. 앞의 주 참조.

거가 되는 추상적 위험은 발생하는 것인가. 이 물음을 소극적으로 해석하는 것이 추상적 위험범에서 위험을 추정이라고 보는 견해이다. 이 견해는 추상적 위험범에서의 위험이 법문상 규정된 행위가 행하여졌을 때 발생하였다고 추정하는 것에 지나지 않는 것이고 구체적 경우 위험이 발생하지 않았을 때에는 반증을 허용함으로써 범죄의 성립을 부정해야 한다고 한다.

이러한 견해는 이미 찜멀(Zimmerl)[437]에 의해 시사되었고, 라블(Rabl)에 의하여 명확히 주장되었다. 즉 라블에 의하면 모든 구성요건에서 결과는 필요하다. 범죄는 "모든 법적으로 보호되는 이익에의 실질적 공격이고 이것은 순수불복종이라고 하는 범죄에서도 예외는 아니라고 한다."[438]

"모든 위험범에서 가벌성을 긍정하기 위해서는 소송에서 행위자의 태도의 위험성이 확정되어야 한다. 예를 들면 이른바 '추상적' 위험범과 같이 결과에 대해서 법문상 명시하지 않았다고 하여도 실행행위의 단순한 실현을 확인하는 것으로는 충분하다고 말할 수 없다. 여기서는 순수불복종으로서의 처벌이 .... 많은 사례에서 '즐거운 부활'을 보게 된다. 이것은 기본적으로 부정되지 않으면 안 된다."[439]

"모든 위험범에서 예외 없이 결과는 입법자에 의해 추정된다. 이 추정은 소송에서 증명되는 것이 필요하고 반증이 가능하다. ……

---

437) Zimmerl, Aufbau des Strafrechtssystems, S. 70, 76. 찜멀은 입증책임의 전환—피고인이 위험불발생의 입증책임을 진다—를 도입한다.
438) Rabl, Der Gefährudungsvorsatz, S. 15 f.
439) A. a. O., S. 20.

위험결과가 입법자에 의해 의제되는 범죄유형이라는 사고방식은 부정되어야 할 것이다. 왜냐하면 그로 인해 어떤 경우에는 객관적으로 전혀 해가 없는 태도를 처벌할 수 있기 때문이다. …… 구체적 위험이 없는 경우에는 '추상적' 위험도 결코 존재한다고 할 수 없는 것이다."440)

라블은 범죄행위를 3단계로 나눈다. 첫 단계로서 주어진 상태(der gegebene Zustand)가 존재한다. 여기서 주어진 상태란 행위자가 행위에 앞서 목전에서 발견하는 시공적으로 존재하는 상태를 의미한다. 둘째 단계는 작위나 부작위의 형식에 의한 행위자의 행위이다. 이 행위에 마지막 단계로서 결과가 연결된다. 결과는 행위에 기능적인 관계에 서고 그 내용은 항상 침해나 위험이다.441) 라블은 이러한 범죄행위의 3단계론을 침해범의 경우는 물론 위험범의 경우까지 적용한다. 그는 구체적 위험범의 경우뿐만 아니라 추상적 위험범의 경우까지 확대시켜 이 구조를 일반화시킨다. 따라서 추상적 위험범의 경우에도 위험이 결과로서 예외 없이 요구되며 이러한 의미의 결과가 없는 경우에는 구성요건적 행위가 있다 하더라도 '구성요건의 흠결'(Mangel am Tatbestand)이 인정된다.442) 즉 결과를 구성요건의 일부로 본 것이다.

---

440) A. a. O., S. 20 – 21.
441) Rabl, Der Gefährdungsvorsatz, S. 9 – 10. 라블에게서 결과란 단순한 거동까지 포함하는 넓은 의미가 아니라 행위에 의해 야기된 외계의 실재적 변화이다. S. 15 f.
442) A. a. O., S. 15 ff.; 남궁호경, 위험범, 145 – 6면.

이렇게 라블은 추상적 위험범에서도 추정의 효력을 완화시켜 반증을 허용해야 된다는 결론에 이른다. "모든 위험범에 있어서는 예외 없이 결과는 입법자에 의하여 추정된다. 이 추정은 소송에 있어서 입증이 필요하고 반증될 수 있다."[443] 그리고 소송에서 구체적 위험성의 확정은 일반화된 구성요건적 행위서술의 의미에서 위험행위가 존재하는가를 물음으로써 이루어지는 것이 아니라 현실적 사례 가운데 그 행위가 실제적으로 법익침해의 가능성을 가지고 있었는가에 대한 물음을 통하여 이루어진다고 한다.[444] 즉 행위의 일반적 위험성이 아닌 실제 사례에서의 행위의 구체적 위험성을 통해서 가벌성이 확정된다는 것이다.

이러한 라블의 입장은 다양한 생활현상을 명확하고 실용적인 틀 안에 잡아야 하는 입법자의 입장과 단지 현실적 침해가능성만을 생각하는 행위자의 입장을 모두 고려해야 하는 데서 나오는 고심의 결론이다. 즉 입법자의 경우에는 여러 종류의 인간행위는 그것이 수행될 경우 일정한 법익들에 대해서 위험을 뜻한다고 생각하지만, 일반인들은 구체적인 경우에 존재하지 않는 위험은 추상적으로도 존재하지 않는다고 보기 때문이다.

(2) 비판

라블은 철저한 결과불법일원론의 입장을 취하고 있다. 구체적 위

---

443) A. a. O., S. 21.
444) A. a. O. S. 22.

험을 하나의 결과로 이해할 수는 있지만, 구체적 위험을 행위와 구별되는 외적 변화 내지 객관적인 상태로서 파악한다면 왜 침해의 경우와는 달리 사전적으로(ex－ante) 판단되어야 하는지 이해하기 어렵다. 객관적인 상태의 확인은 유무의 문제로서 당연히 사후에 알게 된 사정까지 고려하여 판단되어야 할 것이다. 그렇지 아니하고 사전에 인식된 사정 내지 인식할 수 있었던 사정만을 토대로 한다면 그것은 객관적 상태의 유무를 확인하는 것이 아니고 일정한 규범적 평가를 내포하는 것으로서 라블의 순수한 자연주의적 결과불법일원론과 모순되는 것이다.445)

또한 반증을 허용한다고 해도 위험의 추정이론은 "의심스러울 때에는 피고인의 이익으로"(in dubio pro reo)의 원칙에 반한다. 왜냐하면 구체적 위험의 존재를 일단 추정하고 반증된 경우에만 범죄불성립을 인정하기 때문이다. '의심스러울 때에는 피고인에게 유리하게'의 원칙을 넓은 의미로 이해할 때에는 범죄성립요소에 대한 입증의 필요성을 포함한다. 그렇다면 범죄성립요건인 위험은 추정될 수 없고 입증이 필요하다. 또한 좁은 의미에서 보아도 라블의 견해는 증거가 불확실한 경우에는 일응 위험이 존재하는 것으로 보는 것이 되므로 이 원칙에 반하는 것이다.

설사 '의심스러울 때에는 피고인에게 유리하게'라는 원칙에 대해 부분적인 예외를 인정한다고 하여도 대부분의 형법상의 추상적 위험범은 피고인의 부담으로 돌리기에는 너무 무거운 형을 규정하고

---

445) 남궁호경, 위험범, 148면.

있다.446)

나아가 라블의 견해는 추상적 위험범의 해석론으로서도 적절하지 못하다. 라블은 추상적 위험범과 구체적 위험범의 구별을 인정하지 않고 추상적 위험범을 완전히 구체적 위험범화시키고자 하는데, 이 것은 해석론으로서 무리한 것이 아닌가 한다. 법문상 위험의 발생을 요구하는 구체적 위험범과는 달리 추상적 위험범을 규정한 입법자의 의도는 일정한 행위의 규제에 있음이 명백하고 이러한 입법자의 의도는 존중될 가치가 있다.

결론적으로 추상적 위험범을 제한적으로 해석할 필요가 있다고 하여도 구체적 위험범화까지 나아가서는 안 된다고 할 수 있다.447) 단지 추상적 위험범에서 생기는 난점들을 극복하기 위해 일정한 정도에서 추상적 위험을 구체화시킬 필요는 있다고 할 것이다. 그러나 그 구체화가 구체적 위험범의 '결과로서의 위험'에까지 나아가서는 안 된다.

나. 부분허용설(슈뢰더)

슈뢰더(Schröder)는 라블의 견해의 맥을 이어서, 그러나 라블처럼 모든 추상적 위험범에서가 아니라 일부의 추상적 위험범에서 반증을 허용함으로써 추상적 위험범의 문제점을 해결하고자 하였다.

---

446) Brehm, a. a. O., S. 70.
447) 남궁호경, 위험범, 150면.

슈뢰더는 입법자가 일정한 종류의 행위에 의해 전형적으로 보호법익에 대한 위험이 증가되는 경향이 있을 때에 오로지 그러한 이유만으로 그 행위의 처벌을 정당화할 수 있음을 인정한다. 이것은 특히 마약류의 거래나 무기소지, 도로교통법 위반 등과 같이 행위로부터 초래되는 위험이 간과될 수 없는 경우 분명하다고 한다. 또한 입증의 어려움이 그 규정의 실용성을 해칠 경우에도 추상적 위험범은 필요하다고 본다.448)

그러나 슈뢰더는 법률이 파악하고 있는 위험이 처음부터 그 방향이나 형성이 구체적으로 확정되어 있는 경우에는 그 위험의 추정은 의문시 된다고 주장한다. 그 예로서 그는 중방화죄(독일형법 제306조)의 규정을 들면서 방화죄의 처벌근거는 범행을 통하여 초래된 인명의 위태화이고 이것은 법관에게 그 확정이 위임된 것이 아니라 법적으로 추정되어 있다고 한다. 그러나 슈뢰더에 의하면 중방화의 경우에 입증상의 난점이 반드시 크다고 할 수는 없으며 개별적인 경우에 위험성에 대한 반증을 법원이 금지할 수는 없다고 한다.449) 이에 대하여 앞에서 예로 든 교통관계 규정들은 법률이 파악하고 있는 위험의 방향이 특정된 것이 아니므로 반증은 인정되지 않는다.

이와 같이 슈뢰더에게는 반증의 허용여부가 일괄적으로 결정되는 것이 아니라 개별 구성요건마다 다르게 이루어지고 있다. 그 구별의 기본지침으로는 법률이 상정하는 위험의 특정정도가 제시되고 있다.

---

448) H. Schröder, Gefährdungsdelikte, S. 16.
449) 위의 곳.

"구성요건이 특정된 구체적 객체의 보호에 임무가 있으며 그 객체가 개별적인 경우에 확실하게 위험에 빠졌는가의 여부가 확인될 수 있을 때에는 반증이 허용되어야 한다. 반면 위험범이 일반인이나 혹은 범행 시에 아직 확정될 수 없거나 존재하지 않는 객체를 대상으로 하는 경우에는 입법자의 위험성 판단을 받아들여야 한다[450]는 것이다.

슈뢰더가 추상적 위험범을 일괄하여 취급하지 않고 경우를 나누어 고찰한 것은 적절한 것으로 보인다. 추상적 위험범으로 규정된 범죄의 종류는 매우 다양하므로 그에 대한 일괄적인 제한해석은 무리를 가져오기 쉽다.[451] 예를 들어 방화죄와 뇌물죄, 그리고 도로교통법상의 범죄의 차이는 현저하기 때문에 이들을 일괄하여 취급하는 것은 여러 가지 면에서 무리한 결론을 가져오기 때문이다.

그러나 슈뢰더가 반증을 허용하는 경우와 허용하지 않는 경우를 나누는 중요한 논거인 '입증상의 난이'란 결정적인 것은 못 된다. 왜냐하면 입증이 어렵다고 해서 피고인이 반증을 드는 것을 막을 이유는 못 되기 때문이다. 난이의 문제는 일단 위험이 추정되면 법원의 부담이 아니라 피고인의 부담이 된다. 피고인 스스로의 노력에 의하여 어려운 입증이 행하여지는 것까지 막는 것은 부당하다.[452]

---

450) A. a. O., S. 17.
451) 이에 대해 보너트는 구성요건상 위험이 요구되지 않기는 모든 추상적 위험범이 동일하다는 이유로 구분적 취급을 거부한다. 다만 입법론으로는 가능하다고 본다. Bohnert, Die Abstraktheit, NJW 1982, 2329; JuS 1984, 187.
452) 남궁호경, 위험범, 152면.

슈뢰더의 부분적 반증의 허용은 라블의 견해와 마찬가지로 "의심스러울 때에는 피고인의 이익으로"의 원칙과 관련하여 많은 문제점을 내포하고 있다. 슈뢰더는 법원이 반증을 행할 권한(Befugnis)만을 가진다고 말하고 있을 뿐 위험성이 결여된 경우 배제시킬 의무를 가지는 것이 아닌가에 대해서는 침묵하고 있다.453) 예를 들어 방화죄의 경우와 같이 인명에 위험이 초래되었는지 여부가 분명하지 않을 경우에 이 원칙에 따라 무죄를 선고한다면 결과적으로 방화죄는 구체적 위험범으로 된다. 반대로 이런 경우 단순히 법원의 권한만을 인정하고 자의적인 처벌을 허용한다면 "의심스러울 때에는 피고인의 이익으로"의 원칙에 반하는 결과가 된다.

이 외에 슈트레(Stree),454) 쉬네만455) 등도 '반증을 허용하는 추정'이라는 사고는 피고인에게 위험불발생의 입증책임을 부담시키는 것이기 대문에 '의심스러울 때에는 피고인에게 유리하게'라는 원칙

---

453) Horn, Konkerte Gefährdungsdelikte, S. 25.
454) Stree, Beteiligung, S. 97. 스트레에 의하면 '의심스러울 때에는 피고인의 이익으로'의 원칙은 근본적인 법치국가원리이고 형사정책적 이익보다도 기본적으로 우위에 두어야 할 것이라고 말한다.
455) Schünemann, Moderne Tendenzen, S. 213. 쉬네만은 위험의 부존재에 대해서 반증의 책임을 피고인에게 부담시킨다면 '의심스러울 때에는 피고인에게 유리하게'의 원칙에 반하는 것이고 개별적인 위험성의 증명을 항상 요구한다면 구체적 위험범으로 되어 입법자의 의사에 반하게 되는 딜레마에 빠지는 것으로 슈뢰더의 견해를 비판한다. 그러나 개별적인 위험성의 증명을 요구한다고 해도 추상적 위험과 구체적 위험은 그 내용이 다르다고 해석할 때에는 추상적 위험범이 구체적 위험범으로 된다고 말할 수는 없을 것이다. 山口厚, 危險犯, 242면 주 119).

에 반한다는 취지의 비판을 가하였다.

이러한 비판에 대하여 슈뢰더는 독일형법 제227조의 설명과 관련하여 다음과 같은 반론을 펼치고 있다. "증명불충분(non liquet) 시에는 제227조의 추정 때문에 행위자는 불이익을 받는다. …… 이에 대하여 법치국가적 관점에서 의문을 주장할 수는 없다. 왜냐하면 법률이 격투에의 관여를 이유로 가능한 면책의 증명(Entlassungsbeweis)을 고려하지 않고 행위자를 처벌하는 것보다는 불이익하다고 할 수 없기 때문이다."[456]

이와 같은 슈뢰더의 반론은 면책의 가능성 없이 처벌하는 것보다는 유리하기 때문에 문제가 없다는 취지이지만 또 다음과 같은 비판을 면할 수 없다.

위험불발생에 의한 범죄성립부정의 근거를 당해범죄의 처벌근거가 구체적으로 인정되지 않는다는 것에서 구한다면 이 위험은 바로 범죄성립을 위해 위법성을 기초 지우는 요소이다. 따라서 이러한 해석에 의해 도입된 처벌근거인 위험의 불발생의 입증책임을 피고인에게 부담시키는 것은 '의심스러울 때에는 피고인에게 유리하게'라는 원칙에 반하여 허용되지 않는다고 할 것이다. 왜냐하면 "범죄사실에 대해서는 경찰관이 그 존재를 합리적인 의심이 없는 범위에서 (beyond a resonable doubt) 증명하지 않는 한 그 사실은 존재하지 않는 것으로 인정하지 않으면 안 된다"는 것이고 "이 경우 범죄사실이라는 것은 엄격한 증명을 요하는 사실이고 여기에는 구성요건

---

456) S/S/Stree, § 227 Rn 1.

에 해당하는 사실만이 아니라 위법성 유책성을 기초 지우는 사실도 포함"되기 때문이다.457)

추상적 위험범의 처벌근거인 위험이 발생하였다는 것의 입증책임은 기소하는 쪽에서 부담해야 한다. 위험이 발생하지 않았을 때 '반증'을 허용한다고 해도 그 반증에는 슈뢰더가 말한 효과는 인정할 수 없다고 할 것이다.

제4절 추상적 위험범에서 위험의 판단

1. 위험판단의 구조

위험범의 처벌근거인 법익침해의 위험의 의의는 일반적으로 "법익침해의 가능성 내지 개연성"으로 이해되고 있다. 그러나 이러한 이해는 매우 피상적인 것으로서 예를 들면 어떠한 위험이 구체적으로 어떻게 판단될 수 있는가라는 문제에 대해 직접 답을 주지는 못하고 있다.

법익침해의 위험에 대한 판단, 즉 "어떤 결과의 발생이 객관적으로 가능하다는 판단은 추상화 일반화된 제 조건·상태, 사물의 발전에 관한 여러 경험적 지식에 기반을 둔 판단"458)이라고 오늘날 일반적으로

---

457) Löwe/Rosenberg, Die Strafprozeßordnung, Einl. Kap. 13 Rn 47. 역시 平野龍一, 刑事訴訟法, 187면 참조.

이해되고 있다. 즉 법익침해의 가능성의 유무 정도를 판단하는 위험 판단은 일정의 어떤 사실(추상화 일반화된 제 조건과 상태)을 기초로 하여 법칙적 지식(사물의 발전에 관한 여러 경험적 지식)에 의하여 법 익침해가 발생할 것인가 아닌가를 묻는 형태로 이루어진다.

이것은 예를 들면 어떤 약물을 사람이 섭취한 경우 사망이라는 법 익침해가 발생할 가능성이 있는가 아닌가는 사람이 A라는 약물을 복용하였다는 것을 판단의 기초 내지 자료로 하여 그러한 약물이 인 체에 대하여 어떤 작용을 미칠 것인가에 관한 법칙적 지식을 적용함 으로써 이루어진다. 따라서 위험판단의 요건으로서 그 결과를 좌우 하는 것은 (i) 어떠한 사실을 기초 내지 자료로 하여 위험을 판단할 것인가라는 '판단의 기초'(Basis des Urteils) 문제와[459] (ii) 위험판 단에서 어떠한 내용의 법칙적 지식을 사용할 것인가라는 '판단의 기 준'(Urteilsmaßstab) 문제 (iii) 어느 시점에서 위험판단을 할 것인가 라는 판단시점의 문제가 된다.[460]

따라서 이후의 위험판단에서는 3개의 문제가 검토될 것이다.

2. 위험판단의 시점

위험판단은 어느 시점에서의 상황을 판단의 대상으로 할 것인가 가 문제 된다. 행위시에 상황을 구성하지 않는 사실은 판단의 기초

---

458) 宮內裕, "危險槪念に ついて", 746면.
459) Engisch, Kausalität, S. 42.
460) Engisch, a. a. O. S. 43.

에는 포함되지 않는다. 즉 위험판단의 대상이 되는 시점에서 존재하는 사실만이 판단의 기초를 구성하는 것이다.

만약 모든 시점에서의 사실이 모두 그대로 위험판단의 기초로 포함된다면 곤란한 문제가 발생한다. 라드부르흐(Radbruch)가 "가능성 판단은 사실상태의 일부만을 알거나 완전히 알면서도 개개의 사실을 추상하고 조건을 부분적으로 파악할 때에만 내려질 수 있다"[461]고 지적했듯이, 모든 사실을 그대로 고려한다면 필연성만이 제시될 뿐이지 가능성을 판단하기는 실제로 거의 불가능하기 때문이다. 이렇게 해서는 법익침해의 발생을 기다리지 않고 그 위험이 발생한 단계에서 개입함으로써 법익을 보호하고자 하는 위험범의 입법취지를 살릴 수 없다는 것이 명백해진다.

따라서 구체적으로 존재하는 사실 가운데 어떤 것은 고려하고 어떤 것은 그대로는 고려하지 않는 '추상화'의 작업이 위험판단에서 불가피하다.[462] 그 때문에 이러한 '추상화'를 어떠한 기준에 따라 어떻게 수행하는가가 아주 중요한 의미를 가지게 된다.

---

461) Radbruch, Die Lehre von der adäquanten Verursachung, S. 11.
462) 山口厚, 危險犯, 53면.

3. 위험판단의 방법

가. 위험판단의 기준

법익침해의 위험의 내용을 확정하기 위해 문제로 되는 것이 앞에서 보았듯이 위험판단의 기초와 기준이지만 여기에서는 기준의 문제만을 고찰의 대상으로 한다. 특히 이 기준이 실제로 문제가 되는 것이 바로 구체적 위험범에서이다. 추상적 위험범에서도 문제가 될 수 있지만 위험의 입증이 필요하지 않으므로 상대적으로 그 비중이 작다.

구체적 위험범에서는 구체적 위험의 기준의 내용으로서 현재 기본적으로 2가지 입장이 대립한다. 즉 "일반인의 입장에서 판단하는 입장"과 "전문가의 입장에서 물리적으로 판단하는 입장"이다. 이 2개의 입장은 미수범의 처벌근거인 구체적 위험에 관하여 주장되는 이른바 구체적 위험설과 추상적 위험설의 대립과 대응시켜 볼 수 있다.

(1) 일반인의 판단

일반인의 판단의 입장은 법익침해의 가능성을 일반인의 사회통념에 의해 판단하려고 한다. 이 입장은 일반인이 위험을 느끼는 사태를 만들어 내는 것을 금지·처벌하려는 견해로서 이해할 수 있다.

만약 유황분말을 사람에게 섭취시켜 섭취자의 생명에 위험을 발생시키려 했는가 아닌가가 문제로 되는 경우, 일반인의 사회통념이 유황은 사람의 생명에 위험한 물질이라는 것이라면 생명침해에 대한 위험의 발생이 긍정되는 것이다. 그리고 이러한 입장을 철저히 관철한다면 과학적 경험법칙은 전혀 문제가 되지 않을 것이다. 따라서 과학적 경험법칙상 유황이 생명에 유해물질이 아닌 것임이 명백하여도 위험의 발생은 부정되지 않는 것이다.

이러한 일반인의 판단의 입장은 독일에서 리스트에 의해 주장되었고, 특히 핑거, 도나 등에 의해 채용된 입장이다.

이러한 일반인설에 대해서는 다음과 같은 비판이 있다.

일반인설의 입장에서 위험을 판단할 경우 법익침해의 가능성으로서 위험이 아니라 행위반가치로서 위험을 파악하는 것이 된다는 것이다. 구체적 위험범이 방지하려는 것은 어디까지나 구체적인 법익이 침해될 가능성이다. 이러한 의미에서 일반인설이 법익 이외의 일반인의 안전감정을 보호하려는 것은 타당하지 않다. 일반인설이 '결과반가치'를 문제로 하지만 실제에서는 그 기준이 일반인의 위험감정에 따라 판단되기 때문에 결과반가치로서 위험의 내용이 실제로는 행위반가치적인 것으로 치환될 우려가 있다.463)

더구나 이 입장이 채용하는 기준은 그 내용이 불명확하다.464) 예를 들면 유황분말을 사람에게 섭취시키는 경우에 유황이 사람의 사

---

463) 山口厚, 危險犯, 68면.
464) 內田文昭, 刑法 Ⅰ(總論), 253면.

망을 야기할 것인가라는 점에 관하여 일반인의 통념을 기준으로 판단한다고 하지만 그것이 과연 명확한가는 의문이 있다.

즉 일반인의 판단의 입장은 어떠한 사실적 경과를 거쳐 법익침해가 발생하는가, 또 그것이 가능할 것인가를 문제 삼지 않고 단지 일반인이 법익침해가 있으리라고 생각하는가를 문제로 하여 이 의미에서 위험을 그 사실적 기초와 분리하여 판단하려 한다. 구체적 위험범에서는 법익침해에 도달하리라 예상되는 위험만이 처벌의 대상으로 되는 것이고 "구체적인 상황을 물리적으로만 고려하여 실해 발생의 염려가 전무한 경우에도 일반인이 당해행위에 대하여 어떤 정도의 불안감을 갖고 있는 경우에는 위험을 긍정하는 결론에 이르게 된다. 이 경우까지 형법에 의하여 금지할 필요는 없다."465)

이러한 의문에 대하여 '시민적 자유의 확보와 겸억주의(謙抑主義)'와 '시민적 안전의 요구, 법익보호의 충분한 요청'과의 사이에 타당한 조화점으로서 일반인의 판단의 입장을 정당화하려는 반론이 있다.466) 그러나 법익침해는 일반인의 사회통념에 따라 발생하는 것이 아니라 현실적으로 타당한 인과법칙에 따라 발생하는 것이다.

반대로 과학적으로는 인과법칙의 존재가 인정되지만 그것이 아직 일반인의 사회통념 가운데 포섭되었다고 말할 수 없는 경우에 일반인의 판단의 입장을 관철한다면 위험의 발생을 긍정할 수 없게 되는 문제가 발생할 수 있다.467) 이 경우 행위자에게 인식되었던 인

---

465) 藤木英雄, 刑法における危険の槪念, 8면.
466) 內沼邦弘, 未遂犯の實質的處罰根據, 112 – 113면.
467) 中野次雄, 刑法總論槪要, 80면 참조.

과법칙은 고려된다는 입장도 있을 것이지만, 행위자의 인식의 유무에 의해 객관적이어야 할 결과로서의 위험유무가 좌우되는 것은 타당하다고 할 수 없다.468)

(2) 과학적 판단

과학적 판단의 입장은 법익침해에 이르는 물리적 가능성을 문제로 하는 견해, 즉 위험판단의 기준으로서 과학적 인과법칙, 경험법칙을 사용한다는 견해이다. 이 입장에 의하면 예를 들어 일반인이 침해의 위험을 느꼈어도 침해에 이르는 인과법칙이 존재하지 않고 침해의 발생이 물리적으로 불가능하다면 위험의 발생은 부정된다.

이러한 견해는 미수범에 관한 객관적 위험설의 논자 외에 쾰러(Köhler),469) 메쯔거(Mezger),470) 헹켈(Henckel),471) 프랑크(Frank),472) 힙펠(Hippel),473) 엥기쉬(Engisch)474) 등을 비롯하여 슈뢰더(Schröder), 475)

---

468) 山口厚, 危險犯, 70면.
469) Köhler, Deutsches Strafrecht, AT, S. 176 f. 구체적인 외적 사건의 평가에 필요한 전문적 지식 및 그것을 넘어서는 행위자의 지식에 의한다.
470) Mezger, Vom Sinn der strafrechtlichen Tatbestände, S. 36f. 재판 시의 전문가의 지식에 의한다.
471) Henckel, a. a. O., S. 15 - 30. 최고한도의 법칙적 지식에 의한다.
472) Frank, Das Strafgesetzbuch für das Deutsche Reich, S. 9. 전문적 지식에 의한다.
473) Hippel, Deutsches Strafrecht, Bd. II, S. 427. 객관적인 인간의 전문적 지식에 의한다.
474) Engisch, Kausalität, S. 57. 행위자의 특별한 지식을 포함한 최고한도

벨첼(Welzel),476) 예쉑(Jescheck)477) 등 많은 지지를 얻고 있다.

여기서 이러한 과학적 판단의 입장에서 사용하는 기준의 내용에 대해서 약간의 검토를 할 필요가 있다.

우선 과학적 법칙에서도 형법의 관점에서는 일정의 원인으로부터 일정의 결과가 발생한다는 것이 중요한 것이고 그 과정에 중요성이 있는 것이 아니라는 것을 주의할 필요가 있다. 즉 형법에서는 "어떤 원인으로부터 결과가 발생한다"는 것을 보여주는 것이 필요하고 그것으로 족하다. 이러한 원인→결과라는 법칙이 위험판단에서 기준의 내용이 된다.

① 위험판단의 시점

다음으로 기준이 되어야 할 (과학적) 인과법칙은 어떤 시점을 기준으로 하여 그 존부가 판단되어야 할 것인가? 경우에 따라서는 위험판단의 대상으로 되는 사태가 발생했던 시점에서는 인정되지 않았던 과학적 법칙이 그 후 연구의 진전에 의해 명확히 되는 경우도 있을 것이다. 이러한 경우 어느 시점을 기준으로 할 것인가에 따라 구체적인 결론이 달라질 것이다.

이 문제에 대하여 엥기쉬는 위반된 규범의 내용이 행위 시에 정

의 법칙의 지식에 의한다.

476) Schröder, a. a. O., S. 8–14. 모든 중요한 지식을 갖는 최선의 판단자(재판 시)에 의한다.
476) Welzel, a. a. O., S. 47. 객관적(전문적) 판단에 의한다.
477) Jescheck, Lehrbuch AT, S. 211. 전문적 판단에 의한다.

해질 필요가 있고 그 규범이 구성하는 위험의 내용도 행위 시에 확정될 필요가 있다는 관점에서 행위시설을 주장하였다.[478] 행위시설의 논거를 열거한다면 엥기쉬가 설명하듯이 행위자가 '위반'했던 '규범'의 내용은 행위 시에 정해지지 않으면 안 된다는 것이다. 이러한 관점은 위법의 내용을 행위규범의 위반으로 보는 것이지만 이 전제로부터 사전판단의 입장이 논리필연적으로 도출되는 것은 아니다. 문제되는 것은 사전판단의 사고 자체이다.

이에 대하여 메쯔거, 슈뢰더 등은 재판시설을 지지하였다. 과학적 판단의 입장을 일관한다면 아마도 재판시설이 타당할 것이다. 행위 시의 잘못된 판단을 절대시해야 할 근거는 과학적 판단의 입장에서는 도출되지 않기 때문이다.

② 문제점

이상과 같이 과학적 인과법칙을 위험판단의 기준으로 사용하고 법익침해의 가능성을 물리적, 객관적으로 판단하려는 과학적 판단의 입장은 여기서 근본적인 문제가 발생한다. 그것은 과학적 판단의 입장에 의할 경우, 현실적으로 침해가 발생하지 않았을 때에는 침해에로 이르는 과학적·객관적 가능성은 없어지게 되고 위험의 발생은 늘 부정되지 않을 수 없다는 점이다. 즉 과학적 판단의 입장으로부터는 법익침해 발생의 유무와 위험발생의 유무가 같은 것으로 된다는 문제점이 있다. 여기서 법익침해의 발생과는 구별되는 의미에서

---

478) Engisch, a. a. O., S. 57 f.

침해발생의 가능성으로서 위험의 판단은 과학적 판단의 입장으로부터 과연 가능한가라는 의문이 있다.

침해발생과 구별되는, 침해발생의 가능성으로서 위험의 판단은 어떻게 가능한가라는 문제는 실은 독일에서 오래전부터 활발히 논의되었던 것이다. 이 논의는 위험이 객관적으로 존재하지 않기에 판단할 수 없는 것은 아닌가라는 점을 둘러싸고 진행되었다.

그러나 과학적 판단에 있어서도 이 입장만을 고집하여 순수하게 객관적인 과학적 인과적 가능성을 요구할 수 없는 것이고 이보다도 완화된 내용의 객관적 가능성을 위험의 내용으로 승인하지 않으면 안 된다.

여기서 문제로 되는 것이 이렇게 '완화된' 객관적 가능성의 내용이다. 일반인의 입장은 과학적·사실적 기초를 아주 이탈하여 일반인의 사회통념에 의거했던 것이다. 그러나 이러한 과학적 법칙성의 기반을 완전히 방기하는 입장은 앞에서 검토했던 의문점을 갖고 있다. 과연 순 객관적인 과학적 판단의 입장을 채택한다는 것은 일반인의 판단의 입장을 채용할 수 없다는 것을 의미하는 것인가?

결론부터 서술하자면 반드시 그렇지는 않다. 상세는 다음에서 검토하겠지만 종래의 일반인의 입장이나 순 객관적인 과학적 판단의 입장과도 다른, 말하자면 중간적인 '제3의 입장'(수정된 과학적 판단의 입장)이 있을 수 있는 것은 아닌가라는 의문이 든다. 그것은 과학적 법칙성을 궁극적인 근거로 하면서도 그러한 과학적 법칙에 따라 법익침해가 발생할 가능성까지를 위험의 내용으로 승인하려는 입장이다. 여기서 문제로 되는 가능성은 사실의 존재의 가능성이다. 여기에는 일반인의 판단의 관점이 개입되지 않을 수 없다.

나. 위험판단의 기초

위험의 내용을 획정함에 있어 실제 의미를 가지고 활발히 논의되었던 것이 위험판단의 기초를 어떻게 구성할 것인가라는 문제, 즉 어떠한 사실을 고려하여 위험판단을 어떻게 행할 것인가라는 문제이다.

위험범의 처벌근거가 되는 법익침해의 위험으로서는 구체적 위험범, 추상적 위험범의 구별에 대응하여 구체적 위험, 추상적 위험을 생각할 수 있지만, 이 사이에 존재하는 차이는 여러 판단의 기초의 내용에 존재하는 차이인가, 그 차이는 실제상 어떠한 의미를 갖는가가 문제로 된다. 이 점은 추상적 위험범에서 '추상적'의 의미와 특히 관계된다.

우선 일반적인 전제문제로서 문의되어야 할 것이 위험판단의 기초에는 도대체 어떠한 범위의 사실이 포함되는가라는 것이다. 이것은 위험판단의 대상이 되는 사실, 환언한다면 판단의 대상으로 되는 사태가 발생한 시점에서 현실적으로 존재하는 사실이다. 이 중에 포함되지 않은 사실은 그 자체로서는 위험판단의 대상을 구성하지 않기 때문에 고려될 수 없다.

위험판단의 대상이 되는 사태가 현실로 발생한 시점에서 존재하는 사실로서는 외계에 존재하는 여러 사실 외에 행위의 의미 인식이라고 불리는 '심리적 사실'이 고려된다. 여기서 문제로 되는 것은 이러한 행위자의 주관적 요소를 고려하는 것의 당부, 그리고 가능한 경우 그 정도와 범위이다.

여기에서는 행위자의 주관적 요소를 고려하는 것을 인정하는 주관설과 원칙적으로 부정하는 객관설이 대립한다.

주관설은 행위자의 인식과 의도를 기초로 하여 위험을 판단하는 견해이다. 즉 행위자가 인식했던 사실이 현실적으로 존재한다면 법익침해가 발생할 것인가가 문제로 된다. 예를 들면 사람을 독살하려고 생각하고 흰 분말을 독약으로 오인하여 상대방에게 주었을 경우 실제로는 그것이 밀가루였어도 사람의 생명에 대한 침해의 위험을 긍정하게 된다. 또 석상을 사람으로 오인하고 이에 대하여 권총을 발사한 경우에도 사람의 생명에 대한 침해의 위험은 긍정된다. 이러한 입장은 미수론에서 순 주관설, 또는 주관·객관설[479)로 주장된다.

주관설은 미수범(불능범)에 관하여 독일판례가 채용한 입장이기도 하다. 1880년 5월 24일의 독일제국법원판결[480)은 이른바 방법의 절대적 불능의 사안에 대해 "미수에서 형벌법규가 주목하는 것은 기수에서 나타난 범죄의사로부터 발생한 위법한 결과와는 다르지만 범죄의사인 것은 의심의 여지가 없다"고 하고 "행위가 행위자에 의

479) Klee, Wille und Erfolg, S. 29 – 36; Finger, Lehrbuch des Deutschen Strafrechts, S. 303; ders., Der Versuch, S. 284; Merkel/Liepmann, Die Lehre von Versuchen und Strafe, S. 56; Frank, a. a. O., S. 90.
480) RGSt. 1, 439.

해 의도한 결과를 야기한다는 표상하에 이루어졌다는 것 이상은 미수의 가벌성을 긍정하기 위해 필요하지 않다"라는 입장을 표시했다.

특히 1975년 1월 1일 시행 전의 독일형법전 제22조도 자신의 행위에 관하여 자기의 표상에 의하면 실행의 착수가 되는 것을 미수범으로 규정함으로써 미수범의 가벌성에 관하여 주관적인 견지에 섰다고 해석할 수 있다.[481]

이러한 행위자의 주관적 요소를 기초로 하여 판단되는 위험은 '의사의 위험', '계획의 위험' 등으로 부를 수 있다. 이것은 도대체 어떠한 의미를 갖는 것인가. 이것은 첫째로 '범죄를 행할 의사'를 갖는 행위자는 위험하다는 것이다.[482] 특히 벨첼이 "주관설은 법질서를 포괄적인 의미에서 국민생활을 형성하는 정신력으로 본다. 이 정신력의 현실성과 타협성은 범죄가 가능한 실행행위라고 스스로 생각하는 행위를 행하는 의사에 의해 이미 침해된다. …… 이러한 행위는 이미 형식적인 질서력으로서 법질서에 있어 수인하기 곤란하다"[483]고 술회했지만, 그는 미수범의 처벌근거를 행위의 무가치성 그 자체에서 구하였다고 말할 수 있다.[484]

그러나 이러한 행위자의 법적대적 의사 내지 행위의 무가치성 그

---

481) Roxin, Unterlassung, Vorsatz und Fahrlässigkeit, Versuch und Teilnahme, S. 14 ff.; Gössel, Zur Strafbarkeit des Versuchs, S. 225 f.
482) Kohlrausch/Lange, Strafgesetzbuch, S. 146 f.
483) Welzel, a. a. O., S. 193.
484) 平野, 앞의 책, 324면 참조. 大沼, 앞의 책, 108면은 "주관설의 근저에는 사회윤리적 가치의 고조 내지 강도의 사회방위의 요청이 있다"고 한다.

자체에 의해 범죄의 성립을 기초 지우는 입장에 대해서는 형법은 구체적 경우에 법익침해 또는 그 위험이 발생했을 때 그러한 법익 침해 위험의 발생을 방지하고 법익을 보호하기 위해서만 개입해야 한다는 입장으로부터 근본적인 의문이 제기된다.

법익침해라는 사태는 외계에서 인과법칙에 따라 발생하는 것이기 때문에 외계에서 인과경과에 어떤 영향을 주지 않는 행위자의 인식 등의 주관적 요소는 적어도 원칙적으로 위험판단에서 고려되어서는 안 된다고 생각한다. 이러한 의미에서 객관설이 타당하다. 주관설의 입장은 미수범의 처벌범위를 현저히 확대시켜 버릴 우려가 있기 때문이다.

다. 소결

추상적 위험범의 처벌근거인 추상적 위험은 어떻게 판단되어야 하는가. 위험을 판단하는 경우에 사실을 '추상화'하는 것이 필요하고 그 경우 위험판단은 현실로 존재하는 사실을 현실에 존재하지 않는 것으로 상정된 사실과 치환시켜 그 존재의 가능성을 물음으로써 가능하다. 추상적 위험에 대해서도 이 점은 그대로 타당하다. 따라서 추상적 위험이라는 것은 어떠한 추상화(사실을 치환하거나 가정에 의해서)를 행함으로써 판단되는 위험인가라는 점이 검토되어야 한다.

결과불법적 관점에 의하면 추상적 위험이 형법에 의한 처벌의 대상으로 되는 것은 법익침해의 가능성 때문이다. 이러한 의미에서 추상적 위험도 형법이 그 발생을 방지하려고 하는 결과이고 이 점에서 구체적 위험과 다른 것은 없다. 따라서 위험판단의 방법은 기본적으로는 구체적 위험의 경우와 마찬가지로—또는 그 연장선상에서—생각될 수 있다.

결국 추상적 위험과 구체적 위험의 차이는 위험판단 시에 허용되는 추상화의 정도의 차이에 있다고 생각된다. 즉 추상적 위험에서는 구체적 위험의 경우보다 넓은 범위에서 상정된 사실을 고려하는 것이 허용된다. 즉 현실로는 존재하지 않는 사실(그 존재에 의해 법익침해가 발생하는 사실)이 존재할 수 있는 것은 어느 정도 가능한가를 물음으로써 위험을 판단하는 것이다. 여기서 요구되는 '사실의 존재의 가능성'의 정도가 추상적 위험의 경우에는 구체적 위험의 경우보다 낮은 것으로 족하고 구체적 위험의 경우보다 넓은 범위의 사실이 고려된다는 점이다.

따라서 구체적 위험의 경우보다 존재의 가능성이 적은 사실, 넓은 범위의 사실을 고려함으로써 인정된 위험이 추상적 위험이다. 이러한 의미에서 추상적 위험은 구체적 위험보다 법익침해 발생의 가능성의 정도가 낮은 위험이라고 할 수 있다.

그렇다면 실은 추상적 위험과 구체적 위험의 차이는 실해발생의 가능성의 정도에 있는가, 아니면 추상화의 정도에 있는가라는 문제는 추상화의 이해의 차이에 의하는 것이지만, 어떤 범위의 가정적 사실을 고려할 것인가라는 문제이기도 하기 때문에 어느 일방이 반드시 옳다고 할 수는 없다. 이것은 이미 기술했듯이 침해발생의 가능성의 정도와 추상의 정도에 어떤 연관성을 인정할 수 있기 때문이다. 즉 침해발생의 가능성은 추상화의 정도에 따라 결정되기 때문이다.

구체적 위험과 추상적 위험의 차이를 어떻게 구할 것인가를 생각할 때 문제가 되어야 할 것은 어떠한 내용의 위험까지가 구체적 위험 또는 추상적 위험으로서 처벌되어야 할 것인가라는 문제이다. 이것은 문제의 성질상 개개의 추상적 위험범에서 개별적으로 검토되어야 할 것이지만, 일반론으로서는 다음과 같이 생각할 수 있다.

위험의 개념은 정도개념이기 때문에 어느 정도 불명확한 부분이 남을 수밖에 없지만, 구체적 위험보다 정도가 낮은 추상적 위험은 특히 그 불명확함이 문제로 된다. 따라서 추상적으로 위험한 행위까지 처벌하려고 하는 경우에는 방지해야 할 추상적 위험을 발생시킨다고 생각되는 행위를 법문상 명확히 규정하여 그것을 형벌로써 금지하는 형태를 취해야 한다. 즉 처벌의 대상이 되는 위험의 내용은 구체적 위험범에서는 '위험'을 법문상 규정함으로써, 추상적 위험범에서는 통상 추상적으로 위험하다고 생각되는 행위를 법문상 규정함으로써 표현된다. 이러한 의미에서 처벌의 대상으로 되어야 할 추상적 위험의 정도, 내용은 법문상 규정된 행위에 대해서 인정된다고 해석되는 위험에 의해 정하여진다고 할 수 있을 것이다.

그렇다면 여기에서 법문상 규정된 행위가 행하여졌을 때에는 당해 추상적 위험범의 처벌근거가 되는 추상적 위험은 항상 발생한다고 해석할 수 있을 것인가, 즉 추상적 위험범에서 위험은 의제된 것이 아니라고 말할 수 있는가. 다음의 판례들을 통하여 알아보자.

4. 위험판단의 실제

가. 독일

(1) 판례의 태도

독일연방대법원의 1975년 4월 24일 판결[485]은 추상적 위험범인 독일형법 제306조 제2호 중방화죄에 대해서 사람에 대한 위험이 없음에도 불구하고 범죄가 성립될 수 있는가가 문제로 된 사안에 관한 것이었다. 이 법원은 결론적으로 범죄의 성립을 긍정하였지만, 학계에서는 한정해석이 주장되었다.

구체적 사안의 내용은 다음과 같다. 피고인은 보험이 걸린 자신의 호텔에 방화를 함으로써 보험금을 수령하여 거기에 새로운 호텔을 건립하려는 계획을 세웠던 L에게 동조하여 L의 가족이 살고 있는 호텔에 방화를 하였다. 피고인은 가솔린을 준비하고 L은 그 행위가 이루어지는 기간, 즉 연말연시의 휴업기간 중 누구도 건물에 들어갈 수 없도록 통제를 하였다. L 자신은 호텔을 폐쇄하고 가족과 함께 휴가를 가고, 그의 동생과 장인은 난방비절약을 구실로 그 사이에

---

485) BGHSt 26, 121.

지역 내 작은 집으로 옮겼다. 호텔의 손님들은 수년래 그러했듯이 휴업기간 중 여행을 떠났다. L은 특히 피고인과 행위 전에 호텔을 순회하여 누구도 없는 것을 피고인이 확인할 것을 지시하였다.

독일연방대법원은 우선 이 호텔이 "사람의 주거에 사용되는 건조물"(독일형법 제306조 제2호)에 해당하는가를 검토하고 누구도 호텔 내의 주거를 방기하지는 않았기 때문에 그 주거성은 상실되지 않는다고 하였다. L은 방화가 실패하여도 계속 호텔에서 산다고 생각하였기 때문에 "L이 호텔을 실제 주거로 방기했는가는 의심스럽다"고 하였다. 어느 쪽에 의하든 거주자의 주거인 것은 변함이 없다는 것이다.

"또한 행위 시에 명확히 건조물 내에 사람이 체재하지 않았다는 사실은 법적으로 중요하지 않고 형법 제306조 제2호는 소위 추상적 위험범이다.[486] …… 거주자 및 거주자 또는 건조물과의 다양한 직접·간접의 관계에 의해 이들을 방문하는 기타 사람의 생명을 유형적으로 위험하게 하는 행위 자체를 처벌하는 것이다. 이들 관계의 수·종류는 원칙적으로 제한이 없다. 여기에는 이웃과 손님, 위법하게 침입한 도둑과 비어 있는 가옥을 숙소로 이용하는 부랑자까지 포함된다. 형법 제306조 제2호를 추상적 위험범으로 해석함으로써 사람의 생활의 중심이 절대적으로 보호되고 보호법익이 현실적으로 (구체적으로) 위태화되었는가를 개개의 경우에 판단하는 것은 문제가 되지 않는다." 이렇게 피고인이 행위 전에 사람이 없는 것을 확

---

[486] RGSt. 23, 102; 60, 136.

인하였어도 범죄는 성립한다는 것이다.

이러한 판례의 태도에 대하여 학설에서는 보호법익이 위험에 빠지지 않았을 때에는 추상적 위험범의 구성요건은 적용될 수 없고, 행위자가 건물 가운데 아무도 없는 것을 확인하였을 때에는 형법 제306조 제2호는 성립하지 않는다는 견해가 제기되었다. 이러한 경우 범죄의 성립을 인정하는 것은 책임주의에 반한다는 것이다. 독일 연방대법원은 이 문제에 대해서 입장을 분명히 밝히지 않고 다음과 같이 말하고 있을 뿐이다.

"여기에서는 상세한 논의 및 확정적인 입장결정은 필요하지 않다. 어떻든 이러한 경우 형법 제306조 제2호가 적용되는 요건은 인간의 생명에 대한 위험이 현실의 상황 아래 완전히 배제되지 않았다는 점이다. …… 행위자는 절대적으로 신뢰해야 할 만한 완전한 조치에 의해 형법 제306조 2호에 의해 금지된 위험이 확실히 발생하지 않았다는 것을 보증하지 않으면 안 된다. 이것은 여기에 사람이 있지 않다는 것을 한 번 보아 식별할 수 있는 적은 일부의 소옥과 작은 집만이 가능하다. 본 사안과 같이 3개 층의 호텔과 같은 커다란 객체에서 이 것은 불가능하다. 여기에서는 일시적 순회에 의해서 직접행위 전에 사람의 생명이 위태화되지 않는 것을 확보할 수 없다."487)

위의 판결은 학설에서의 한정해석의 주장을 수용하지 않았지만, 한정해석을 인정하는 입장에 섰어도 범죄의 성립이 부정되는 사안은 아니라고 판시하였던 것이다.

---

487) BGHSt 16, 394; 10, 208(213 ff).

이와 같은 독일판례의 태도는 1982년의 판례[488]에서도 변하지 않았다. 이 사안에서 피고인들은 주말에 주점(Bar)이 들어 있는 2층 건물에 방화를 하였다. 그런데 주말 동안 그 주점의 여종업원이 이 건물의 2층에서 잠을 자고 있었다. 그러나 그녀는 이 건물의 통상적인 거주인은 아니었으며, 피고인들은 방화 전에 회중전등을 가지고 건물 안에 아무도 없음을 확인하였다. 그러나 법원은 이렇게 피고인들이 타인의 생명에 대한 위험을 배제하려는 노력을 하였음에도 불구하고 독일형법 제306조 제2호(중방화죄)의 적용을 긍정하였다. 피고인들에 의하여 방화된 건물은 일별하여 파악할 수 없는 여러 다양한 공간을 포함한 2층 건물이기 때문에 이러한 건물에 대한 방화는 제306조 2호의 의미에서 일반적 위험성을 배제하지 않기 때문이라는 것이다.

이후 1985년의 판결[489]에서도 독일연방대법원은 두 가족이 살고 있는 수많은 방을 가진 2층 건물은 결코 한눈에 일별할 수 없다는 근거로 이러한 입장을 유지하였다.

(2) 비판

독일연방대법원(BGH)이 독일형법 제306조 2호의 적용을 배제하기 위한 요건으로 사람의 생명에 대한 절대적 무위험을 요구하는 것은 실무적으로도 결코 충족될 수 없는 조건이다. 들판에 홀로 떨

---

488) BGH, NJW 1982, 2327.
489) BGH, NStZ 1985, 408.

어져 있는 초가나 작은 집의 경우에도 행위자가 착각하여 그 안의 부랑자나 투숙자를 간과할 수 있는 가능성이 있기 때문이다.[490] 설사 방 하나의 단순한 구조를 가진 초가나 소옥에서도 가구 내에 아이가 갇혀 있는 상황을 배제할 수 없다.

그런 점에서 다음과 같은 독일의 하급심 판결[491]은 주목할 필요가 있다. 이 판결에서 피고인은 간이형식으로 지어진 정자의 임차인이자 유일한 거주자로서 이 정자에 방화를 하였다. 독일 뒤셀돌프 지방법원은 그가 이 집의 유일하고도 정당한 점유자이지만, 방화행위에 의해 주거권을 포기한 것이며, 이로써 방화 시 이 정자는 더 이상 사람의 주거에 제공되는 건물이 아니라고 보았다. 더구나 피고인은 이 정자의 유일한 열쇠소유자로 그 건물에 대한 출입을 전적으로 통제하였다. 그럼에도 불구하고 독일연방대법원은 이 사안에서도 행위 시에 사람이 건물 내에 없음이 분명하지 않을 수 있다, 즉 이웃이나 심지어 불법적으로 침입한 도둑이나 부랑자도 독일형법 제306조 제2호에 의하여 보호된다고 판시하였다.

이상과 같은 독일연방대법원의 입장은 실정법의 적용과 추상적 위험범의 헌법합치적 제한해석이라는 두 가지 입장의 절충으로서 절대적 무위험의 사례에서도 제306조 제2호의 적용을 긍정함으로써 책임원칙에 대한 위배의 혐의를 벗기 어려운 것으로 보인다.

---

490) Brehm, JuS 1976, 23.
491) LG Düsseldorf, NStZ 1981, 224.

나. 일본

공무의 적정한 집행을 보호법익으로 하는 공무집행방해죄(일본형법 제95조 1항)에 관한 일본의 판례는 "형법 제95조의 폭행·협박은 이로 인하여 현실적으로 공무집행방해의 결과가 발생할 필요는 없고 방해될 염려가 있으면 족하다"[492]고 판시하고 있다. 그 후에도 공무집행방해죄의 성립을 부정하고 폭행죄의 성립만을 긍정한 하급심을 파기하고 "본건 피고인 등의 투석행위는 그 상대방인 순사의 직무집행을 방해할 성질의 것이고, 따라서 공무집행방해죄의 구성요건인 폭행에 해당하는 것이 명백하다. 그렇다면 피고인 등의 각 투석행위가 단지 일 회의 순간적인 것이었다 할지라도 이러한 투석행위가 있을 때에는 바로 공무집행방해죄가 성립한다"[493]는 판례의 태도는 이어진다.

이러한 일본판례의 입장은 공무집행방해죄의 구성요건인 폭행·협박에 해당하는 행위가 있을 때에는 바로 공무집행방해죄가 성립한다는 것을 전제로 하고 있다. 이러한 태도는 공무집행방해죄의 처벌근거가 되는 추상적 위험을 아주 형식적으로 파악하는 것이다. 그러나 공무집행방해죄의 처벌근거가 되는 위험은 폭행유무만으로 판단되는 것이 아니라 "직무집행을 방해할 성질의 것"이라는 한정에 의해 보호법익에 대한 추상적 위험이 인정되어야 한다.[494]

---

[492] 日本 昭和 25. 10. 20 判決, 刑集 4卷 10號 2115면. 山口厚, 危險犯, 26면.

[493] 日本 大判 昭和 33. 9. 30, 刑集 12卷 14號 3151면.

유기죄(일본형법 제217조)에 관한 일본의 판례 또한 "형법 제217 조의 죄는 부조를 요하는 老者, 幼者, 不具者 또는 病者를 유기함으로써 바로 성립하는 것이고 위 행위의 결과가 현실로 생명신체에 대한 위험을 발생시켰는가 아닌가는 묻지 않는다"[495]고 판시함으로써 유기행위만 있으면 위험의 발생을 긍정하고 있다.

위증죄(일본형법 제169조)에 관한 판례에서도 일본 최고재판소는 "위증죄는 형식범으로 적법한 선서를 한 증인이 재판소의 신문에 관하여 고의로 허위의 진술을 함으로써 바로 성립하고 그 진술이 당해사건의 재판의 결과에 영향을 갖는가 아닌가는 묻지 않는다"고 판시함으로써 위 판례의 태도를 유지하고 있다.

한편, 방화죄(일본형법 제110조)에서 '공공의 위험'의 의의에 대한 판단을 보여주는 日本 大審院 明治 6년 4월 24일 판결은 "형법 제108조 소정의 방화죄는 불을 놓아 현재 사람의 주거에 사용하거나 사람이 현주하는 건조물 등에 방화하여 소훼함으로써 성립하고 반드시 공공의 위험을 발생시켰는가 아닌가는 묻지 않는다"[496]고 판시하고 있다. 일본판례는 방화죄에서 '소훼'의 의의에 대해서 이른바 독립연소설을 취하여 방화가 독립연소의 정도에 달하면 이미 "공공의 靜謐에 대한 위험"[497]이 발생하였다고 하여 방화죄의 성립을 긍정하고 있다. 따라서 일본의 판례에서 방화죄의 추상적 위험

---

494) 山口厚, 危險犯, 27면.
495) 日本 大審院 大正 4. 5. 21, 刑錄 21輯 670면.
496) 山口厚, 危險犯, 29면.
497) 日本 大審院 大正 5. 9. 19, 新聞 1176號 33면.

역시 소훼의 유무에 의하여 추상적 내지 형식적으로 판단되고 있다.

일본의 공안조례는 공안위원회의 허가를 받지 않고 행하여지거나 또는 위원회가 허가 시 부여했던 조건에 위반하여 행하여진 집단시위운동의 주최자, 지도자 또는 선동자를 처벌의 대상으로 하고 있다.498) 이러한 공안조례의 보호법익은 공중의 생명, 신체, 자유, 재산을 그 내용으로 하는 공공의 안전이라고 이해할 수 있고, 따라서 본죄는 공중의 생명, 신체, 자유, 재산에 대한 추상적 위험을 처벌의 대상으로 한다.

여기서 문제가 되는 것은 이러한 처벌근거인 추상적 위험의 내용인데, 일본의 판례는 무허가집단행동에 관하여 집단행동은 "정적을 교란하고 폭력으로 발전할 위험성이 있는 물리력을 내포하고 있다"고 하면서 무허가로 행하여진 집단행동은 "이러한 특질을 갖고 있어 공공의 이익보호의 필요상 이에 대해 지방공공단체가 취해야 할 사전의 대응조치의 기회를 박탈하여 공공의 안녕과 질서를 방해하는 위험을 새로 초래한다"499)고 판시하여 처벌하려는 위험의 내용을 명시하였다.

이러한 집단행동관에 입각할 때에는 무허가로 행하여진 집단행동에 대해서 추상적 위험의 발생을 부인하는 것이 어려울 것이다. 그

---

498) 예를 들면 東京都의 집회, 집단행진 및 집단시위운동에 관한 조례는 제1조에서 "도로 기타 공공의 장소에서 집회 또는 집단행진을 하려고 할 때, 기타 경우 여하를 불문하고 집단시위운동을 하려고 할 때에는 동경도 공안위원회의 허가를 얻어야 한다"고 규정하고 있다.

499) 最高裁判所 判決, 昭和 50年 10月 24日, 刑集 29卷 9号 777면.

러나 무허가 집단행동이 초래하는 위험은 사실 경미한 위험이고 이에 대해 학설에서는 상당하고 실질적인 위험을 요구함으로써 처벌 범위를 한정하려는 견해가 주장된다.500) 이러한 해석은 제한해석에 의하지 않은 공안조례의 적용은 위헌의 소지가 있다는 점에서 타당성을 가진다고 한다.

다. 한국

현주건조물방화죄와 같은 추상적 위험범에 관한 우리 대법원의 판례는 행위의 위험성에 대한 판단을 따로 행하지 않고 일본의 판례와 마찬가지로 방화행위가 있을 때에는 사람의 생명에 대한 위험이 바로 성립함을 전제하고 있다.

업무방해죄나 위증죄에서도 마찬가지이다. 예를 들어 업무방해죄에 관한 대법원 판례는 "업무방해죄의 성립에는 업무방해의 결과가 실제로 발생함을 요하는 것이 아니고 업무방해의 결과를 초래할 위험이 발생하면 족하다"501)고 하고 있을 뿐 요구되는 위험의 내용을 따로 밝히지 않고 있다.

학설도 업무의 방해란 업무의 집행 자체를 방해하는 경우는 물론 업무의 경영을 저해하는 모든 경우를 의미한다고 하면서 이러한 업무방해의 결과가 현실적으로 발생할 필요는 없고, 발생할 일반적인

---

500) 內田文昭, "デモ規制と公安條例違反罪", 內藤謙/西原春夫 編, 刑法學ぶ, 279면 이하.
501) 대판 1991. 6. 28, 91도944; 대판 1960. 8. 3, 4293 형상 397.

위험 또는 적성만 있으면 충분하다고 하면서, 본죄는 위험범(특히 추상적 위험범)이라고 해석하고 있다.502)

그러나 법문에서 '방해한 자'라고 규정하고 있는 것을 볼 때, 본죄는 업무활동의 자유를 침해하는 침해범으로 해석하는 것이 문리에 충실한 이해라 할 수 있다는 반론이 제시될수 있다.503) 또한 업무방해죄는 재산죄의 성격과 함께 사람의 인격활동의 자유도 보호하는 측면도 동시에 가지고 있기 때문에 다른 자유에 대한 범죄(예컨대 체포감금죄)와 달리 추상적 위험범으로 취급할 이유도 없다.504)(체계적 해석)

다만 문제는 방해결과의 의의에 있는데, 업무방해의 결과는 살인이나 상해에 비하여 다양하고 모호한 주변부분을 포함하고 있어서 경우에 따라서는 어떠한 손해가 발생하였는지 입증되지 않아 행위로부터 결과발생을 추정하지 않을 수 없는 경우도 있다.

그러나 그럼에도 불구하고 업무방해죄를 추상적 위험범으로 해석하는 것은 처벌범위를 부당하게 확대할 위험이 있으므로 업무방해죄는 구체적 위험범으로 해석하여야 하고505) 사람의 업무가 현실적으로 방해되지 않는 한 미수 내지 불가벌이라고 해석할 수 있다. 따라서 방해행위에 의하여 업무 자체에 다소라도 지장을 초래하였

---

502) 유기천, 각론강의 상, 177면; 이재상, 형법각론, 192면; 김일수, 형법각론, 156면.
503) 內田文昭, 刑法各論 上卷, 1979, 182; 岡野光雄, 刑法要說 各論, 1985, 55 – 56면; 大谷實, 刑法各論の重要問題, 1990, 155 – 156면; 前田雅英, 刑法各論講義, 1989, 173 – 174면.
504) 內田文昭, 刑法各論 上卷, 1979, 182면 참조.
505) 배종대, 형법각론, 246면.

을 때에만 비로소 업무방해죄의 기수를 인정해야 할 것이다.506) 만약 개개의 작업이 방해되었더라도 전체로서의 업무에 지장을 느끼지 않는 경우 업무방해죄는 미수라고 하여야 할 것이다.

---

506) 內田文昭, 앞의 책, 187면.

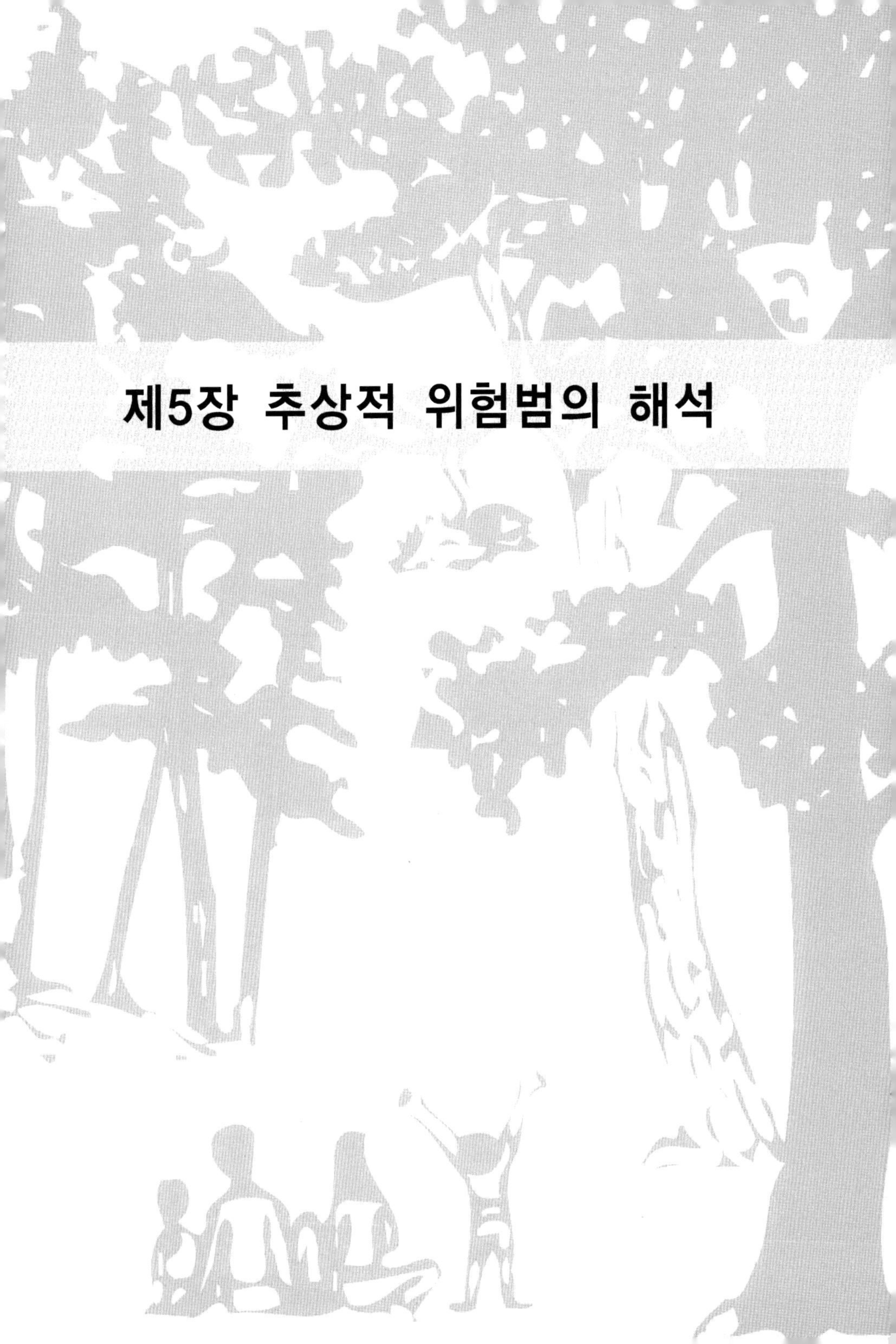

제5장 추상적 위험범의 해석

제1절 형법상의 추상적 위험범

추상적 위험범의 구성요소인 추상적 위험은 법문상에 명시되지 않기 때문에 개별 범죄의 성질에 따라 구성요건을 충족하기 위해 실행행위 속에 위험적격성이 인정될 때 비로소 추상적 위험범으로 확정된다. 따라서 위험발생을 법규에 명시하고 있는 구체적 위험범보다는 그 확정과 유형화에 있어 많은 어려움이 제기된다.

추상적 위험범의 분류에 있어서는 일단 보호법익이 공중에 대한 것이냐 아니면 개인에 대한 것이냐에 따라 추상적 공공위험범과 추상적 개인위험범으로 분류할 수 있다.507) 앞에서 고찰한 전통적 위험개념에 기한 법익위태화가 문제 되는 것이 개인위험범이라면 현대적 의미의 새로운 위험개념인 추상적 위험성이 문제 되는 분야가 공공위험범의 분야라고 할 수 있겠다. 이러한 공공위험범의 분야는 보호법익이 추상적이어서 그 침해 내지 위태화의 확인이 어려운 특성이 있다.

또한 위험범은 위험발생의 원인이 고의에 의한 것이냐 과실에 의한 것이냐에 따라 다시 고의의 추상적 위험범과 과실의 추상적 위험범으로 분류할 수 있다. 이하에서는 위의 두 가지 분류기준을 혼합하여 형법상의 추상적 위험범을 추상적 공공위험범과 추상적 개인위험범으로 나누고 각각의 위험범을 다시 고의위험범과 과실위험범으로 나누어 해석상의 문제를 서술하기로 한다

---

507) 정행철, 추상적 위험범, 71면.

1. 추상적 공공위험범

(1) 서설

우리 형법은 공공위험범을 추상적 위험범 형태로 규정할 경우 고의범 형태와 과실범 형태를 모두 활용하고 있다. 왜냐하면 공공의 위험은 고의로 발생하는 것 못지않게 과실을 원인으로 하여 발생하고 있기 때문이다. 개인위험범이 고의범 형태를 주로 취하는 것과 대조가 된다.[508] 그리고 우리 형법은 공공위험범 영역에서 미수범의 처벌규정을 광범위하게 도입하고 있는 것도 특징적이다. 형량도 구체적 위험범보다 중하게 규정되어 있다.

이러한 공공위험범은 추상적 법익 내지 보편적 법익의 보호를 목적으로 한다는 점에서 그 행위의 위험성의 판단이 용이하지 않다. 우선 공공위험범의 보호법익으로 설명되는 '공공의 안전'이 과연 무엇을 의미하는지 분명하지 않다. 일단, 공공의 안전은 "사람의 생명, 신체 또는 재산에 대한 위험"을 의미하는 것으로 구체화될 수 있

---

508) 우리 형법은 과실범 처벌규정이 추상적 개인위험범에는 없고, 추상적 공공위험범 형태에만 있다. 예컨대 실화죄(제170조 1항, 제171조), 폭발물파열죄(제172조 2항) 등의 규정이 있다. 이와 같이 추상적 공공위험범이 과실범 형태로 규정될 경우에는 공공의 위험이 과실행위로 발생하여야 하고, 공공위험은 위험결과로 된다. 그리고 이러한 위험결과의 원인인 과실은 공공위험의 존재에 대한 예견가능성이 있었음에도 불구하고 정상의 주의를 위반하였다는 내용이 되고, 이때의 과실을 위험과실(Gefährdungsfahrläßigkeit)이라고 한다. 정행철, 추상적 위험범, 22면.

다.509) 이렇게 공공의 의미를 구체화시킴으로써 위험성의 해석과 확인이 보다 용이해질 수 있다고 생각한다.

여기서 주의할 것은 추상적 위험범이 공공위험범 형태로 규정되어 있더라도 법문상 공공의 위험발생을 명시하지는 아니하므로 해석상 불특정 다수인에게 법익침해의 위험이 발생될 가능성이 있는 경우에 한하여 추상적 공공위험범의 성립을 인정하는 것이 추상적 위험범의 입법이유 및 처벌근거에 비추어 타당한 해석방법이라 할 것이다.

구체적 위험범이 사회적 법익을 주요한 보호대상으로 하는 것에 대하여 추상적 공공위험범은 국가적 법익까지도 보호대상으로 하고 있다. 국가적 법익에 관한 범죄 중에서는 공무방해에 관한 죄(제136조, 제137조), 위증죄(제152조), 증거인멸죄(제155조), 무고죄(제156조)가 해석상 추상적 위험범으로 인정된다.

직무유기죄(제122조)를 추상적 위험범으로 보는 견해510)도 있으나, 직무유기죄는 징계사유에 해당하는 모든 직무상의 의무위반을 처벌하려는 것이 아니라 그것이 형법에 의한 처벌의 대상이 될 정도에 이를 때에 처벌하려는 것이라고 보아야 하므로511) 구체적 위

---

509) 이재상, 형법각론, 418면.
510) 정행철, 추상적 위험범, 72면.
511) 이재상, 형법각론, 623면. 대법원도 "직무유기란 공무원의 추상적인 충성의무를 태만하는 일체의 경우를 이르는 것이 아니고 국가의 기능을 저해하며, 국민에게 피해를 야기할 가능성이 있는 경우를 말한다"고 판시하고 있다. 대판 1966. 3. 15, 65도984; 대판 1970. 9. 29, 70도1790.

험범이라고 보아야 한다.

사회적 법익을 보호하는 추상적 위험범으로는 공안을 해하는 죄
(제114조 - 제118조), 현주건조물방화죄(제164조), 공용건조물방화죄
(제165조), 일반건조물방화죄(제166조 1항), 가스·전기 등 공급방
해죄(제173조 2항), 일수죄(제177조 이하), 교통방해죄(제185조 - 제
187조), 음용수에 관한 죄(제192조 - 제196조), 아편에 관한 죄(제
201조), 통화에 관한 죄(제207조, 제208조, 제210조, 제211조), 유가
증권위조죄(제214조), 문서에 관한 죄(제225조 - 제227조, 제231조,
제232조), 공연음란죄(제245조), 도박과 복표에 관한 죄(제246조 1,
2항, 제247조, 제248조) 등을 열거할 수 있다.

공안을 해하는 죄 가운데에서도 소요죄(제115조)가 구체적 위험
범인가 추상적 위험범인가에 관하여 견해가 일치하지 않는데, 구체
적 위험범설은 다중의 폭행·협박·손괴가 그 성질상 당연히 한 지
방의 평온을 해할 위험성 있는 행위라고 할 수 없으므로 본죄가 성
립하기 위해서는 공공의 질서에 대한 구체적 위험이 있을 것을 요
한다고 한다.[512] 이에 대하여 추상적 위험범설은 본죄의 행위로 한
지방의 평온을 해할 정도의 폭행·협박·손괴를 요한다고 하여 이를
구체적 위험이라 해석할 수 없다고 한다.[513] 생각건대, 소요죄에서
폭행행위부분은 순수거동범인 만큼 구체적인 결과의 발생을 필요로
하지 않지만, 협박·손괴행위는 침해범, 결과범의 성격을 가지기 때문

---

512) 서일교, 형법각론, 278면; 배종대, 형법각론, 427면.
513) 이재상, 형법각론, 422면; 박상기, 형법각론, 451면.

에 소요죄 전체를 추상적 위험범이라 보기는 어렵다. 본죄의 구성요건행위는 직접적으로 개인적인 위해를 야기하지만, 공공의 안전에 대한 구체적인 위험이라기보다 그러한 위험의 적성을 내포할 뿐이다. 따라서 소요죄는 개인적인 위해의 일부 실현을 통해 공공의 안전에 대한 잠재적 위험을 유발한다는 점에서 이른바 적성범 또는 추상적 - 구체적 위험범이라 부를 수 있을 것이다.514)

폭발물사용죄(제119조)를 추상적 위험범이라고 해석하는 견해515)도 있으나 여기서 구성요건요소로 규정하고 있는 사람의 생명, 신체, 재산을 해하거나 공안을 문란하게 한다는 것은 공공의 위험을 의미한다고 해석할 것이므로 구체적 위험범이라고 해석해야 할 것이다.516)

(2) 위증죄

위증죄는 추상적 위험범으로서 위증죄는 허위의 진술에 의하여 국가의 사법기능이 침해될 추상적 위험이 있으면 완성되고, 증언이 판결에 영향을 미쳤는가의 여부는 물론517) 그것이 판결에 중요한 영향을 갖는 것으로서 사법기능에 대한 구체적 위험이 있을 것을

---

514) 김일수, 형법각론, 385면.
515) 유기천, 각론강의 하, 268면; 진계호, 형법각론, 615면.
516) 이재상, 형법각론, 430면; 배종대, 형법각론, 434면; 박상기, 형법각론, 458면.
517) 대판 1981. 8. 25, 80도2783; 대판 1987. 3. 24, 85도2650; 대판 1990. 2. 23, 89도1212.

요하지 않는다.518) 하지만, 국가의 사법작용이나 징계작용을 해할 추상적 위험도 없는 경우에는 위증죄가 성립하지 않는다고 해석해야 한다.

위증죄가 허위의 진술 등 무형적인 방법에 의하여 증거의 증명력을 해하는 범죄임에 반하여, 증거인멸죄는 물적 또는 인적 증거를 인멸 또는 은닉하여 증거의 증명력을 해하는 것이라는 점에서 양자는 구별된다.

위증죄는 선서한 증인이 '허위의 진술'을 하는 것이 구성요건행위이기 때문에 '허위의 진술'의 내용을 둘러싸고 주관설과 객관설의 대립이 있다. 주관설에 의하면 허위의 진술이란 증인이 기억하고 있는 내용과 증언한 내용이 다른 것을 말한다.519) 이에 대하여 객관설에 의하면 허위는 객관적 사실에 반하는 것으로 해석되어 증인이 증언한 내용이 증언의 대상이 된 객관적 사실과 다를 때 허위의 진술이 된다.520)

객관설의 문제점은 주지하다시피 증인이 자신의 기억에 반한다는 것을 알면서 객관적으로 사실인 진술을 하였을 때 무죄라는 결론이

---

518) 이재상, 형법각론, 690면; 박상기, 형법각론, 679면. 독일에서도 일치된 견해이다. Arzt/Weber, BT 5, Rn. 240; SK/Rudolphi, vor §153 Rn 10.

519) 우리나라의 다수설이다. 배종대, 형법각론, 166/13; 유기천, 형법각론(하), 338면; 정성근, 형법각론, 1000면; 진계호, 형법각론, 694면; 신동운, 판례백선 형법각론 1, 315면; 오영근, 형법각론, 48/16.

520) 우리나라의 소수설이다. 손동권, 형법각론, 52/10, 이재상, 형법각론, 46/18; 이정원, 형법각론, 748면; 김일수/서보학, 형법각론, 921면.

나온다는 점이다.521) 주관설의 입장에서는 우연히 객관적으로 진실에 합치되는 경우에도 증인 자신의 기억에 반하는 진술을 하게 되면 위증죄가 성립하게 되는데, 이것은 객관설이 주장하는 바와 같이 불필요한 증언을 하는 것이 아니라 증인이 자신의 기억에 반하는 진술을 한다는 것 자체가 재판이나 징계처분을 그르치게 할 추상적 위험이 존재하기 때문이다.522) 이러한 의미에서 주관설의 입장이 타당하다고 생각되며 판례도 주관설의 입장을 따르고 있다.

(3) 무고죄

무고죄는 타인으로 하여금 형사처분을 받게 할 목적으로 공무소에 대하여 허위사실을 신고한 경우 성립하는 범죄이다. 무고죄의 보호법익에 대해서는 국가적 법익설, 개인적 법익설, 절충설(겸유설)의 대립이 있다. 무고죄가 기본적으로 국가의 심판기능을 보호하고자 하는 범죄임에는 틀림없으나 국가적 법익설에 의하여 무고죄의 보호법익을 국가의 심판기능으로만 이해할 경우 피무고자를 피해자라고 할 수 없는 불합리가 발생한다.523) 따라서 무고죄는 기본적으로 국가의 심판기능을 보호하는 범죄이지만 부수적으로 부당하게 처벌받지 않을 개인의 이익도 보호하는 이중성격의 범죄로 보는 통설이 타당하다고 생각된다. 무고죄의 보호법익인 국가의 심판기능의 구체

---

521) 김석휘(주석), 형법각칙, 1997, §152, 366면.
522) 위의 책, 367면.
523) 이재상, 형법각론, 47/2.

적 내용에 대해서는 단순히 국가의 심판기능 내지 형사 또는 징계권의 적정한 행사를 의미한다는 견해[524]와 국가의 심판기능 자체의 적정이 아니라 형사 또는 징계처분에 대한 절차개시의 적정, 즉 수사권 또는 징계를 위한 조사권의 적정을 의미한다는 견해[525]로 나뉜다. 그러나 단순히 수사 또는 조사개시의 적정성만이 본죄의 보호법익이라 이해하기는 곤란하며 국가의 심판기능을 포괄적으로 보호하는 추상적 위험범으로 이해하는 것이 타당하다.

우리 대법원은 타인으로 하여금 형사처분을 받게 할 목적으로 허위사실을 신고하였다고 하더라도 신고된 범죄사실에 대한 공소시효가 완성되어 처벌의 가능성이 없는 경우에는 무고죄가 성립하지 않는다는 판시를 유지하고 있다.[526] 이러한 법원의 판결은 무고행위가 있더라도 그 행위에 의하여 피무고자가 처벌받을 위험이 전혀 없는 경우에는 무고죄의 보호법익인 국가의 형벌권 및 징계권 행사의 적정성이 침해될 가능성이 없으므로 처벌의 근거나 필요가 없다는 점에서 타당한 해석이다.

---

524) 김일수/서보학, 형법각론, 928면; 배종대, 형법각론, 168/2, 정성근/박광민, 형법각론, 841면.
525) 김봉태(공저), 신고 형법각론, 1986, 670면; 김석휘(주석), 형법각칙, 229면.
526) 대판 1982. 3. 23, 81도2617; 대판 1985. 5. 28, 84도2919; 대판 1994. 2. 8, 93도3445.

(4) 현주건조물방화죄

앞장의 독일, 일본의 해석론에서도 보았듯이 현주건조물방화죄는 추상적 위험범으로서 법문상 규정된 행위가 수행되어도 실제 위험이 발생하지 않는 경우가 있을 수 있다. 이 경우에 과연 어떠한 위험이 처벌의 근거가 되는가가 명확히 되어야 한다.

일반적으로 현주건조물방화에서는 두 가지 위험을 상정할 수 있는바, 첫째 현주건조물에 대한 방화행위에 의하여 주변의 건물에 불이 옮겨 붙어 확대될 위험과 둘째 건물 내에 살고 있는 사람에 대한 추상적 위험이 그것이다. 그런데 앞의 독일 사례와 같이 호텔 내부의 사람을 모두 소개하고 건물에 방화한 경우 건물 내의 사람에 대한 추상적 위험도 존재하지 않게 된다. 이런 경우는 주변 건물에 방화가 옮겨져 확대될 위험이 잔존하므로 후자의 위험이 처벌의 근거가 될 것이다. 만약 들판 한가운데 독립가옥에 방화가 이루어질 경우에는 이러한 위험마저도 없게 되므로 현주건조물방화죄가 성립할 여지는 없으며 일반건조물방화죄(제166조)가 성립함에 그친다고 해석하는 것이 타당하다.527)

---

527) 일본의 山口厚의 견해. 鼎談, "危險槪念と各種犯罪類型", 現代刑事法 2001년 1월호, 20면 참조.

(5) 교통방해의 죄

교통방해죄는 교통로, 교통기관 등 교통설비를 손괴 또는 불통하게 하거나 기타의 방법으로 교통을 방해함으로써 성립하는 범죄이다. 현대 산업사회에서 교통의 안전은 사회생활과 경제·산업발전에 매우 중요한 기능을 담당하기에 꼭 보호되어야 할 법익이다. 동시에 현대사회에서는 교통기관의 대형화, 고속화에 의하여 다수인의 생명·신체·재산에 대한 중대한 침해의 위험성이 도처에 도사리고 있다.

본죄의 보호법익에 대해서는 공공의 교통안전이라고 해석하는 견해,528) 교통안전뿐만 아니라 공공의 생명·신체·재산의 안전도 포함한다는 견해529)가 대립한다. 공공의 교통안전을 보호하기 위한 법률로는 별도로 도로교통법이 있으므로 후자와 같이 공공의 교통안전뿐만 아니라 공공의 생명·신체·재산의 안전도 교통방해죄의 보호법익이 된다고 보는 것이 타당하다.530)

또한 보호의 정도에 대해서는 다수설은 추상적 위험범으로 파악하는데 대법원도 같은 태도이다. 농로에 쇠말뚝 등을 박아 포클레인 등의 통행을 방해한 사건에서 대법원은 "이 사건 도로가 농가의 영

---

528) 이형국, 형법각론연구 Ⅰ, 475면; 정영석, 형법각론, 138면; 황산덕, 형법각론, 117면. 대판 1984. 9. 11, 83도2167.

529) 유기천, 형법각론(하), 51면; 이재상, 형법각론, 29/2, 정성근, 형법각론, 677면; 김일수/서보학, 형법각론, 592면; 박상기, 형법각론, 487면; 이정원, 형법각론, 513면.

530) 배종대, 형법각론, 106/2.

농을 위한 경운기나 리어카 등의 통행을 위한 농로로 개설되었다 하더라도 그 도로가 사실상 일반 공중의 왕래에 공용되는 도로로 된 이상 경운기나 리어카 등만 통행할 수 있는 것이 아니고 다른 차량도 통행할 수 있는 것이므로 이러한 차량의 통행을 방해한다면 이는 일반교통방해죄에 해당한다"531)고 판시한 바 있다. 하지만 판결의 구체적 타당성에 있어서는 원심판결의 입장이 더 설득력이 있는 것으로 보인다. 원심판결은 "이 사건 도로는 그 개설경위, 도로의 상태, 주변의 거주상황, 교통상황 등으로 보아 주변 농가의 영농을 위한 경운기나 리어카 등의 통행을 위한 농로라 할 것이고, 피고인이 위와 같이 말뚝을 박은 후에도 농로로서의 일반적인 통행은 방해된 바 없어 일반 공중의 통행을 방해했다고 할 수 없으며, 또한 단지 일반적으로 이 사건 현장을 통행하는 것을 예상할 수 없는 포클레인 등의 통행이 방해되었다 하더라도 피고인의 가옥을 손괴하고 농로를 붕괴시키므로 그 피해를 방지하고 정상적인 농로로 보전하기 위하여 중장비 차량이 통행하지 못하게 차폭을 제한한 것이어서 범의를 인정할 수 없어 결국 이를 일반교통방해죄로 처벌할 수 없다"532)고 함으로써 구체적 사정들을 고려하여 일반교통방해죄의 성립을 검토하고 있다.

이러한 원심의 태도는 만연히 추상적 위험의 발생을 인정하는 대법원과 달리 공공의 생명 · 신체 · 재산의 보호라는 이 법의 입법취

---

531) 대판 1995. 9. 15, 95도1475.
532) 대전지방법원 1995.5.26. 선고 95노15 판결.

지나 보호법익을 고려할 때에도 타당한 해석이라 생각된다. 즉 이 죄는 단순히 교통안전의 침해만으로 성립하는 것이 아니라 이로 인한 생명·신체·재산의 위험이라는 이중의 위험을 필요로 하는 범죄라고 할 수 있다.533)

2. 추상적 개인위험범

추상적 개인위험범은 개인의 법익을 그 침해가능성으로부터 두텁게 보호하기 위해 입법된 것이다. 예컨대 낙태죄(제269조),534) 유기죄(제271조 1, 2항), 명예훼손죄(제307조), 신용훼손죄(제313조), 비밀침해죄(제316조)가 여기에 해당한다. 공공위험범과 비교할 때 개

---

533) 이재상, 형법각론, 29/2.
534) 낙태를 임신중절에 의한 태아살해로 파악하는 입장은 낙태죄를 침해 범으로 본다(이재상, 형법각론, 87면). 따라서 태아를 모체에서 배출 하여 살해하면 낙태미수와 살인죄의 상상적 경합이 된다고 한다. 이 에 대하여 위험범설은 태아를 자연분만기 이전에 인공적으로 모체에 서 배출하는 행위와 모체 내에서 행하는 태아에 대한 살해행위를 모 두 낙태행위로 본다. 그러므로 태아를 모체에서 배출하여 살해하면 낙태죄의 기수와 영아살해죄의 경합범을 인정한다. 위험범설은 다시 모체로부터 배출된 태아의 생명·건강에 아무런 지장이 없을 경우에는 낙태미수행위로 처벌되지 않는다는 구체적 위험범설(강구진, 형법각 론 I, 98면; 배종대, 형법각론, 135면)과 태아의 생존여부를 불문하 고 자연분만기 이전의 인위적인 배출은 낙태죄를 구성한다는 추상적 위험범설로 나뉜다(박상기, 형법각론, 86면; 김일수, 형법각론, 45면). 낙태미수에 대한 처벌규정이 없는 현행 형법체계하에서는 추상적 위 험범설이 타당하다고 생각된다.

인위험범에서는 과실범의 처벌규정이 없다. 추상적 개인위험범의 처벌은 구체적 개인위험범보다 오히려 경하다.

(1) 명예훼손죄

형법 제313조는 공연히 사실을 적시하여 사람의 명예를 훼손한 자를 처벌한다고 규정하고 있다. 법문상으로 명예훼손죄는 '명예의 훼손'이라는 실해의 발생을 요구하는 침해범이라고 해석하는 것이 상식적일 것이다. 문리적으로 보더라도 '毁'란 '부수다, 깨다'라는 의미이고, '損'이란 '손상하다'라는 의미를 가진다. 통설은 명예란 사회적 명예를 의미하며 '사람의 사회적 평가', 즉 세평, 명성, 평판이라고 해석한다. 그렇다면 사실이 공연히 적시되어도 그에 의해 세평, 명성, 평판이 현실적으로 저하되지 않는 한, 명예훼손은 미수로서 불가벌이라고 해석해야 할 것이다.

그러나 통설·판례는 사람의 사회적 평가의 저하의 입증·인정이 곤란하다는 등의 이유로 명예훼손죄를 위험범이라고 해석하여 사람의 사회적 평가를 해하는 행위가 행하여지면 범죄는 성립하고 현실적으로 피해자의 명예가 침해될 필요는 없다고 해석하고 있다. 신용훼손죄와 업무방해죄에 대해서도 통설과 판례는 마찬가지로 해석한다.

그러나 법문이 침해범으로 규정하고 있는 것을 위험범이라고 해석하는 것은 죄형법정주의에 반하고 부당히 처벌을 확대하는 것이라고 볼 수밖에 없다. 입증·인정의 문제를 따로 해결하는 것이 가능하다면 이렇게 침해범을 위험범으로 해석하는 것은 문언의 가능한 한계를 뛰어넘는 허용되지 않는 확장해석 내지 유추적용이라고 해야 할 것이다. 현실적으로도 명예훼손죄를 위험범이라고 해석하는 것은 처벌의 필요가 없는 행위까지 처벌을 확대하는 과잉처벌에 지나지 않는다. 현행형법은 현실적으로 법익침해의 결과가 발생한 경우만을 처벌하는 것을 원칙으로 하고 그 이전에 미수와 위험범을 처벌하는 것은 생명·신체 등의 중대한 법익에 한정해야 할 것이다. 명예는 위험범을 처벌하지 않으면 안 될 만큼 중대한 법익은 아니라고 생각된다.

더구나 명예훼손죄 중 '사실적시의 공연성'이란 요건에 관하여 통설·판례는 이른바 '전파성의 이론'을 취하여 사실을 적시한 직접적 상대방이 특정 소수인이라고 하여도 그 사람을 통하여 불특정 다수인에게 간접적으로 전파될 가능성이 있는 경우에는 공연성을 인정하고 있다. 이러한 전파성의 이론은 명예훼손죄를 위험범이라고 해석하기 때문에 성립된 이론으로 생각된다.[535]

명예훼손죄에서 '공연히'라는 것은 사실을 적시한 행위가 상대방의 사회적 평가를 저해할 위험을 초래한다고 인정될 만한 상황을 의미한다고 해석된다. 즉, 상대방의 사회적 평가를 저해할 위험이 전혀 초래되지 않는 경우에는 공연성은 부정되어야 할 것이다. 이러한 경우까지 전파성을 이유로 공연성을 긍정하는 것은 형법이 개인의 사생활과 표현의 자유에 지나치게 개입하여 처벌범위를 부당히 확대하

---

535) 淸水一成, 名譽毁損罪における公然性の意義, 36면은 명예를 사회적 명예로 보고 명예훼손죄를 위험범으로 해석할 경우에는 전파성의 이론이 타당하다고 한다.

는 것이다.

결국 통설, 판례가 명예훼손죄를 위험범이라고 해석하는 것은 명예가 실제로 침해되었다는 것을 법원이 인정하기 곤란하다는 것을 이유로 하는 것이고 본래 위험범이기 때문은 아니라고 생각된다. 따라서 유사위험범, 편의적 위험범이라고 불러도 좋을 것이다. 명예훼손의 입증곤란을 이유로 명예훼손죄를 위험범이라고 해석하는 것은 소송법적으로는 일종의 의제에 해당한다. 즉, 사실의 적시가 있으면 바로 명예가 훼손된다고 인정하는 것이다. 그러나 이렇게 의제에 의한 처벌을 인정하는 것은 앞서 논증 했듯이 '의심스러울 때에는 피고인의 이익으로'(in dubio pro reo) 원칙과 책임주의에 반한다고 할 것이다.

따라서 사실의 적시가 있어도 명예훼손의 위험성이 전혀 없는 경우, 예컨대 피고이 사실을 적시하였다고 하더라도 그것이 거짓말이라고 모든 사람이 아는 경우에는 명예훼손의 위험성은 전무한 것이고 이 경우 사실적시행위는 미수에 그친다고 해석해야 할 것이다.

(2) 업무방해죄, 신용훼손죄

업무방해죄는 허위의 사실을 유포하거나 기타 위계 또는 위력으로써 사람의 업무를 방해함으로써 성립하는 범죄이다(제314조). 이때의 '업무'는 판례에 의하면 "사람이 직업 또는 사회생활상의 지위에서 계속적으로 종사하는 사무와 업무"[536]이다. 따라서 주주로서 주주총회에서 의결권 등을 행사하는 것은 주식의 보유자로서 권리를 행사하는 것에 불과할 뿐 '직업 기타 사회생활상의 지위에서 행사하는 업무'에는 해당되지 않는다고 한다.[537]

업무방해죄는 구체적 위험범이라는 견해가 있기는 하지만,[538] 추상적 위험범이라는 것이 통설, 판례의 입장이다.[539] 따라서 업무방해의 현실적 결과발생을 요하지 않고 업무방해의 위험만 있으면 범죄가 성립하는 데 지장이 없다고 한다. 우리 판례는 업무방해를 업무의 집행 자체를 방해하는 것은 물론이고 널리 업무의 경영을 저해하는 것도 포함한다고 보고 있다.[540]

업무방해죄를 추상적 위험범으로 보더라도 업무방해죄의 보호대상이 되는 업무는 보호할 가치 있는 업무에 한정되는 것이므로 정당한 업무수행이라고 할 수 없는 행위에 대해서는 업무방해의 추상적 위험도 없는 것이므로 본죄가 성립하지 않는다. 예컨대 타인이 점유·경작하는 토지의 소유자가 적법한 절차에 의하여 점유이전을 받지 못한 상태에서 그 토지를 임의로 경작하거나,[541] 정당한 권한 없이 타인의 점포를 철거하는 것[542]은 정당한 업무수행행위라 할 수 없고 이로 인한 업무방해의 추상적 위험도 없는 것이므로 본죄

---

536) 대판 1995. 10. 12, 95도1589.
537) 대판 2004. 8. 23, 2001도5592.
538) 배종대, 형법각론, 55/17.
539) 대판 2004도3. 26, 2003도7927.
540) 대판 1999. 5. 14, 98도3767. 이재상, 형법각론, 13/19; 박상기 형법각론(제7판), 215면.
541) 대판1975. 12. 23, 74도3255; 대판 1977. 5. 24, 76도3460; 대판 1977. 10. 11, 77도2502.
542) 대판 1967. 10. 31, 67도1086.

가 성립하지 않는다고 해석하여야 한다.

신용훼손죄의 보호법익인 '신용'은 사람의 경제적 측면으로부터의 사회적 평가라고 해석된다. 즉 신용은 경제적 측면에서의 명예이고, 명예의 특수형태이다. 따라서 신용훼손죄의 보호법익도 명예훼손죄와 마찬가지로 사람의 경제적 신뢰도의 평가로 해석된다. 형법 제313조가 신용훼손죄의 행위태양을 허위의 사실을 적시하거나 기타 위계로 한정하고 있는 것은 이러한 행위태양이 사람의 신용을 훼손할 위험이 특히 높은 행위로 인정되었기 때문이다. 따라서 신용훼손죄도 명예훼손죄와 같이 침해범으로 해석하는 것도 가능할 것이다.

(3) 유기죄

유기죄의 보호법익은 피유기자의 생명·신체의 안전이다.

이 죄가 추상적 위험범인가 구체적 위험범인가에 대해서는 견해가 대립된다. 독일형법에서는 구체적 위험범으로 보는 것이 통설인데,[543] 이것은 독일형법이 유기죄의 행위주체를 반드시 보호의무 있는 자로 제한하고 있지 않기 때문에 구체적 위험범으로 보는 것이 구성요건 해당성을 제한하는 방법이 되기 때문이다. 반면에 우리 형법은 행위주체를 부조의무 있는 자로 제한하고 있기 때문에 이러한 자의 유기행위는 구체적 위험발생 여부와 관계없이 유기죄를 구성한다고 보는 것이 다수설이다. 또 제271조 3항, 4항(중유기죄, 존

---

543) S/S/Eser, §221 Rn. 1. Krey, BT 1, Rn. 136 a.

속중유기죄)이 사람의 생명에 대한 위험을 발생케 한 경우에는 가중 처벌하는 것에 비추어 보아도 일반유기죄는 추상적 위험범으로 보는 것이 타당하다.544)

유기죄에 관한 판례는 많지 않으나, 항소심판결 중에는 일정한 유기행위가 있을 경우 바로 보호법익에 대한 침해가 발생하였다고 의제하는 해석이 발견된다. 즉, "형법 271조 1항 소정의 유기죄는 동 조 3항의 규정에 비추어 유기로 인하여 생명·신체에 구체적인 위험의 발생을 요건으로 하지 않고 추상적인 위험만 있으면 성립된다고 할 것이므로 설사 피고인이 타인의 집 마루에 아이를 갖다 둔 행위가 그 타인의 양육 의사를 간접적으로 확인한 후 그의 보호를 예상하고 한 것이라 할지라도 9월 저녁 9시경 당시 사람이 아무도 없는 집 툇마루에 생후 4개월 된 아이를 방치하였다면 그 즉시 그 아이를 보호 없는 상태에 빠지게 함으로써 생명·신체에 추상적인 위험을 발생케 한 경우에 해당한다 할 것이다"고 하여 유기죄를 추상적 위험범으로 인정한 항소심판결이 있다.545)

또한, 항소심판결 중에는 "술에 취하여 인사불성이 된 상태에서 추운 겨울날 새벽에 노상에 그대로 쓰러진 채 방치되어 상당시간이 경과할 경우 동사의 위험이 있음은 경험칙상 충분히 예견될 수 있다 할 것이고, 피해자가 유기되어 사망할 때까지의 경과시간이나 사망할 때까지의 상황, 그리고 피해자가 사망에 이를 만한 다른 특별한 외부적

---

544) 박상기, 형법각론, 95면; 이재상, 형법각론, 93면; 강구진, 형법각론 I, 118면, 배종대, 형법각론, 152면.
545) 서울고법 1974.8.27. 74노600 제3형사부 판결.

인 요인이 없었다는 점 등을 종합하여 보면 피해자는 피고인들에 의하여 유기되어 방치됨으로써 동사한 것으로 봄이 상당하다546)"고 판시하여 유기치사죄의 유죄를 인정하면서 유기죄성립 시 요구되는 위험발생의 정도를 판결문에서 설시한 판결문이 눈에 띈다.

이처럼 하급심이 추상적 내용의 구체화하여 실시하는 태도는 추상적 위험범 해석의 정립을 위하여 매우 바람직한 것이고 대법원에서도 수용할 필요가 크다고 생각된다.

제2절 특별형법상의 추상적 위험범

1. 정치형법

가. 보호법익

정치형법은 국가의 존립과 안전이라는 국가적 법익을 보호하는 법률이다. 국가적 법익은 개인적 법익의 보호를 위해서 필요할 때, 즉 그것의 전제조건이 될 때 보호되는 조건부 법익에 지나지 않는다. 물론 개인과 국가를 반드시 대립관계로 보지 않고, 상호의존적인 관계로 볼 수도 있다.547) 사실 종래 형법각론의 일반적 체계구

---

546) 서울고법 1992.5.29. 92노1085 제4형사부 판결.

성에서 국가적 법익을 사회적 법익에서 엄격히 구분했던 시각은 국가의 헌법적 권력작용을 국가 자체와 동일시했던 오류와 국가를 헌법국가가 아닌 권력국가로 변질시키던 오류로부터 벗어날 수 없을 뿐만 아니라[548] 국가의 대내외적 안전과 질서를 보호하는 죄형법규의 해석에서 자국의 국가이익이나 기밀을 국가지상주의 내지 고립된 국가이기주의로 몰고 가는 오류를 범하여 왔다.

그러나 근대형법의 정당성의 기초가 개인의 권리보호에 있다는 것은 부정할 수 없는 사실이며, 이로부터 국가적 법익에 대한 개인적 법익의 우위는 분명히 확립되어야 한다. 국가는 모든 개인들이 자유를 공평하게 누릴 수 있게 하기 위하여 모두가 지켜야 하며 각자의 자율적 도덕의 이성에 따라 지킬 수 있는 자유로운 울타리를 지키는 파수꾼으로서 그 존재의의를 갖는다.[549]

나. 국가보안법상의 추상적 위험범

국가보안법상의 법익의 보호양태는 대부분 추상적 위험범으로 규정되어 있다. 즉 국가의 존립·안전에 대한 직접적 침해를 처벌하는 것이 아니라 그에 대한 위험성을 처벌하고 있다. 국가보안법상의 개별구성요건들이 금지하는 행위유형들을 살펴보면 국가의 존립·안전에 대한 객관적 위험성이 아니라 일반적 위험, 즉 추상적으로 위

---

547) 김일수, 형법각론, 379면.
548) Maurach/Schroeder/Maiwald, BT II, S. 1.
549) 이상돈, 형법의 근대성, 16면.

험하다고 판단되는 것들이다.

(1) 반국가단체 구성·가입죄

이 점은 국가보안법의 공통된 구성요건표지라 할 수 있는 '반국가단체'의 정의(동법 제2조)와 구성에 관한 처벌규정(제3조)을 보면 분명해진다. 그러나 "정부를 참칭"하거나 "국가를 변란"하기 위한 단체를 만드는 것 자체가 국가의 존립과 안전에 대한 침해를 뜻한다고 보기는 힘들다.[550] 우선 정부와 국가는 같은 개념이 아니라 엄격히 구별되어야 하는 개념이다.[551] "정부참칭"의 의미가 "정당한 법적 절차에 의하지 아니하고 단체를 조직하여 진정한 정부인 양 사칭하는 것"[552]이라면 이러한 정부참칭을 처벌할 가치가 있는가가 우선 문제 된다. 형식적인 사칭 자체는 형법적 처벌의 가치가 없으며 보다 실질적인 가벌성의 기준이 제시되어야 한다.[553] 결론적으

---

550) 배종대, 정치형법의 이론, 233면.
551) 정치범죄를 국가에 대한 것과 통치계층에 대한 것으로 나누어 내란 예비 음모행위, 간첩행위 등을 전자의 정치범죄로 보고 정보기관이 정치적 반대자를 사찰하는 행위, 반체제인사에 대한 추방 투옥 수용 소감금행위를 후자의 정치범죄로 보는 견해는 임웅, 정치범죄의 비범죄화, 815면.
552) 정경식/이외수, 신국가보안법, 55면.
553) 대판 1956. 6. 29, 4289 형상 60 사건에서 대법원은 上帝敎라는 종교단체가 聖化神國을 칭했다는 사안에 대하여 "비과학적이며 초현실적인 사항에 관한 것으로서 혹세무민의 소업에 불과한 것이 분명하므로 죄를 구성한다고 할 수 없다"고 판시하였다.

로 참칭은 가벌성의 실질적 요건을 결하고 있거나 아니면 충분히 제시하지 못하고 있다.554)

"국가변란"도 그 의미가 "합법적인 절차에 의하지 아니하고 국가를 불법적으로 파괴 또는 변혁하는 것"555)이라면 여기서 말하는 국가의 개념도 분명하지 않다. 판례556)는 국가를 정부로 이해하고 제도의 변혁이 아닌 담당자의 교체도 포함하는 것으로 보고 있으나, 이것은 국가의 의미를 상당히 희석시키는 것이고 정부참칭과 국가변란의 구별을 무의미하게 할 뿐이다.557)

또한 반국가단체 구성이나 이에 대한 단순한 가입을 높은 형량으로 처벌하는 것도 의문이다. 독일의 경우 범죄단체구성죄(독일형법 제129조)는 구성행위와 구성원의 범죄행위를 분리하여 단순한 형식적 구성행위로는 부족하고 적극적 역할행위가 필요한 것으로 해석하고 있다.558)

(2) 목적수행죄

국가보안법상의 반국가단체를 위한 목적수행행위인 자진지원·금품수수죄(제5조), 잠입·탈출죄(제6조), 찬양·고무죄(제7조), 불고지죄(제10조) 등도 역시 국가의 존립과 안전에 대한 추상적 위험범으

---

554) 남궁호경, 국가보안법의 해석론적 고찰, 8면.
555) 정경식/이외수, 앞의 책, 57면.
556) 대판 1983. 2. 8, 82도2672; 대판 1966. 4. 21, 66도152.
557) 남궁호경, 앞의 글, 10면.
558) BGH 18, 296.

로 해석된다.559) 일반적으로 누구로부터 금품을 받든 물건을 받든 그것은 일반적으로 처벌의 조건이 되지 못한다. 그 자체로는 어떤 법익침해나 위태화도 없기 때문이다.560) 범죄인으로부터 받았다고 해도 마찬가지이며, 이러한 행위를 방조범으로 본다고 해도 그 가벌성은 범죄인이 금품을 주는 행위의 가벌성을 전제로 하지 않고는 불가능하다. 혹시 반국가단체의 구성원으로부터 금품을 받는 것이 그 구성원에 대한 일정한 조력행위는 아닐지라도 금전의 심리적 압박, 반국가단체의 구성원과 관계했다는 것이 밝혀질 것에 대한 공포심으로 인하여 앞으로 반국가단체의 구성원에게 이용될 가능성을 높인 것이 가벌성의 근거가 될 수 있다고 주장할 수 있을지 모른다. 그러나 미래의 범죄행위는 미래의 또 다른 결의를 다시 필요로 하는 것이고 현재는 그 고의도 없다는 점에서 이용가능성의 막연성, 다양성 등을 고려하면 법익침해에서 너무 먼 행위를 막연하고 광범위한 근거에서 처벌한다는 비판을 벗기 힘들다.561)

"잠입·탈출죄"에 대해서 신국가보안법의 저자들은 "잠입의 동기나 목적·수단·방법에 제한이 없고, 반드시 불법적인 행위를 할 목적을 가져야 하는 것은 아니다"562)라고 하고 있는데, 이것은 지

---

559) 정치형법에서 입법자가 추상적 위험범의 입법형식을 취하는 이유를 국가의 존립과 안전에서 찾는 것이 아니라 정권정당화, 통치수단으로서 정치적 목적을 위한 것이라는 비판으로는 배종대, 정치형법의 이론, 244면, 250면 참조.
560) 남궁호경, 앞의 글, 18면.
561) 위의 곳.
562) 정경식/이외수, 앞의 책, 192면.

리적인 이동만으로 이 죄를 구성하기에 충분함을 의미한다. 그러나 이 경우 월남귀순자도 여기에 해당한다는 불합리한 해석이 이루어진다. 잠입과 탈출을 목적, 수단, 방법 등의 하등의 제한 없이 단순한 지리적 이동으로 볼 경우 그 불법의 내용은 명백하지 않다.

신국가보안법의 저자들은 또한 찬양을 "의식표현의 한 방법으로서 특정인 또는 불특정인에게 특정한 사항에 관하여 동경하거나 추앙 또는 숭배하는 표현행위",563) 고무에 대해서는 "특정 또는 불특정인에 대하여 특정사항을 적극적으로 격려하여 상대방의 사기를 앙양케 하는 행위"564)라고 풀이한다. 또 동조에 대해서 대법원은 "문서, 도화, 언동, 기타의 방법으로 반국가단체나 그 구성원의 주장, 선전 등 활동과 동일한 내용의 사상을 표현, 전달함으로써 반국가단체나 그 구성원의 활동에 호응 가세하는 행위"565)라고 판시하고 있다. 우선, 이러한 찬양, 고무, 동조의 개념은 충분한 가벌성의 실질과 명확성을 갖추었는가라는 의문이 제기될 수 있다. 더구나 찬양, 고무, 동조의 대상이 되는 "반국가단체의 활동"은 무한히 폭이 넓어질 수 있다. 이들의 어떤 활동이 찬양 등의 대상으로 된 경우 처벌되는지 알 수 없다. 모든 활동이 찬양 등의 대상이 된다는 것은 부당함이 명백하다. 결국 국가보안법 제7조 1항은 반국가단체나 그 구성원, 지령을 받은 자에 대해 언급하는 행위 자체를 금지하는 것이다. 가능한 발언은 오직 비난하는 것뿐으로 이것은 명백한 표현

---

563) 위의 책, 240면.
564) 위의 책, 241면.
565) 대판 1977. 5. 10, 74도2080.

의 자유에 대한 침해이다. "기타의 방법으로 반국가단체를 이롭게 한 자"에 이르면 그 불명확성은 극도에 이른다.

(3) 소결

결국 국가보안법상의 반국가단체 구성·가입죄는 헌법상 보장된 결사의 자유, 표현의 자유, 정당의 자유라는 법익을 모호하고 불법성이 분명치 않은 구성요건을 통하여 과도하게 억압하고, 국가의 존립 안전에 기여하고 있다기보다는 정권의 반대자 억압을 위하여 악용되고 있다는 비판을 피하기 힘들다고 생각된다.

1990년 헌법재판소의 한정합헌결정[566]에 따라 1991년 개정된 국가보안법은 반국가단체 및 그 구성원들과의 금품수수, 회합 통신, 그들의 행위에 대한 찬양 고무, 반국가단체하의 지역으로부터의 잠입 또는 그 지역으로의 탈출 등의 행위에 "국가의 존립·안전이나 자유민주적 기본질서를 위태롭게 한다는 정을 알면서"라는 문언을 삽입하여 목적범으로 개정하였다. 그러나 목적을 실현하는 행위유형에 대한 변화는 찾아볼 수 없는데, 이것은 국가보안법의 목적범이 일반 형법상의 목적범과는 다른 구조와 속성을 가지고 있다는 점에서 문제이다. 즉 형법상의 일반적 목적범은 제1행위가 이미 불법을 징표하지만 이 불법은 제2의 행위로 지향된 목적이 있을 때에만 구성요건에 해당하거나,[567] 나아가서 제1행위가 있으면 언제나 제2의

---

566) 헌재결정 1990. 4. 2, 89 헌가 113.
567) 예컨대 행사할 목적의 공문서위조만을 처벌한다는 것(형법 제225조):

254

행위가 직접 결과568)하는 구조를 가지는 데 반하여, 이 범죄형식은 제1의 행위(잠입 탈출)를 함으로써 제2의 행위(이적 또는 반국가단체의 존립·안전에 대한 침해)가 결과한다는 행위구조를 띤다. 그러나 잠입·탈출이라는 제1행위는 형법적으로 아무런 의미가 없는 행위(여행행위)이기 때문에 어떠한 불법도 징표하지 않는다.569) 제1행위의 행위불법으로부터 일정한 목적과 그 밖의 결과가 도출되는 것이 아니라 거꾸로 목적으로부터 제1행위의 행위불법이 근거 지워지게 된다. 따라서 여기서 목적은 행위불법을 제한하지 않고 오히려 구성하는 기능을 수행한다. 이렇게 입법자가 형법적으로 무의미한 행위를 규정할 때, 주관적 불법요소는 구성요건을 제한하지 않고 오히려 반대로 심정형법이 자리 잡을 수 있는 구실을 제공할 뿐이다.

결론적으로 국가보안법을 목적범으로 개정하더라도 그것은 형벌 구성요건으로서의 정당성을 가질 수 없다. 구성요건에 기술된 행위유형(잠입·탈출, 찬양·고무, 회합·통신 등)이 불법성을 갖지 않을 뿐만 아니라 국가의 존립·안전이나 자유민주적 기본질서를 위태롭게 한다는 목적을 추가하여도 국가법익에 대한 직접적 위해나 침해를 근거 지울 수 없다. 불법행위와 결합되지 않은 목적은 행위자의 정치신념을 처벌하는 것에 지나지 않는 심정형법이다.

추상적 위험범이 정당성을 가질 수 있는 최소한의 조건은 제3장

공문서위조+행사할 목적.

568) 예컨대 불법영득의사를 재산죄의 주관적 요건으로 인정할 경우 절도죄(형법 제329조): 절도죄+불법영득의사.

569) 배종대, 정치형법의 이론, 240-241면.

의 고찰에서 보았듯이 행위자의 법익침해방지의무에 대한 위반을
징표해줄 수 있는 명확한 구성요건의 창설이기 때문이다.

2. 환경형법

가. 보호법익

종래 환경형법의 보호법익에 관해서는 환경의 침해 또는 위태화
를 통한 종래의 전통적인 법익들, 즉 사람의 생명·건강 또는 중대
한 가치 있는 타인의 재물의 침해를 막아 이들을 보호하려는 것이
냐 아니면 토양, 공기, 靜穩, 동물, 식물 등을 독자적인 법익으로 하
여 그 자체를 보호하려는 것인가가 논의되고 있다.570)

환경형법의 독자적 법익성의 인정은 이것이 실제 사람의 생명이
나 건강보호에 앞서 보호되어야 하는 이유 및 기존의 전통적인 법
익에 환경형법을 지향시키는 것보다 훨씬 더 환경보호의 효율성을
높여줄 수 있다는 형사정책적 관점에서 지지되고 있다.571) 환경 자

---

570) 김일수, 환경보호의 형법적 규제, 25면; 이형국/박상기, 환경범죄와
    형법의 역할, 29면.
571) 최근의 한 조사에 따르면 이제 일반국민들도 환형오염행위 또는 환
    경오염으로 인한 사람의 사망 또는 상해를 절도, 상해, 방화 등의 범
    죄행위와 비슷하거나 더 높은 정도의 범죄성을 가지고 있다고 인식
    하고 있다. 즉 수원지오염으로 사람이 사망한 경우는 방화나 상해보
    다도 높은 정도의 심각성이 있는 범죄라고 인식되었다. 김익기/김성
    언, 한국의 환경오염 및 환경범죄의 실태와 대책, 169면.

체를 보호법익으로 하는 입장은 지구환경의 오염과 그로 인한 인간 생존의 기반상실이라는 위험성을 예견하였다는 점에서 인류지향적이고 미래지향적인 관점이다.

그러나 이러한 입장에서는 환경법익이 너무 관념화되고 이념화되어 구성요건해석의 구체성을 잃게 되어 그 목표를 달성하지 못할 위험이 있다.572) 즉 보호법익의 추상화는 법익보호의 불능화를 야기할 위험성이 또한 높은 것이다.

마찬가지로 환경범죄의 보호법익을 오직 인간의 생명이나 건강에 두는 견해도 수긍할 수 없다. 이러한 견해는 환경범죄가 개인의 생명이나 건강뿐만 아니라 결국 '공동체'에 대한 침해행위임을 간과하고 있다.

결국 환경보호란 한편으로는 인간을 도외시한 환경(생태계)만을 보호할 수는 없는 것이며, 다른 한편으로는 환경범죄의 처벌규정을 오로지 개인적 법익으로서 건강이나 생명만을 보호하는 것으로 협소하게 이해할 수도 없다. 즉 형법에서 보호되어 온 기존법익과 환경형법상의 보호법익의 완전한 분리는 바람직하지 않으며 전체 환경보호는 그 자체 자기목적이 아니고 현재와 미래의 인간의 생존에 봉사하는 것이므로, 독자적인 환경법익의 경우에도 적어도 간접적으로 인간의 생명과 건강이 함께 보호된다고 보아야 할 것이다.573)

---

572) 이형국/박상기, 앞의 글, 30면.
573) 김일수, 앞의 글, 134면; O. Triffterer, Umweltstrafrecht, S. 34 ff.

나. 환경범죄의 형법적 규율

여기서 논하려는 점은 환경범죄는 형사범인가 아니면 질서위반범
인가, 그리고 형사범일 경우 일반형사범과 행정범, 일반형사벌과 행
정벌과의 관계는 어떠한가의 문제이다.

(1) 독일

독일에서 질서위반범이란 "직접적으로 행정목적이나 사회법익을
침해하는 데 이르지 않고, 다만 신고·통지·등록·등기 등과 같은
행정법상의 의무위반의 경우처럼 행정법규위반의 정도가 비교적 낮
아 간접적으로 행정상의 질서에 장애를 줄 위험성이 있는 정도의
단순한 의무태만"을 가리킨다.[574) 이는 법익침해행위가 이미 법규
이전에 존재하는 반사회성, 반윤리성을 가지기 때문에 가벌성이 인
정되는 형사범과 일견 본질적 차이가 있는 것으로 나타난다.

그러나 독일의 경우 형사범의 성격을 지니면서도 경미한 불법은
1968년 개정된 질서위반법(Ordnungswidrigkeitsgesetz)에 포함되고,
1975년 형법개정 이래 경죄에 해당하던 형법의 규율대상은 질서위
반법으로 옮겨지게 됨으로써, 양자의 구별은 본질적인 차이가 아니
라 정도의 차이라는 점이 분명해졌다고 한다.[575) 결국 질서위반범
도 법익침해와 무관한 것이 아니며, 사회윤리적으로 무색한 것도 아

---

574) 김도창, 일반행정법론(상), 409면; 서원우, 행정벌, 128면.
575) 김일수, 앞의 글, 21면.

니므로 양자의 본질적 단일성을 주장하는 것이 일반적 입장이다. 따라서 형사범과 행정질서범은 그 본질로부터 구별될 수 없으며, 단지 입법자의 실용적, 정책적 관점으로부터 그 법효과에 따라 형벌이 과하여지는 것은 형사범으로, 과태료가 과하여지는 것은 행정질서범으로 구분할 수밖에 없다고 한다.576)

이러한 토대 위에서 독일의 학설과 입법의 경향은 형법의 기능에 맞추어 단지 중대한 사회유해적 행위, 즉 막대한 환경위태화나 침해는 환경형법적 규율로, 그다지 중대하지 않은 환경유해행위는 엄격한 조건프로그램(Kondition Programm)보다 목적프로그램(Zweck Programm)을 지향하는 질서위반범의 규율로 해결할 것이라고 한다. 이러한 합목적적 고려에 의하여 형벌적, 행정질서벌적 이중규제제도를 취하는 것은 필요에 합당한 세분화된 방법으로 환경보호문제를 해결할 수 있도록 해줄 뿐만 아니라, 특별히 중한 환경범죄행위의 가벌적 성격을 일반인에게 보다 분명히 각성시켜 주어 환경보호의 중대성을 강화시킨다는 장점이 있다는 것이다. 바로 이러한 관점에서 독일의 환경관련입법은 수질, 공기, 토양, 靜穩 및 중요한 자연자원의 구성물 등 특별히 환경적으로 중요한 영역에 대한 중대한 침해나 위태화의 경우만을 형법전의 규율하에 두고 나머지 부분은 행정질서벌의 규율하에 유보하고 있다.

---

576) K. Tiedemann, Tatbestandfunktion im Nebenstarfrecht, S. 51 참조.

(2) 한국

우리나라에서는 부수형법상의 행정형벌의 규율대상인 행정범에 대해서 "사회의 기본적 생활질서를 유지하기 위한 파생적 생활질서에 위반하는 행위이기 때문에 사회통념상 당연히 사회인으로서 행함이 허용되지 않는 반사회적, 반도덕적 행위가 아니라 원칙적으로 행정법규의 제정에 의하여 그 반사회적·반도덕성이 인식되는 행위"라고 설명하는 데 반하여, 형사범은 "사회의 기본적 생활질서에 위반하는 행위이기 때문에 이것을 금지하는 법규의 유무를 기다릴 필요 없이 사회통념상 당연히 사회인으로서 행함이 허용되지 않는 반사회적, 반도덕적 행위"라고 설명하고 있다.577)

그러나 오늘날 일반 형사불법의 의미도 먼저 범죄구성요건의 실정화에 이어 비로소 취득되는 경우가 많고, 행정범도 실질적으로 윤리적 비난을 포함한다는 점, 그리고 현실적으로 사회통념이 변화함에 따라 처음에는 행정범이던 것이 뒤이어 형사범으로 여겨지는 경우 및 그 반대의 경우가 빈번해진다는 점 등에서 양자의 구별은 절대적·본질적인 것이 아니고 상대적·유동적인 것이라는 입장도 유력하다.578) 형법은 형벌을 제재수단으로 삼는 법률의 총체이므로

---

577) 서원우, 앞의 글, 118면 이하 참조. 독일에서는 M. E. Mayer, Goldschmidt, E. Wolff, Eb. Schmidt, Lange, Michels, Cramer, Stree 등이 이러한 입장이다.

578) 서원우, 앞의 글, 119면은 이러한 입장을 분명히 한 최초의 시도로 보인다. 김도창, 앞의 책, 406면 참조. 독일의 경우 Krümpelmann, Mattes, Weber, Göhler, Baumann, Jescheck, Schmidhäuser, Zipf,

행정법 속의 벌칙규정이라 하여도 그 제재수단이 형벌인 한 그것은 엄연히 특별형법에 속한다.[579)]

그렇다면 형벌을 수단으로 하여 규제하여야 할 중대한 환경침해 사례를 형법전에 수용할 것인가 아니면 특별(부수)형법률에 수용할 것인가는 오로지 입법기술상의 문제이다.

하지만 중대한 환경침해행위를 형법전 가운데 편입하는 것은 다음과 같은 효과를 거둘 수 있다고 한다. 분산된 각종 환경보호규제 규정들의 조화가 이루어지고, 동종의 사태를 동일하게 취급할 수 있게 되며, 일정한 환경침해행위의 가벌성이 일반 형법상의 범죄구성요건과 비교하여 덜 심각하다는 생각을 저지시켜 개인 및 일반의 법의식에 환경보호의 중요성을 강화시킬 수 있다는 것이다.[580)]

반면 이러한 입법태도의 단점으로는 매우 특수하고 복잡한 행정법상의 규율과의 관련성이 소원해지며, 개개 형벌법규의 명료성이나 잠재적 범죄인들에 대한 호소기능(Appelfunktion)이 손상을 입을 수 있다는 것이다.[581)] 그러나 이러한 단점은 구성요건의 합목적적인 조문화로 피할 수 있다고 할 것이다.

Sax, Herrmann, Lang‒Hinrichseu, Tröndle, Rotberg, Jakobs 등.
579) 배종대, 형법각론, 522면.
580) O. Triffterer, a. a. O., S. 31; 김일수, 앞의 글, 24면.
581) Backes, Fehlstart im Umweltstarfrecht, 229.

다. 환경형법상 범죄유형으로서 추상적 위험범

우리나라 환경법상 벌칙규정의 요건이 되는 범죄사실은 주로 행정관청의 명령위반, 신고 등의 의무위반이며,582) 그로 인한 환경법익이나 인체나 인명에 대한 법익침해는 간접적으로만 나타나기 때문에 이와 같은 범죄행위를 구성요건적 성질에 따라 구분하는 것은 쉬운 일이 아니다.

그러나 결론적으로 말하여 환경범죄는 대부분 행정법상의 명령이나 의무위반 그 자체로서 성립되며, 실질적인 법익침해나 위태화를 그 요건으로 하지 않는다는 점에서 추상적 위험범의 성격을 가지고 있다. 더구나 추상적 위험범은 행위만으로 범죄가 기수에 이르고 결과발생을 요하지 않으므로 행위와 결과 사이의 인과관계의 입증도 필요 없게 되어 형법상 엄격한 인과관계문제의 우회통로로 애용되고 있다.

실효성 있는 환경보호를 위해 형사제재가 불가피하다면 단지 침해범이나 구체적 위험범의 규정으로는 현재의 환경범죄에 대처하기에 부족한 것이 사실이다. 그러나 문제는 결과범(침해범과 구체적 위험범)보다 추상적 위험범으로 일정한 범죄행위를 규율하고자 할 때, 가

---

582) 예컨대 관계공무원의 조사, 검사의 거부행위(자연환경보전법 제39조 1호, 수질환경보전법 제58조 4호, 소음진동규제법 제59조 3호, 대기환경보전법 제57조 9호), 환경관리인의 미임면행위(수질환경보전법 제58조 3호, 대기환경보전법 제57조 2호, 소음진동규제법 제60조 3호) 등이 이에 해당한다.

벌적인 행위와 불가벌적 행위 사이의 한계를 긋는 데 커다란 어려움이 있다는 점이다. 왜냐하면 결과범의 경우에는 인과관계의 확인 등에 의해 결과반가치의 정도가 확정될 수 있고, 이에 따라 가벌성의 정도도 밝혀질 수 있음에 반하여, 추상적 위험범의 경우 어떤 행위의 사회적 유해성에 관한 척도는 단지 법익침해 내지 위태화에 대한 그 행위의 일반적 위험성 내지 적성이기 때문이다. 그러나 이렇게 잠재적으로 위험한 행위양식이 고도의 개연성을 가진 구체적 위험성과 개별 사례에서 어떻게 구분될 수 있는가는 의문이다.

따라서 사람의 생명·건강에 대한 추상적 위험이 있는 행위는 몰라도 환경재에 대하여 추상적 위험이 있는 행위까지 형벌로 처벌하는 것은 타당하다고 할 수 없다.583) 이러한 행위는 행정법상의 질서벌로 규제하여도 족하므로 비범죄화하는 것이 올바르다.

이렇게 본다면 환경재에 대한 추상적 위험도 인정할 수 없는 사소한 행정이익의 침해를 처벌하는 단순 미신고행위, 자료미제출행위(수질환경보전법 제58조, 제59조, 소음진동규제법 제60조, 대기환경보전법 제57조, 제58조에 규정된 행위의 일부) 등은 비범죄화하는 것이 바람직하다.

---

583) 박기석, 환경범죄의 효율적 대처방안에 관한 연구, 39면.

3. 경제형법

가. 경제범죄의 특성과 유형

경제범죄는 경제질서 등 초개인적 법익을 침해(내지 위태화)하는 범죄로서 이러한 경제범죄의 관념은 중세 말까지 거슬러 올라갈 수 있지만,[584] 현대적 의미의 경제범죄가 문제 되기 시작한 것은 비교적 최근의 일이다.

현대적 경제범죄의 특성은 개인적 법익을 침해하는 재산범죄의 차원을 넘어서서 사회적으로 중대한 이익을 침해하고, 상류계층의 직업활동과 밀접한 관련을 가지며, 전문적인 지식을 토대로 범행이 이루어지고 피해가 간접적·분산적으로 발생하여 포착하기 어렵다는 점이다. 예를 들어 독일에서 경제범죄는 공식적으로 인지되는 전 범죄의 5%에도 미치지 못하고 있다고 한다.[585]

이 밖에 경제범죄는 개인적 법익에서처럼 그 침해나 위태화의 확

---

584) 로마법은 곡물의 보급을 확보하기 위하여 곡물의 투기와 매점매석을 처벌하였고, 중세 도시경제에서도 가격위반, 매점매석행위가 처벌되었으며, 17세기 중상주의하에서는 철저한 산업보호정책 위에 다양한 경제법규가 제정되어 그 위반행위를 처벌하였으며, 제1·2차 세계 대전기간 동안에는 전시경제를 유지하기 위한 각종 법규가 제정되어 이에 위반하는 행위가 경제범죄의 중요한 부분을 차지하였다. 장영민/조영관, 경제범죄의 유형과 대처방안, 11면; Tiedemann, Wirtschaftkriminalität und Wirtschatsstrafrecht, Bd 1, S. 42 f.
585) W. Heinz(김영환 역), 형법에 의한 경제범죄의 퇴치, 3면.

정이 용이하지 않다. 예컨대 조세범죄, 정부보조금사기, 신용사기, 독점범죄 등을 처벌함으로써 재정경제 및 국민경제 등이 보호된다고 할 수 있겠으나 침해법익이 추상적이기 때문에 이 범죄가 실제로 재정 및 국민경제를 침해하는가를 확인하는 것은 매우 어려운 일이다. 또 이러한 법익침해의 결과는 특정인에 국한되어 나타나는 것이 아니라 다수의 일반인에 대하여 누적적으로 나타나는 특성이 있다.

또한 경제범죄는 유형적 피해보다 무형적 피해가 훨씬 크다. 유형적인 피해만을 보더라도 경제범죄에 의하여 야기되는 피해는 그 이외의 전 재산범죄의 피해보다 크다고 하며, 무형적인 피해로는 전염, 모방, 흡수, 나선작용과 원격작용, 연쇄반응 및 일정한 경우 개개인의 건강상의 위험과 침해를 들 수 있다고 한다. 여기에 현행 경제질서와 사회질서의 기능에 대한 신뢰상실도 포함된다고 한다.586)

나. 경제형법상의 추상적 위험범

경제범죄를 경제생활과 관련된 초개인적 법익을 침해하는 행위로 이해할 때 이러한 경제범죄를 법익침해 이전에 처벌할 수 있는 방안이 모색되어야 하는데, 그 방안으로 미수범이나 구체적 위험범의 형태로 처벌하는 방법을 고려하여 볼 수 있다. 그러나 미수범이 성립하기 위해서는 결과발생에 대한 고의가 있어야 하고, 경제범죄는

---

586) Heinz, 앞의 글, 3 - 4면.

특히 타 범죄와 비교하여 고의의 확정이 어려운 특성이 있다. 경제범죄는 보호법익이 추상적이고 침해가 간접적으로 혹은 시간을 두고 다수인에게 나타나기 때문이다. 예컨대, 부정경쟁행위나 보조금 부정획득에 의하여 현실적으로 과연 경쟁질서나 국가의 재정이 침해되었는지를 확인할 수 없을 뿐만 아니라 허위과장광고나 증권투자범죄와 같이 그 피해가 불특정한 다수의 일반인에게서 불가시적이고 누적적으로 나타나기 때문에 법익침해 사실의 확인이 대단히 어렵게 된다.

이러한 이유에서 입법자는 경제형법의 구성요건을 추상적 위험범의 형태로 입법하는 경우가 대단히 많다. 예를 들어 입법자는 경제형법의 형벌구성요건을 정형화할 때 그 중점을 처벌되어야 할 행위를 적절하게 한계 설정하는 데 두기보다는 그러한 행위에 대한 소송상의 증명을 용이하게 하는 방향을 애용할 가능성이 커지게 될 것이다.587) 즉 경제질서에 대한 형법적 보호의 영역을 그 적절한 한계를 넘어서서 확장하도록 하는 유혹에 빠진다.

그러나 추상적 위험범을 통한 경제범죄의 처벌이 모든 경제범죄에 적용될 수는 없으며, 경제질서에 대한 위해가 명백한 경우나 이로 인한 국민경제적 침해가 막대하여 결과발생의 전 단계에서 처벌할 필요가 있는 경우로 제한되는 것이 바람직하다. 경제형법에서 추상적 위험범의 도입으로 인한 가벌성의 지나친 확대를 막기 위해서 다음과 같은 몇 가지 입법기술을 생각해 볼 수 있다.588)

---

587) 강동범, 경제형법, 86면.

(1) 먼저 추상적 위험범을 구체적으로 위험한 상황과 연결시키는 것이다. 범죄유형 중에는 그 행위가 구체적인 위험을 야기한 것으로 볼 수는 없지만, 모종의 위험을 야기할 수 있는 적성이 있다고 판단되는 상황이 있다. 예컨대 파산법 제366조 3호는 "법률의 규정에 의하여 작성하여야 할 상업장부를 작성하지 아니하거나, 부실한 기재를 하는 행위 또는 이를 은닉하거나 손괴하는 행위"를 파산행위의 하나로 규제하고 있다.

그러나 추상적 위험범에 해당하는 동 행위의 모든 경우가 파산범으로 처벌될 수 있는 것은 아니며 파산재단을 위태롭게 하는 '구체적으로 위험한 상황', 즉 '채무초과'나 '지급불능'인 상태에 한하여서만 동 행위로의 처벌이 가능하다고 해석해야 한다. 이러한 해석은 자력이 풍부한 경우에 있어서 자기재산의 소비나 처분 등은 원칙적으로 형법이 관여할 성질의 것이 아니라는 점, 그리고 입법자가 "파산선고의 전후를 불문하고"(파산법 제366조, 제377조)라는 문언을 삽입한 것은 "파산의 원인이 되는 사실이 존재하는 경우"로 좁게 해석할 수 있다는 점에서 정당화된다.589)

이렇게 추상적으로 위험한 행위상황을 구체적으로 위험한 일정한 상황과 추상적-구체적 위험범의 형태로 결합하는 방법이 추상적 위험범의 가벌성을 한정하기는 하지만, 추상적 위험범으로서의 성질을 변화시키는 것은 아니라고 한다.590) 즉 추상적-구체적 위험범

---

588) 장영민/조영관, 경제범죄의 유형과 대처방안, 102-103면.
589) 강동범, 경제형법, 88면.
590) S/S/Stree, StGB, §283, Rn. 1.

이라는 형태도 추상적 위험범에 속하기 때문이다.

(2) 둘째 입법자는 추상적으로 위험한 행위의 가벌성을 특별한 사실관계의 존재, 즉 객관적 처벌조건에 연결할 수 있다. 오늘날 객관적 처벌조건은 불법행위의 구성요건이 아니라 단지 형벌권을 제한하는 처벌의 조건으로 이해되고 있다. 파산법 제366조, 제368조는 파산범의 처벌조건으로 '파산선고의 확정'을 규정하고 있다.

(3) 마지막으로 중지미수범의 형의 면제에 관한 규정이다. 추상적 위험범은 행위 자체로 범죄가 성립하는 거동범으로 생각되기 때문에 중지미수가 성립될 여지가 없는 것으로 보이나, 경제범죄와 같이 행위로 인한 결과가 발생하기까지 상당한 시간이 소요되는 범죄영역에서는 범행이 이미 성립되었으나 결과발생이 나타나기 이전에 범행을 자의로 중지할 경우 형을 감경하거나 면제함으로써 추상적 위험범으로의 처벌을 제한할 수 있을 것이다.

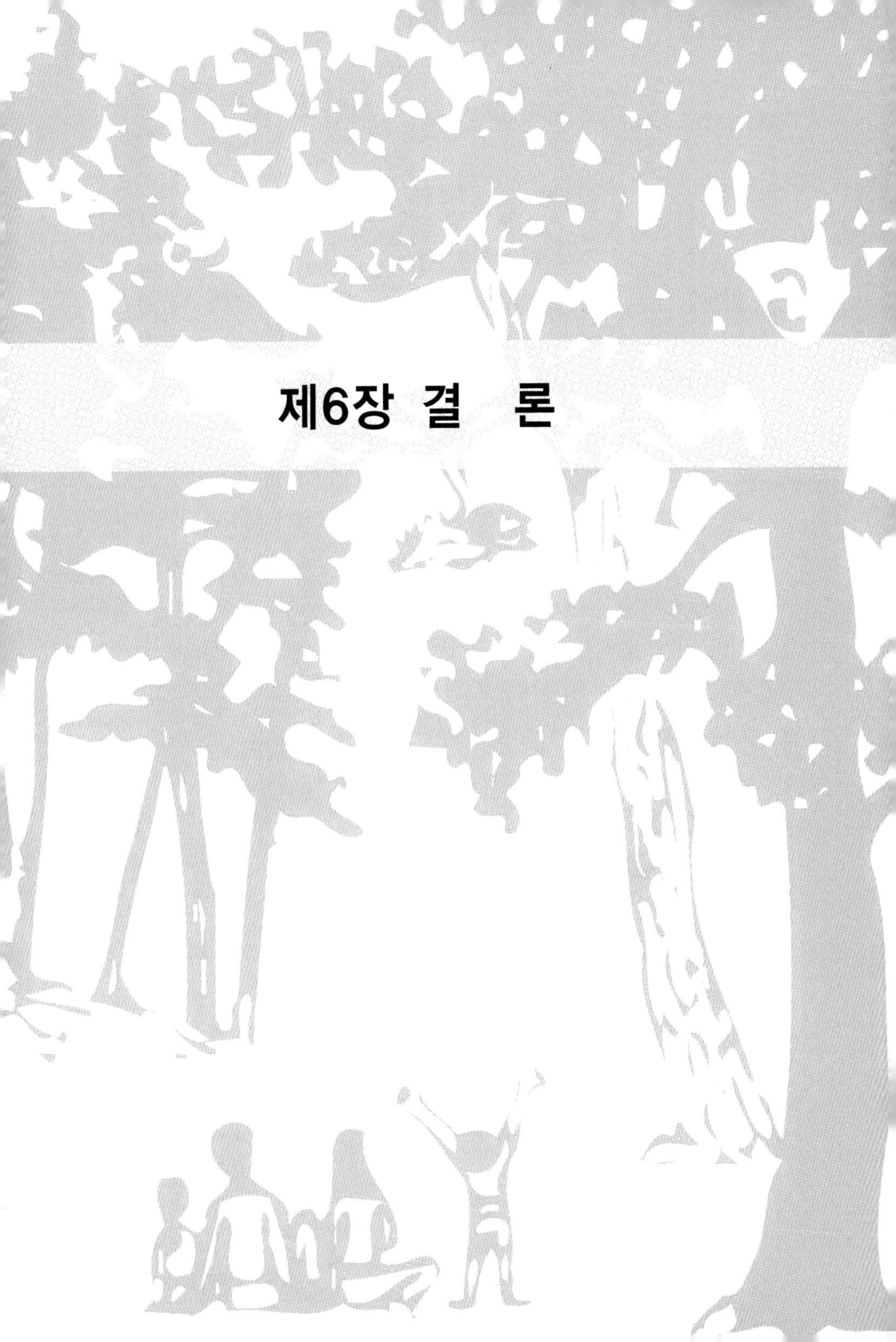

제6장 결 론

1. 형법상 추상적 위험범은 보호법익의 침해를 이론적으로 구성하기 힘들거나 개별사안에서 그 실무적 확정이 곤란할 때 창설된다. 오늘날 형법의 추상적 위험범이라는 입법형식은 국가가 각종 위험영역에 앞질러 들어감으로써 형법적인 보호를 앞당기는 데 중요한 수단으로 활용되고 있다.

이 책은 가능한 한 명확히 규정 가능한 법익침해로부터 형법적 개입을 정당화하고 제한하며 불법을 행위가 아닌 결과로부터 도출하는 법치국가적 - 자유주의적 형법해석의 전통으로부터 추상적 위험범을 비판적으로 살펴보려고 하였다. 이러한 관점에서 법익침해 전 단계의 범죄화를 추구하는 추상적 위험범이라는 입법형식은 법익보호라는 근대형법의 임무와 근대국가의 자유법치국가성과 첨예하게 대립되어 있다. 법익침해 전 단계에서의 범죄화와 처벌을 통하여 국가는 사회영역에 깊숙이 관여함으로써 시민의 자유영역을 침범하고 사회의 자율조직을 파괴시키며, 사람들로 하여금 규제적 · 진압적 성격의 법이 사회의 문제제거 또는 완화에 기여한다는 과신을 갖게 만든다. 위험영역에서 추상적 위험범의 무제한적 확산을 방지하기 위해서는 형법상의 법익개념이 실질화되고 입법의 비판적 기준으로 작용할 수 있어야 한다.

2. 오늘날 위험영역에서 위험범의 확산은 단순한 자연적 과정 또는 인간의 생활조건으로부터 도출되는 형법에 대한 임무증대로 이해될 수는 없다. 제도의 발전의 인류학적 요소로서 인간의 안전욕구가 인정될 수는 있지만 이것은 형법의 정당화나 위험영역의 확산에

270

대해 별다른 기준을 제공하지 못한다. 위험영역에의 형법적 개입이 사회적 안전욕구를 만족시킬 수 있다고 하여도 형법의 정당화를 위해 이러한 가설을 원용하는 것은 허용될 수 없다.

사회적 불안, 안전욕구, 위험형법은 사회과학적 관점에서 지향의 불안으로 나타난다. 전통적 사회질서와 지향의 상실, 인간의 내부에서 작용하는 가치질서의 몰락으로 인하여 자기신뢰와 다른 사회구성원에 대한 신뢰가 사라지고 있는 것이다. 사회적 삶은 점점 더 생활을 위협하는 것으로 인식되고 형법은 위험영역에서 무정부적이고 파괴적인 힘에 대해 통일성을 제공하는 강력한 수단으로 보인다. 이제 형법은 법익침해에 대한 단순한 진압이나 응보적인 반작용이 아니라 일반적인 국가적 삶의 보호의 예방적 일부분으로서 나타난다. 이러한 위험의 사회적 성립조건과 그 기대의 비추어 볼 때 위험형법으로서 형법은 규제적 법으로 변질되고 3중고에 빠지게 된다 (제2장).

3. 추상적 위험범에 대한 역사적 도그마틱은 위험범죄화의 실질적 실체의 해명이 결여되어 있다. 결과형법으로부터 위험형법으로의 발전이 단지 불법과 책임의 근거 지움에서 범주의 교환으로만 처리되고, 범죄적 불법과 "순수불복종"의 순수한 개념적 구분만이 문제된다면 위험범의 사회역사적 배경과 사회적 이론적 근거는 불분명한 채로 남게 되고 위험형법의 체계초월적 비판을 위한 거점은 사라지게 된다.

오늘날 위험범의 창설로 인하여 법익보호는 새로운 차원에 도달하게 되었는데 형법은 더 이상 사회유해적 결과의 발생을 기다리지 않으며 대신 행위반가치에 지향함으로써 형사재제로의 위협을 통해 사회적으로 위험한 행위—도로교통이나 환경의 무분별한 취급—를 방지하려 한다. 이 경우 앞에서 말한 법과 사회의 상호 무관심이 나타나는데 형법의 핵심부분은 점점 정치적 처분에 내맡겨지고 사회적 위험의 형법적 예방은 정치적으로 논의되고 처리되며 결정된다. 위험형법은 사회정치적인 규제적 결정의 분신이다. 형법의 이러한 변신은 정치적 결정이 형법의 중요한 결정기준이나 귀속기준, 원칙을 고려하지 않는다는 점을 감안할 때 실패할 수밖에 없다(성폭력과 성매매를 형법의 귀속원칙과 상관없이 과도하게 처벌하려는 성폭력특별법, 성매매특별법의 제정).

형법이 법익침해와 아직 확고하게 연결되지 아니한 행위에 대해 책임을 묻는다면 그것은 향후의 발전이나 법익침해에서의 변동에 대한 어떠한 확실한 판단도 가능하지 않은 위험상태에 대한 인적 책임을 결정론적으로 창설하는 것이다. 왜냐하면 정확히 말해서 추상적 위험범에서는 법익침해의 위태화가 문제 되는 것이 아니라 가설적 위험, 즉 특정한 행위양식과 가설적 법익에 대한 가설적 손해가 성립하는 가설적 위험을 문제 삼기 때문이다.

전통적인 근대형법에서 정당화될 수 있는 위험범은 "수많은 사람들의 반복되는 행위의 누적에 의해 모든 개인의 자유이익에 대한 침해의 사유적 개연성"(추상적 위험성)이 아닌 "한 개인의 행위에 의하여 타인의 자유이익에 대한 침해의 현실적 가능성"(법익침해의 구체적, 추상적 위험)을 그 처벌근거로 하는 위험범일 뿐이다. 따라서 기존의 추상적 위험범은 이러한 정당화 조건을 만족할 수 있도록 그 추상적 위험의 개념을 좀 더 실질화하고 행위유형을 명확히 하여야 한다(제3장).

4. 오늘날 지배적 견해에 따르면 추상적 위험범에서 위험은 입법의 동기일 뿐이며 구성요건표지가 아니라고 한다. 즉, 구성요건 해당행위의 법익침해에 대한 일반적 위험성만으로 불법을 근거 지우며, 법관에게 위험에 대한 반증과 불법과 책임에 대한 정밀한 검증에 대해 어떠한 여지도 허용하지 않는 것으로 보인다. 즉, 추상적 위험범에서 법관은 단지 포섭의 기계일 뿐이다.

그러나 이렇게 구성요건상의 행위만 있으면 일반적 - 추상적 위험이 존재한다고 보아 처벌하는 것은 '의심스러울 때에는 피고인에게 유리하게'의 원칙이나 명백히 위험이 없는 예외적인 경우에는 책임원칙과의 충돌을 피할 수 없게 된다. 따라서 추상적 위험범의 적용은 일정한 위험이 인정되는 경우에 제한하거나 또는 어떠한 방식으로든 책임원칙과의 조화를 이룰 수 있도록 제한 해석될 필요가 있다. 종래 추상적 위험범의 형태로 입법자가 금지한 구성요건상의 일정한 행위는 그것이 통계적으로 볼 때 많은 경우 법익침해로 이르러 간다는 것을 의미하는 것이지 반드시 법익침해의 위험을 야기하는 행위는 아니기 때문이다.

그러한 제한해석의 방법으로는 추상적 위험범을 해석의 한계를 넘어 과실범이나 부작위범의 형태로 전환하려는 해석을 하기보다는,

위험성이 없다는 입증이 있는 경우 형벌조각사유로 처리하여 '의심스러울 때에는 피고인에게 유리하게'의 원칙과 자유심증주의와의 저촉을 해소하는 것이 바람직하다고 생각한다(제4장).

5. 오늘날 형법은 자기의 임무를 설정함에 있어 법익보호와 위험예방 사이에서 갈등·방황하고 있다. 그러나 형법은 원래 위험원을 예방하기 위한 도구가 아니다. 위험원 그 자체를 예방하는 데 투입되어야 할 것은 형사정책 이전에 사회정책이어야 하며, 사회정책이 이를 수행할 수 없는 불가피한 경우에 한해 형사정책은 사회정책의 수단이어야 하고, 형법은 그 형사정책 중에서도 최후의 수단이 되어야 한다. 원래 행위에 대한 형벌부여라는 엄격한 조건프로그램에 기반을 둔 형법은 목적프로그램에 기반을 둔 사회형성의 도구가 될 수 없으며, 형벌이라는 강력한 제재수단을 가졌다고 하여 위험원의 예방과 관리라는 임무가 달성될 수 있는 것은 아니다. 그 대안으로는 각종 사회정책의 적극적 활용, 행정벌을 통한 규제의 확보가 고려될 수 있을 것이다.

참고문헌

1. 국내문헌

강동범: 우리나라 *경제형법*에 관한 연구, 서울대 박사학위논문, 1994. 2.

강희원: *현대사회에 있어서 생태(학)적 위험*과 민사책임범의 한계, 한국법철학회 춘계학술발표문, 1997. 5. 31.

김도창: 일반행정법론(상), 1983.

김익기 / 김성언: *한국의 환경오염 및 환경범죄*의 실태와 대책, 한국형사정책연구원, 1993.

김일수: 새로 쓴 형법총론, 박영사, 1996.

_____: 형법각론, 박영사, 1996.

_____: 우리나라와 서독에서 *환경보호의 형법적 규제*에 관한 비교연구, 단국대학교 사회과학논총 제1집, 1984.

김종길: ‘*위험사회*’*에서 환경문제* 발생논리와 환경정책 개선방향, 한국사회학 30집, 1996 겨울호.

김창군: 비범죄화의 실현방안, 형사정책 8호, 1996.

_____: *법익개념*의 구성문제, 고려대학교 석사학위논문, 1987.

남궁호경: *위험범*에 관한 연구, 서울대학교 박사학위논문, 1985.

_____: 국가보안법에 관한 해석론적 고찰, 대한변호사협회지, 1988. 9.

박기석: 환경범죄의 효율적 대처방안에 관한 연구, 한양대 박사학위논문, 1996. 12.

박상기: 형법총론, 박영사, 1994.

_____: 형법각론, 박영사, 1996.

배종대: 정치형법의 이론, 고려대학교 법학논집 제26집, 1991. 9.

_____: 형법총론(전정수정판), 홍문사, 1996.

_____: 형법각론(개정판), 홍문사, 1996.

_____: 마약범죄와 인간의 존엄, 안암법학 제4집, 1996. 8.

배종대 / 이상돈: 형사소송법(초판), 홍문사, 1996.

서원우: 행정벌, 월간고시, 1978. 7.

심재우: 형법에 있어서 결과불법과 행위불법, 고려대학교 법학논집 제
        20집, 1982.

_____: 인간의 존엄과 법질서, 고대 법률행정논집 제12집, 1974. 10.

유기천: 형법학 각론강의 하(전정신판), 1991.

이경렬: 미수범에 있어서의 위험개념에 관한 연구, 성균관대학교 박사
        학위논문, 1994. 4.

이상돈: 형법의 근대성과 대화이론, 1994, 홍문사.

_____: 법익보호원칙―근대형법의 신화인가, 이성인가?, 형사정책연구,
        1994년 봄.

_____: 법이론―법인식의 사회적 지평과 근대성, 1996.

이재상: 형법총론(전정판), 1992.

_____: 형법각론(신정판), 1996.

_____: 형사소송법(제5판), 1996.

이형국 / 박상기: 환경범죄와 형법의 역할, 형사법연구 제3호, 1990.

이형국: 형법총론, 법문사, 1990.

임 웅: 형법상 법익개념에 관한 연구, 서울대학교 박사학위논문, 1982.

_____: 형법에 있어서의 법익개념, 경희법학 15권 1호, 1978. 4.

_____: 정치형법의 비범죄화, 김종원 교수 화갑기념논문집, 1991, 법
문사.

장영민 / 조영관: 경제범죄의 유형과 대처방안, 한국형사정책연구원,
1993.

정행철: *구체적 위험범에 관한 연구*, 경희대학교 박사학위논문, 1988. 8.

_____: *추상적 위험범*에 관한 연구, 동의대학교 法政 제10집, 1994. 2.

_____: *구체적 위험범*의 범죄형태상의 특성과 유형, 동의대학교 法政
제7집, 1991. 2.

조병선: 환경형법에 있어서의 *위험범*─위험사회의 형법의 한계와 가능
성─, 환경공해문제에 대한 한일의 법적 대응, 제15회 한일법학
회, 1995. 9. 16.

_____: 질서위반법, 한국형사정책연구원, 1990.

차용석: 형법총론강의 Ⅰ, 1984.

황산덕: 형법총론(제7정판), 1984.

2. 독일문헌

Albrecht, Peter ─ Alexis: Das Strafrecht auf dem Weg vom liberalen
Rechtsstaat zum sozialen Interventionsstaat─Entwicklungstendenzen
des materiellen Strafrechts─, KritV 1988, 182 ff.

Appel, G. Heinz: Die *Verbrechen der Gefährdung* von Leib und
Leben nach deutschem Recht, Diss., Köln 1930.

Amelung, Knut: Rechtsgüterschutz und Schutz der Gesellschaft,
Frankfurt / M. 1972.

Arzt, Gunther / Weber, Ulrich: Strafrecht. Besonderer Teil. LH 2: Delikte gegen die Person(Randbereich), Schwerpunkt: Gefährdungsdelikte(zitiert: Strafrecht BT LH 2). Bielefeld 1983.

Backes, O.: Umweltstarfrecht, JZ 1973, 337 ff.

_____: Felhlstart im Umweltstarfrecht, ZRP 1975, 229 ff.

Backmann, Leonhard E.: Gefahr als 'besondere Folge der Tat' i. S. der erfolgsqualizierten Delikte? MDR 1976, 969 ff.

Bassenge, Peter: Die allemeine starfrechtliche Gefahrbegriff und seine Anwendung im zweiten Teil des Strafgesetzbuches und in den starfrechtlichen Nebengesetzen, Diss. Bonn 1961.

Bae, Jong – Dae: Der Grundsatz der Verhaltnismäßigkeit im Massregelrecht des StGB, Diss. Frankfurt / M. 1985.

Baumann, J. / Weber, U.: Strafrecht, Allgemeiner Teil, Ein Lehrbuch, 9. Aufl. Bielefeld 1985(zitiert: Baumann / Weber AT).

Baumann, J.: Strafe als soziale Aufgabe, In: Universitas 40(1985), 87 – 95.

_____: Starfrecht und Wirtschaftskriminalitat, JZ 1983, 92 ff.

Beck, Ulrich: Risikogesellschaft, Auf dem Weg in eine andere Moderne, Frankfurt / M. 1986.

Berger, Peter L. / Luckmann, Thomas: Die gesellschaftliche Konstruktion der Wirklichkeit. Frankfurt / M. 1980.

Berner. Albert Friedlich: Lehrbuch des Deutschen Starfrechtes, 18. Aufl., Leipzig 1898.

Berz, Ulrich: Formelle *Tatbestandsverwirklichung* und materieller Rechtsgüterschutz. Eine Untersuchung zu den Gefährdungsdelikten. München 1986.

Binding, Karl: Die *Normen* und ihre Überetrtung. Eine Untersuchung über die rechtmäßigen Handlungen und die Arten des Deliktes. Erster Band(I): Normen und Strafgesetze. Zweite Auflage, Leipzig 1890.

Bockelmann, Paul: Besprechung: Jäger, Herbert: Starfgesetgebung und Rechtsgüterschutz bei Sittlichkeitsdelikten. ZStW 74(1962), 311 ff.

Bohnert, Jochaim: Die Abstraktheit der abstrakten Gefährdungsdelikte – BGH, NJW 1982, 2329; JuS 1984, 182 ff.

Brehm, Wolfgang: Zur *Dogmatik* des abstrakten Gefährdungsdelikts. Tübingen 1973.

Buri: *Gefahr und Versuch* in der zweiten Auflage des ersten Bandes der Normen 1890, GS 44(1891), 323.

Busch, O.: *Gefahr und Gefährdungsvorsatz* in der Dogmatik des modernen Starfrechts, 1897, S. 21 ff.

Callies: *Strafzweck und Strafrecht.* 40 Jahre Grundgesetz— Entwicklungstendenzen vom freiheitlichen zum sozial— autotären Rechtsstaat?", NJW 1989, 1340.

Castel, Robert: Von der Gefährlichkeit zum Risiko, in: Wambach(Hrsg.) Der Mensch als Risiko. Zur Logik von Früherkennung und Prävention, Frankfurt / M. 1983, S.51 – 73.

Coser, Lewis A.: Einige Funktionen abweichenden Verhaltens und normative Flexibilität, in: Sack / König, Kriminalsoziologie, S. 21, 2. Aufl., Frankfurt / M 1974.

Cramer, Peter: Der *Vollrauschtabestand* als abstraktes Gefährdungsdelikt. Tübingen 1962.

Demuth, Der Normative Gefahrbegriff, Bochum 1980.

_____: Zur Bedeutung der "konkreten Gefahr" im Rahmen der Straßenverkehrsdelikte, VOR 1973, 436 ff.

Denker, Friedrich: Gefährlichkeitsvermutung statt Tatschuld? – Tendenzen der neueren Strafrechtsentwicklung, SV 1988. S. 262 ff.

Durkheim, Emile: Über die Teilung der sozialen Arbeit, Frankfurt / M 1977.

Engisch, Karl: Der Kausalität als Merkmal der starfrechtliche Tatbestände, 1931.

Evers, Adalbert: Risiko und Individualisierung – Was in Ulrich Becks "Risikogesellschaft" unbegriffenbleibt, Kommune 1989. 6, 33 ff.

Evers, Adalbert / Nowotny, Helga: Über den Umgang mit Unsicherheit. Die Entdeckung der Gestaltbarkeit von Gesellschaft. Frankfurt / M. 1987.

Feuerbach, Paul Johann Anselm: Kritik des Kleinschrodischen Entwurfs zu einem peinlichen Gesetzbuche für die Chur – Pfalz – Bayrischen Staaten(3 Theile). Gießen 1804.

_____: Ueber die *Polizei – Strafgesetzgebung* überhaupt und den Theil eines "Entwurf des Strafgesetzbuchs, München 1822", in: ders., Biographischer Nachlaß, veröffentlicht von seinem Sohn Ludwig Feuerbach, Zweiter Band, 2. Ausgabe Leipzig

1853(Reprint Aalen 1973), S.346 – 378.

     : Lehrbuch des gemeinen in Deutschland gultigen Peinlichen Rechts. 14. Ausgabe(ed. C. J. A. Mittermaier) Gießen 1847.

Finger, A.: Begriff der Gefahr und Gemeingefahr im Strafrecht, FG – R. v. Frank, Bd. 1.

     : Lehrbuch des Deutschen Strafrechts, Bd. 1, 1904.

     : Der Versuch und der Vorentburf zu einem Deutschen Strafgesetzbuch, FS – K. Binding, Bd. 1, 1911.

Frank, Reinhard: Studien zum Polizeistarfrechte, Programm, Sr. Konigl. Hoheit dem Grossherzoge und bei Rhein Ernst Ludwig zum 25. August 1897 gewidmet von Rechtor und Senat der Landesuniversitat, Giessen 1897.

     : Das Strafgesetzbuch für das Deutsche Reich, 18. Aufl., 1931.

Gallas, Willehlm: Abstarke und konkrete Gefahrdung, in: FS – Ernst Heinitz zum 70. Geburstag am 1. Januar 1972(hrsg. von Hans Luttger in Verbindung mit Hermann Blei und Peter Hanau), Berlin 1972, S. 171 ff.

Callies, R. P.: *Strafzweck und Starfrecht.* 40 Jahre Grundgesetz – Entwicklungstendenzen vom freiheitlichen zum sozial – autoritären Rechtsstaat?, NJW 1989, 1338 – 1443.

Gehardt, Erwin: Die Beschränkung der Gesetzgebung auf das Unerlaßliche(Dargestellt am Beispiel des §131 StGB), NJW 1975, 375 ff.

Gehlen, Arnold: Anthropologische und sozialpsychologische Untersuchungen,

Hamburg 1986(rowohlts enzyklopädie 424).

von Gemmingen, Hsns Dieter: Willensstrfrecht oder Gefährdungsstrafrecht?, JW 1933, S. 2371 ff.

Graul, Eva: Abstrakte Gefahrdungsdelikte und *Präsumtion* im Starfrecht, Berlin 1991.

Gössel, Zur Strafbarkeit des Versuchs nach dem 2. Strafreformgesetz, GA 1971, S. 225 ff.

Günter, Die Genese eines Straftatbestandes. Eine Einführung in Fragen der Strafgesetzgebungslehre, JuS 1978, 8 – 14.

Habermas, Jürgen: Philosophisches Anthropologie, in: ders, Kultur und Kritik, 1973, S. 89 – 111.

_____: Die Morne – ein unvollendetes Projekt, in: ders., Kleine Politische Schriften I – IV, 1981, S. 441 ff.

_____: Der Philosophische Diskurs der Moderne, 1985, S. 390 ff.

Hassemer, Winfried: Buchsprechung: Amelung, Knut: Rechtsgüterschutz der Schutz der Gesellschaft, ZStW 87(1975), 146 ff.

_____: *Theorie und Soziologie* des Verbrechens. Ansätze zu einer praxisorientierten Rechtsgutlehre. Frankfurt / M. 1973- (Neuausgabe Frankfrut / M. 1980).

_____: Über die *Berücksichtigung von Folgen* bei der Auslegung der Strafgesetz, In: Europäisches Rechtsdenken im Geschite und Gegenwart. FS – Coing zum 70 Geburtstag. Bd. 1., 1982, 493 – 524.

_____: *Strafziele* im sozialwissenschaftlich orientierten Strafrecht, in: W. Hassemer / K. Lüderssen / W. Naucke, Fortschritte im

Strafrecht durch die Sozialwissenschaften? Heidelberg 1983, 39 – 66.

_____: *Prävention* im Strafrecht, JuS 1987, S. 257 ff.

_____: Grundlinien einer *personalen Rechtsgutslehre*, in: L. Philipps / H. Scholler(Hrsg.), Jenseits des Funktionalismus, Heidelberg 1989, 85 – 94.

_____: Symbolisches Strafrecht und *Rechtsgüterschutz*, NStZ 1989, 553 – 559.

_____: Das *Schicksal* der Bürgerrechte im "effizienten" Straftecht, SV 1990, 328 ff.

_____: *Kennzeichnen* und Krisen des modernen Strafrechts, ZRP 1992, 380 ff.

Heinz. W.: Konzeption und Grundsätze des Wirtschaftsstrafrechts(einschließlich Verbraucherschutz) – Kriminologischer Teil, ZStW 96(1984), 417 ff.

_____(김영환 역): 형법에 의한 경제범죄의 퇴치, 법학논총 12집, 한양대학교 법학연구소, 1995. 10.

Henckel, Hans: Der Gefahrbegriff im Strafrecht, Breslau 1930.

Henkel, Heinrich: Die 'Praesumtio Doli' im Strafrecht, FS – Eb. Schmidt, 2. Aufl., Göttingen 1971, S. 594 ff.

Herrmann, Jochaim: Die Rolle des Strafrechts beim Umweltschutz in der Bundesrepublik Deutschland, ZStW 91(1979), 281 – 308.

Hertz, E., Das Unrecht und die allgemeine Lehren des Starfrecht, Bd 1, 1880.

Herzog, Felix: *Prävention des Unrechts* oder Manifestation des

Rechts, Frankfurt / M 1987(Fankfruter kriminalwissenschaftliche Studien Bd. 19).

_____: *Gesellschaftliche Unsicherheit* und starfrechtliche Daseinsvorsorge, Studien zur Vorlegung des Starfrechtsschutzes in den Gefährdungsbereich, Heidelberg 1991.

Hilgendorf, Eric: Starfrechtliche *Produzentenhaftung* in der "Risikogesellschaft", Diss., Berlin 1993.

Hippel., R. v., Deutsches Strafrecht, Bd. II, 1930.

Horn, Eckhard: Konkrete Gefährdungsdelikte. Köln 1973.

Jakobs, Günther: Strafrecht, Allgemeiner Teil(AT). Die Grundlagen und die Zurechnungslehre. Berlin / New York 1983.

_____: Kriminalisierung im Vorfeld einer Rechtsgutsverletzung, ZStW 97(1985), 751 ff.

Jung, Heike: Doe Bekämpfung der Wirtschaftskriminalität als Prüfstein des Strafrechtssystems. Berlin 1979.

Kaiser, Günter: Kriminologie. Ein Lehrbuch, 2 Aufll., Heidelberg 1988.

Kaufmann, Arthur: Unrecht und Schuld beim Delikt der *Volltrunkenheit*, JZ 1963, 425 ff.

_____: Subsidiaritätsprinzip und Strafrecht, in: FS − H. Henkel(hrsg. von C. Roxin u.a.), Berlin / New York 1974, 89 − 107.

Kaufmann Armin: Tatbestandmäßigkeit und Verursachung im Contergan − V*erfahren*, Folgerungen für das geltende Recht und für die Gesetgebung, JZ 1971, 569 ff.

_____: Lebindiges und Totes in Bindings *Normentheorie*, Gotiingen

1954.

Kaufmann, Franz‒Xaver: *Sicherheit als soziologisches und sozialpolitisches Problem*, Untersuchung zu einer Wertidee hochdifferzierter Gesellschaften. 2., umgearbeitete Auflage, Stuttgart 1973.

Kindhauser, Urs: *Gefährdung* als Straftat, Rechtsteheoriesche Untersuchungen zur Dogmatik der abstrakten und konkreten Gefahrdungsdelikte, 1989.

Klee, K: *Wille und Erfolg* in der Versuchslehre, Str. Abh. Heft 14, 1898.

Kohlrausch / Lange: Strafgesetzbuch, 43. Aufl., 1961.

Köhler, August: Deutsches Strafrecht, AT, 1917.

Kries, J. v.: Ueber den *Begriff der objektiven Möglichkeit* und einige Anwendungen desselben, Vierteljahresschrift für wissenschaftliche Philosophie, Bd. 12(1888), S. 180.

_____: Die Prinzipien der Wahrscheinlichkeitsrechnung, 1886.

Krümpellmann, Justus: Die Bagateldelikte, Berlin 1966.

Lackner, Karl: *Das konkrete Gefährdungsdelikt* im Verkehrsstrafrecht. Berlin 1967(Schriftenreihe der Juristischen Gesellshaft e. V. Berlin, Heft 27).

Lammasch, H.: *Handlung und Erfolg*, Grünhüt Zeitschrift für Privat‒und öffentliche Recht der Gegenwart, Bd. 9(1882), S. 238 ff.

Lampe, Ernst Jochaim: Das personale *Unrecht,* Berlin 1967.

_____: Rechtsgut, kultureller Wert und individuelles Bedürfnis, in:

FS – Hans Welzel, Berlin – New York 1974, S.151.

Lisken / Denniger, Handbuch des Polizeirechts, S.117.

Löwe / Rosenberg, Die Strafprozeßordnung und das Gerichtsver-
fassungsgesetz, Großkommenar, 12. Aufl., Bd 1, 1976.

Lüderssen, K.: Die generalpräventive Funktion des Deliktssystems, in:
W. Hassemer / K.Lüderssen / W. Naucke, Hauptprobleme der
Generalprävention, Frankfurt / M. 1979, 54 – 80.

Liszt, F. v.(심재우 역), 형법에 있어서 목적사상, 고려대 법률행정논집
제15집, 1977.

Martin, J.: Starfbarkeit grenzüberschreitender Umweltbeeinträ-
chtigungen, Freiburg 1989.

Marxen, Klaus: Der Kampf gegen das liberale Strafrecht. Eine Studie
zum Antiliberalismus in der Strafrechtswissenschaft der
zwanziger und dreißiger Jahre. Berlin 1975.

Mattes, Heinz: Untersuchungen zur Lehre von den Ordnungswidrigkeiten.
Erster Halbband: Geschichte und Rechtsvergleichung. Berlin
1977.

Maurach, Reinhart / Zipf, Heinz: Strafrecht. Allgemeiner Teil (AT).
Teilband 1: Grundlehren des Strafrechts und Aufbau der
Straftat. 7. Auflage, Heidelberg 1987.

Merkel / Liepmann, Die Lehre von Versuchen und Strafe, 1912.

Mezger, E., Vom Sinn der strafrechtlichen Tatbestände, Sonderdruck
aus der FS – Traeger, 1926, S. 36 ff.

Michels, Hans Gerhards: Starfbare Handlung und Zuwiderhandlung,
Versuch einer materiellen Unterscheidung zwischen Kriminal –

und Verwaltungsstrafrecht, Berlin 1963.

Mittasch, Helmut, Die Auswirkung des wertbeziehenden Denkens in der Starfrechtssystematik, Berlin 1939.

Müller – Dietz, Heinz: Integrationsprävention und Starfe, in: FS – H. – H. Jescheck, Berlin 1985, S. 813.

Münzberg, Verhalten und Erfolg als Grundlagen der Rechtswidrigkeit und Haftung, 1966.

Müssig, Bernd J. A.: *Schutz* der abstrakter Rechtsgüter und abstrakter Rechtsgüterschutz, Frankfurt – M. 1994.

Mittasch, Helmut: Die Auswirkungen des *wertbeziehenden enkens* in der Strafrechtssystematik, Berlin 1939.

Mylonopoulous, C.: Über das Verhältnis von Handlungs – und Erfolgunwert im Strafrecht, 1981.

Naucke, Wolfgang: Die Aufhebung des strafrechtlichen Analogieverbots 1935. in: NS – Recht in historischer Perspektive(Kolloquien des Instituts für Zeitgeschichte), München / Wien 1981, S.71 – 108.

_____: Entwicklungen der allgemeinen Politik und der Zusammenhang dieser Politik mit der Reform des Strafrechts in der Bundesrepublik Deutschland, in: W. Hassemer(Hrsg.), Strafrechtspolitik, Frankfurt / M. / Bern / New York 1987, 15 – 32.

_____: "von Liszt, Franz", In: Handwörterbuch zur Deutschen Rechtsgeschite Bd. 3(1984), Sp.11 – 13.

_____: "Gesetzlichkeit und Kriminalpolitik", JuS 1989, 862 – 867.

_____: "Die Kriminalpolitik des Marburger Programms 1882, In:

ZStW 94(1982), 525 – 564.

Ostendorf, Heribert: Grundzuge des konkreten Gefahrdungsdelikte, JuS 1982, 426.

Otto, H.: *Rechtsgutsbegriff* und Deliktstatbestand; in: Müller – Dietz(Hrsg.), Kriminlalpolitik und Strafrechtsdogmatik, Köln 1971.

Paeffgen, Hans – Ulrich: Ammerkungebn zum Erlabnistatbestandirrtum; GS – Armin Kaufmann, Koln 1989, S.155.

Prittwitz, Cornellius: Funktionalisierung des Strafrechts, SV 1991, 435 – 441.

_____: AIDS – Bekämpfung – Aufgabe oder Selbstaufgabe des Strafrechts? KJ 1988, 304 – 309.

_____: Strafrecht und Risiko – Untersuchung zur Krise von Strafrecht und Kriminalpolitik in der Risikogesellschaft. Habil., Frankfurt / M. 1993.

Pütz, Willy: Der Gefahrbegriff im Starfrecht, Diss. Koln 1936.

Rabl, Kurt O.: Der *Gefährdungsvorsatz,* Breslau – Neukirch 1933(Strafrechtliche Abhandlungen Heft 312).

Radbruch, Gustav: Die Lehre von der adäquanten Verursachung, 1902.

Riesmann, David(Unter Mitarbeit von Reuel Denny und Natan Glaser): Die einsame Masse. Eine Untersuchung der Wandlungen des amerikanischen Charakters. Hamburg 1958(rowohlts deutsche enzyklopädie Band 72).

Rohland, Waldemar: Die *Gefahr im Strafrecht,* Dorpat 1886.

Rosenwerg, Die Beweislast auf die Grundlage des Burgerlichen-Gesetzbuches und der Zivilprozessordnung, 5. Aufl., Munchen 1965.

Rotering: *Gefahr* und Gefährdung im Strafgesetzbuche, GA 31(1883), 266 ff.

Roxin, Claus: Unterlassung, Vorsatz und Fahrlässigkeit, Versuch und Teilnahme, in: Roxin / Stree / Zipf / Jung, Einführung in das neue Strafrecht, 2. Aufl., 1975, 14 ff.

Rudolphi, Inhalt und Funktion des *Handlungsunwert*es im Rahmen der personalen Unrechtslehre, FS − Maurach, 1972, 60.

_____: Die Verschiedenen Aspekte des Rechtsgutsbegriffs, in: FS − R. M. Honig, S.151, Göttingen 1970.

_____: Der Zweck staatlichen Strafrechts und die starfrechtlichen Zurechnungsformen, in: Schnünemann(Hrg.), Grundfragen des mordernen Starfrechtssystems, Berlin 1984, 69.

Samson, Erich: Kausalitäts − und Zurechnungsprobleme im Umweltstrafrecht, ZStW 99(1987), 617 ff.

Schaffstein, Friedrich: Das Verbrechen als Pflichtverletzung, in: G. Dalm u.a., Grundfragen der neuen Rechtswissenschaft, Berlin 1935, 108 − 142.

Scheerer, Sebastian: Neue soziale Bewegungen und Strafrecht, KJ 1985, 245 ff.

Schmidhäuser, Eberhard: Starfrecht Allgemeiner Teil, 2. Aufl., Tubingen 1984.

_____: Der Unrechtstatbestand, in: FS − K. Engisch, Frankfurt / M

1969.

Schönke, Adolf / Schröder, Horst: Strafgesetzbuch. Kommentar. Bearbeitet von Th. Lenckner / P. Cramer / A. Eser / W. Streee. 23. Auflage, München 1988(zitiert: S / S / Bearbeiter).

Schröder, Horst: Die *Gefährdungsdelikte* im Starfrecht, ZStW 81(1969), S. 16 ff.

_____: Abstark ‒ konktrete Gefährdungsdelikte? JZ 1967, 522 f.

Schünemann, Bernd: *Moderne Tendenzen* in der Dogmatik der Fahrlässigkeits ‒ und Gefährdungsdelikte, JA 1975, 435, 511, 575, 647, 715, 787 ff.

Seelman: Atypische Zurechnungsstrukturen im Umweltstarfrecht, NJW 1990, 1257.

Siebenhaar, Hugo: Der *Begriff der Gemeingefährlichkeit* und die gemeingefährlichen Delike nach dem Reichsstrafgesetzbuche, ZStW 4(1884), 245 ff.

Stree, Walter: Beteiligung an einer Schlägerlei ‒ BGHSt, 16, 130, JuS 1962, 93 ff.

Stüdel, Christoph Carl: *Ueber gefährliche Handlungen* als für sich bestehende Verbrechen, zur Berichtigung der Lehre von verschuldeten Verbrechen, nebst Vorschlägen zur gesetzlichen Bestimmung über die Bestrafung der ersten, in: Neues Archiv des Criminalrechts VIII(1826), S.236 ff.

Systematischer Kommentar zum Stargesetbuch, Bearbeitet von H. J. Rudolphi / E. Horn / E. Samson / H. ‒ L. Gunter, 6. Aufl., 1995.

Teubner, Gunther: Krise des regulatorischen Rechts? − Konkurrierende Modelle des post—instrumentellen Rechts—, in: G. Brüggemeier / Chr. Joerges(Hrsg.), Workshop zu Konzepten des postinterventionistischen Rechts, Bremen 1984(ZERPMAT 4), 94 − 160.

_____: *Verrechtlichung* − Begriffe, Merkmale, Grenzen, Auswege, in: F. Kübler(Hrsg.), Verrechtlichung von Wirtschaft, Arbeit und sozialer Solidarität Baden − Baden 1984, 289 − 344.

Tiedemann, K.: Zur Reform der Vermögens − und Wirlschaftsstraftabestände, ZRP 1970, 256 ff.

_____: Welche strafrechtlichen Mittel empfehlen sich für eine wirksamere Bekämpfung der Wirtschaftskriminalität? Gutachten für den 49. Deutschen Juristentag(zitiert: Gutachten 49. DJT), in: Verhandlungen des 49. DJT. Band I Teil C, München 1972.

_____: Wirtschaftkriminalität und Wirtschatsstrafrecht, Bd 1, 1977.

_____: Tatbestandfunktion im Nebenstrafrecht, 1969.

Tiedemann, Klaus / Kindhäuser, Urs: Umweltstrafrecht − Bewährung oder Reform? NStZ 1988, 337 ff.

Triffterer, O.: Die Rolle des Strafrechts beim Umweltschutz in der Bundesrepublik Deutschland, ZStW 91(1979), 309 − 408.

Ulmann, Emmanuel: Zur *Lehre* von der Anzündung der eigenen Sache des Thäters, GS 30(1878), 589 ff.

Umhauer, Erwin: Ein *Beitrag* zur Lehre Begriff und Wesen des Polizeideliktes, Diss., Freiburg i. B. 1904(?).

Volk, Klaus: Strafrecht und Wirtschaftskriminalität, JZ 1982, 85 f.

Volz, Manfred: *Unrecht* und Schuld abstrakter Gefährdungsdelikte. Diss. Göttingen 1968.

Voß, Monika: Symbolische Gesetzgebung, 1989.

Weber, Ulrich: Konzeption und Grundsätze des Wirtschaftsstra-frechts(einschließlich Verbraucherschuntz) − Dogmatischer Teil Ⅱ : Das Wirtschaftsstrafrecht und die allgemeinen Lehren und Regeln des Strafrechts, ZStW 96(1984), 376 ff.

_____: Die *Vorverlegung des Strafrechtsschutzes* durch Gefährdung − und Unternehmensdelikte, in: H. H. Jescheck(Hrsg.), Die Vorverlegung des Starfrechtsschutzes durch Gefährdung − und Unternehmensdelikte. Refarate und Diskussionsbericht der Arbeitssitzung der Fachgruppe für Strafrechtsvergleichung anläßlich der Tagung der Gesellschaft für Rechtsvergleichung am 20. Sept. 1985 in Gottingen(Beiheft zur ZStW 1987), 1 − 36.

Welzel, Hans; Das Deutsche Starfrecht, 11. Aufl., Berlin 1969.

_____: Studien zum System des Strafrechts, ZStW 58(1939), 491.

_____: Über den substantiellen Begriff des Starfrechts, in: Probleme der Starfrechtsernererung, FS − Kohlrausch zum 70. Geburstag, 101.

Wolff, Ernst Amaddeus: Das neuere Verständnis der Generalprävention und seine Tauglichkeit für eine Antwort auf Kriminalität,, ZStW 97(1985), 786 ff.

Wolter, Jürgen: *Objektive und personale Zurechnung* von Verhalten,

Gefahr und Verletzung in einem funktionalen Straftatsystem. Berlin 1981(Strafrechtliche Abhandlungen N.F. Band 40).

Würtenberger, Thomas: Das System der Rechtsgüterordnung in der deustschen Strafgesetzgebung. Breslau 1933(Strafrechtliche Abhandlungen Heft 326).

Zipf, Heinz: Kriminalpolitik, 2. Auflage, Heidelberg / Karlsruhe 1980.

Zielinski, Diehart: Handlungs - und Erfolgunwert im Unrechtsbegriff, Berlin 1973.

Zimmerl, Aufbau des Strafrechtssystems, 1930.

3. 일본문헌

岡本勝: 抽象的危險犯の研究, 法學 38卷 2號.

岡野光雄: 刑法要說 各論, 1985

宮內裕: 危險槪念について, 龍川還曆祝賀 [現代刑法學の課題] 下, 1955.

根津隆行: 刑法における危險槪念, 刑法雜誌 24卷 2號 ,日本刑法學會.

內沼邦弘: 未遂犯の實質的處罰根據, 上智法學論集 18卷 1號, 1974.

內田文昭: 刑法 Ⅰ(總論), 1977.

_____: 刑法各論 上卷, 1979.

大谷實: 刑法各論の重要問題, 1990.

都築廣巳: 主觀的違法要素についての一考察, 一橋論叢86卷2號, 昭和 56年.

藤木英雄: 刑法における危險の概念(總合判例研究叢書), 昭和 38年. 1963.

木村龜二: 新刑法讀本(全訂新版), 1959.

山口厚: 危險犯の研究, 1982.

_____: 鼎談, "危險概念 各種犯罪類型", 現代刑事法 2001년 1월호.

前田雅英: 刑法各論講義, 1989.

伊東研祐: 法益概念史研究, 1984.

佐伯于伺: 公安條例と抽象的危險犯, 法律時報 49卷 3, 5, 6, 9, 10號.

中野次雄: 刑法總論概要, 昭和 54年.

· 저자 ·

박강우   •약 력•
             고려대학교 법학과 졸업
             고려대학교 법학박사
             한국형사정책연구원 연구원역임
             현재 충북대학교 법과대학 교수

             •주요논저•
             「공연음란죄에 관한 비판적 고찰」
             「성폭력 범죄자를 위한 회복적 사법의 적용」
             「미국 법학교육의 과거와 현재」
             『범죄학이론』(2005, 나남, 박강우 外 5人 공역)
              외 다수

위험 형법론

· 초판 인쇄   2008년 6월 16일
· 초판 발행   2008년 6월 16일

· 지 은 이   박강우
· 펴 낸 이   채종준
· 펴 낸 곳   한국학술정보㈜
             경기도 파주시 교하읍 문발리 513-5
             파주출판문화정보산업단지
             전화   031) 908-3181(대표) · 팩스   031) 908-3189
             홈페이지 http://www.kstudy.com
             e-mail(출판사업부) publish@kstudy.com
· 등   록   제일산-115호(2000. 6. 19)
· 가   격   29,000원

ISBN   978-89-534-9201-1 93360 (Paper Book)
       978-89-534-9202-8 98360 (e-Book)